Die
Unterlassungsklage.

Von

Dr. Hans Jacobsohn,
Kammergerichtsreferendar.

Berlin 1912.
J. Guttentag, Verlagsbuchhandlung,
G. m. b. H.

Meinen Eltern.

Inhaltsverzeichnis.

Literaturverzeichnis.

I. Römisches Recht.

Bekker, Pandekten, Bd. 1.
— Aktionen, Bd. 2.
v. Bethmann-Hollweg, Der Zivilprozeß des Gemeinen Rechts in geschichtlicher Entwicklung Bd. 2.
Bruns, Das Recht des Besitzes im Mittelalter und in der Gegenwart.
— Besitzklagen.
— Die römischen Popularklagen (kleine Schriften).
Burckhard, Die operis novi nunciatio (1871).
Huschke, Das Recht der publizianischen Klage.
Ihering, Abhandlungen aus dem römischen Recht (1844), Bd. 2.
— Geist des römischen Rechts, Bd. 1 und 4.
— In Iherings Jahrbüchern, Bd. 23 S. 155 ff. (Rechtsschutz gegen injuriöse Rechtsverletzungen.)
Lenel, Edictum perpetuum.
— Zeitschrift für Handelsrecht, Bd. 20 S. 634 ff. (Besprechung von Bruns' Besitzklagen.)
Pernice, H., Commentationes iuris Romani duae (1854).
Pflüger, R., Die sogenannten Besitzklagen des römischen Rechts (1890).
Puchta, Institutionen, Bd. 2.
— Rheinisches Museum, Bd. 1 S. 165 ff. (Ueber die Negatorienklage.)
Randa, Der Besitz nach österreichischem Rechte mit Berücksichtigung des Gemeinen Rechts ꝛc. (4) 1895.
Rudorff, In Zeitschrift für geschichtliche Rechtswissenschaft, Bd. 11 S. 331 ff. (Bemerkungen über das interdictum uti possidetis.)
Savigny, Das Recht des Besitzes (7. Aufl. von Rudorff).
Schmidt, K. A., Das Interdiktenverfahren der Römer.
Stölzel, Die Lehre von der operis novi nunciatio und dem interdictum, quod vi aut clam 1865.
Ubbelohde, Interdikte, Bd. 2.
Unterholzner, Verjährungslehre, Bd. 2.

Vangerow, Pandekten, Bd. 1.
Windscheid-Kipp, Pandekten (9).
Witte, Das interdictum, uti possidetis (1862).

II. Literatur der übrigen geschichtlichen Darstellung.

Bartolus, Digestum vetus, Infortiatum, digestum novum, Codex, Authenticae = Institutiones — Consilia, Tractatus.
Bayer, Vorträge über den gemeinen ordentlichen Zivilprozeß (1830).
Berger, Oeconomia Iuris (Lips. 1712).
Dietzel, Das Handelszeichen und die Firma in Bekker und Muther, Jahrbücher des Gemeinen deutschen Rechts, Bd. 4 S. 227 ff.
Dernburg, Preußisches Privatrecht, Bd. 1.
— Pandekten, Bd. 1.
Förster-Eccius, Preußisches Privatrecht, Bd. 3 (7).
Kohler, Leipziger Zeitschrift für Handelsrecht usw., Bd. 1 S. 175 ff. (Marke und Warenbenennung.)
— Urheberrecht an Schriftwerken und Verlagsrecht.
Menger, Zur Lehre von der Exekution in „Archiv für zivilistische Praxis", Bd. 55.
Seyfart, Teutscher Reichs-Proceß (1738).
Sintenis, Das praktische gemeine Zivilrecht.
Wächter, Erörterungen, Heft 2 (1845).
— Autorrecht nach gemeinem deutschen Recht.
Wagner, A. D., Cautio de non amplius turbando in iudiciis possessoriis usu fori recepta (F. C. Conradi, Helmstedt 1737).
Ziebarth, Realexekution und Obligation (1866).

III. Literatur zum geltenden Recht.

Bekker, Grundbegriffe des Rechts und Mißgriffe der Gesetzgebung.
Binding, Normen, Bd. 1.
Bierling, Prinzipienlehre, Bd. 1.
v. Blume, Unterlassungsanspruch und Unterlassungsklage in „Festgabe für Güterbock", S. 383 ff.
Böhm, Der Anspruch auf Unterlassung des der Verpflichtung zu einem Tun zuwiderlaufenden Verhaltens in „Juristischer Wochenschrift" (1909 S. 9 ff.).
Crome, System des bürgerlichen Rechts, Bd. 1.
Danziger, Leipziger „Zeitschrift für Handelsrecht" usw., Bd. 2 S. 204 ff. (Erfüllungs- und Unterlassungszwang bei Vertragsbruch von Angestellten.)
Dernburg, Lehrbuch des bürgerlichen Rechts, Bd. 1, 2 und 6.
— Ausbeutung der Rechtskraft gegen die guten Sitten in Deutsche Juristen-Zeitung 1905 S. 465 ff.
Duchesne, im „Sächsischen Archiv für bürgerliches Recht", Bd. 10 S. 684 ff. (Der dingliche Anspruch auf Unterlassen ꝛc.) und Bd. 11 S. 529 ff. (Der Anspruch auf Dulden.)
Ehrlich, Zwingendes Recht und nicht zwingendes Recht im deutschen Reichsrecht.

Eltzbacher, Handlungsfähigkeit, Bd. 1.
— Die Unterlassungsklage.
— Einführung in das bürgerliche Recht.
Enneccerus, Lehrbuch des bürgerlichen Rechts, Bd. 1 Abt. I und II.
Fischer, H. A., „Zeitschrift für Handelsrecht", Bd. 60 S. 550 ff. (Besprechung von Lehmann und Eltzbacher).
Finger, Kommentar zum Gesetz gegen den unlauteren Wettbewerb (4).
Fuchs, E., Juristische Wochenschrift (1908) S. 700 ff. (s. Böhm).
Fuld, Unterlassungsklage und Schadensersatzklage im „Sächsischen Archiv", Bd. 12 S. 257 ff.
— Reklameplakate und Unterlassungsklage im „Archiv für öffentliches Recht", Bd. 22 S. 369 ff.
— Kommentar zum Gesetz gegen den unlauteren Wettbewerb.
Gierke, Deutsches Privatrecht, Bd. 1 und 2.
— Die soziale Aufgabe des Privatrechts (Vortrag, 1889).
Hedemann, „Archiv für bürgerliches Recht", Bd. 31. Zivilistische Rundschau (Besprechung von Lehmann und Eltzbacher).
Hellwig, Anspruch und Klagrecht.
— Lehrbuch des Zivilprozeßrechts, Bd. 1.
— System des Zivilprozeßrechts, Bd. I.
Hölder, Über Ansprüche und Einreden im „Archiv für zivilistische Praxis", Bd. 93 S. 1 ff.
Holländer, Der Anspruch auf Unterlassung des der Verpflichtung zu einem Tun zuwiderlaufenden Verhaltens in „Juristische Wochenschrift" (1909, S. 93 ff.).
Jhering, Passive Wirkungen der Rechte in „Jherings Jahrbücher", Bd. 10 S. 387 ff.
Isay, R., Das Recht am Unternehmen.
Jellinek, System der subjektiven öffentlichen Rechte.
Keyßner und Gareis, Gutachten zum 26. Deutschen Juristentag über das Recht am eigenen Bild.
Kipp, Über den Begriff der Rechtsverletzung.
Kisch, Das Reichsgericht und der Boykott in „Deutsche Juristenzeitung" (1911, Spalte 1349 ff.).
Kohler, Das Autorrecht usw. in „Jherings Jahrbücher", Bd. 18 S. 123 ff.
— Recht als Kulturerscheinung.
— Recht an Briefen und in „Deutscher Juristenzeitung" (1906, S. 51 ff.)
— Eigenbild im Recht.
— Handbuch und Lehrbuch des Patentrechts.
— Kunstwerkrecht.
— Lehrbuch des bürgerlichen Rechts, Bd. 1 und 2.
— Substanzrecht und Wertrecht in „Archiv für zivilistische Praxis", Bd. 91 S. 155 ff.
Kunkel, in „Zeitschrift für Rechtspflege in Bayern" (1907, S. 286 ff., 314 ff. Zur Lehre vom Recht der Persönlichkeit).
Laband, Deutsches Reichsstaatsrecht in „Das öffentliche Recht der Gegenwart" (1907).

Langheineken, Anspruch und Einrede.
— Urteilsanspruch.
Lau, Der Unterlassungsanspruch aus § 823 ff. BGB. in Gruchot, Bd. 47 S. 497 ff.
Lehmann, Die Unterlassungspflicht.
Leonhard, Besprechung des 71. Bandes der Entscheidungen des Reichsgerichts in Zivilsachen in „Deutsche Juristenzeitung" (1910, S. 450 ff.).
v. Lilienthal, F., Das Kündigungsrecht des Ehemannes nach § 1358.
v. Lippmann, Zur Frage der Unterlassungsklage in Seufferts „Blätter für Rechtsanwendung" (1910, S. 125 ff.).
Lobe, Der unlautere Wettbewerb als Rechtsverletzung, Bd. 1.
— „Markenschutz und Wettbewerb", Bd. 6 S. 164 ff. Der unlautere Wettbewerb als Rechtsverletzung nach der Rechtsprechung des RGs.
— Die Generalklausel des neuen Wettbewerbsgesetzes in „Zeitschrift für gewerblichen Rechtsschutz und Urheberrecht" (1910, S. 3 ff.).
— Ausschlußrecht und Persönlichkeitsrecht in „Studien zur Förderung des gewerblichen Rechtsschutzes" (Festgabe für Kohler) S. 3 ff.
Lusensky, Die Kartellenquete der Reichsregierung in „Deutsche Juristenzeitung" (1907, Spalte 1041 ff.).
Mannhardt, Der Unterlassungsanspruch bei den absoluten Rechten in „Deutsche Juristenzeitung" (1903, Spalte 416—417).
Örtmann, Unterlassungsansprüche aus unerlaubten Handlungen in „Deutsche Juristenzeitung" (1904, S. 616 ff.).
— Kommentar zum Recht der Schuldverhältnisse.
Regelsberger, Pandekten.
Riezler, Arbeitskraft und Arbeitsfreiheit in ihrer privatrechtlichen Bedeutung im „Archiv für bürgerliches Recht", Bd. 27 S. 219 ff.
— Urheberrecht und Erfinderrecht.
Rosenthal, Die Abwehrklage gegen den Geschäftsinhaber und seine Angestellten (Beauftragten) in „Das Recht" (1911, S. 252 ff.).
— Kommentar zum Gesetz gegen den unlauteren Wettbewerb (3).
— Die Beweislast für die Wiederholungsgefahr bei der Unterlassungsklage in Leipziger Zeitschrift ꝛc. 1911 Sp. 888 ff.
Seligsohn, Kommentar zum Warenzeichengesetz.
— Kommentar zum Patentgesetz und Gebrauchsmustergesetz.
Siber, Rechtszwang im Schuldverhältnis nach Deutschem Reichsrecht.
Staub, Die positiven Vertragsverletzungen.
Staudinger, Kommentar zum Recht der Schuldverhältnisse.
Stammler, Die Lehre von dem richtigen Rechte.
Stein, Über Voraussetzungen des Rechtsschutzes, insbesondere bei der Verurteilungsklage.
— Kommentar zur Zivilprozeßordnung.
Stephan, Die Unterlassungsklage.
Thon, Rechtsnorm und subjektives Recht.
v. Tuhr, Der Allgemeine Teil des Bürgerlichen Gesetzbuchs.
Verhandlungen des 29. Deutschen Juristentages, Bd. 5 I S. 172 ff. u. II S. 777 ff.

Wendt, Unterlassungen und Versäumnisse im „Archiv für zivilistische Praxis" Bd. 92 S. 1 ff.

Windscheid-Kipp, Pandekten, Bd. 1 und 2.

Wolff, Die rechtliche Natur der Kartelle, Syndikate u. dgl. in „Deutsche Juristenzeitung" (1906, Spalte 645—646).

Wolff, Martin, Sachenrecht.

Zitelmann, Über den Begriff der Widerrechtlichkeit im „Archiv für zivilistische Praxis", Bd. 99 S. 1 ff.

— Internationales Privatrecht, Bd. 1.

— Lücken im Recht (Rektoratsrede 1903).

Alle Werke sind in der neuesten Auflage zitiert und sind in der Darstellung abgekürzt bezeichnet.

Vorbemerkung. Plan der Arbeit.

In verschiedenen Gesetzen des geltenden deutschen Reichsrechtes besteht die Vorschrift, daß, wenn die Beeinträchtigung des Rechtszustandes einer Person stattgefunden hat, diese, wenn weitere Beeinträchtigungen zu besorgen sind, auf Unterlassung klagen kann. Solche Bestimmungen finden sich in BGB. §§ 12, 550, 577 Satz 2, 581 Abs. 2, 862 Abs. 2 Satz 1, 1004 Abs. 1 Satz 2, 1017 Abs. 2, 1027, 1029, 1053, 1065, 1068 Abs. 2, 1090 Abs. 2, 1134 Abs. 1, 1192 Abs. 1, 1227, HGB. § 37, UWG. §§ 1, 3, 6, 8, 10—13, 14, 16. Mit geringen Ausnahmen haben diese Vorschriften den gleichen Wortlaut. Abweichend fordern die §§ 550, 581 Abs. 2, daß der Klage auf Unterlassung eine Abmahnung vorhergehe, und verlangt § 1134 anscheinend nicht, daß weitere, also neu einsetzende Beeinträchtigungen zu besorgen sind, sondern nur, daß infolge der bestehenden Einwirkung eine die Sicherheit der Hypothek gefährdende Verschlechterung des Grundstücks zu besorgen ist. Ferner erübrigt sich in den Bestimmungen des Gesetzes gegen den unlauteren Wettbewerb anscheinend ebenfalls die Besorgnis weiterer Beeinträchtigungen. Wissenschaft und Praxis sind bei diesen 27 Vorschriften nicht stehen geblieben, sondern haben mehrfach auch zum Schutze anderer Interessen Unterlassungsklagen gewährt. Neben vielen einzelnen Ausführungen in Zeitschriften und Büchern ist in drei Monographien[1]) die Unterlassung in materiellrechtlicher und prozeßrechtlicher Beziehung zum Gegenstand

1) Eltzbacher, Die Unterlassungsklage; Lehmann, Die Unterlassungspflicht; Stephan, Die Unterlassungsklage.

der Untersuchungen gemacht worden. Die Rechtsprechung hat besonders in den letzten 5 Jahren gegen die verschiedensten Eingriffe die Unterlassungsklage als ein Allheilmittel verwandt. Eine einheitliche Auffassung der Unterlassungsklage hat sich sowohl zwischen Theorie und Praxis, wie unter diesen selbst wiederum nicht herausgebildet. Die nachstehenden Ausführungen wollen das Streben nach Einheitlichkeit dadurch fördern, daß sie das, was Rechtslehre und Rechtsprechung für und wider eine Ausdehnung der nach den Gesetzesworten nur vereinzelt anerkannten Unterlassungsklagen zur Herausschälung der wirklichen Bedeutung dieser Klage beigebracht haben, auf seine begriffliche Verknüpfung mit dem Gedanken der eine Unterlassungsklage gewährenden Reichsgesetze klarzulegen versuchen. Aufgabe dieser Arbeit ist also, festzustellen, welche Bedeutung die Unterlassungsklage nach dem gegenwärtigen Stande der Rechtsanwendung hat, nicht dagegen, was als Ziel der gegenwärtigen Entwicklung gedacht wird.

Die Methode dieser Arbeit ist durch den Gesichtspunkt bestimmt, daß zur Darstellung der Bedeutung eines modernen Rechtsinstitutes, das nicht selbständig aus dem Kopfe der Gesetzgeber eines geltenden Gesetzes entsprungen ist, die organische Verbindung mit der Entwicklung des Rechts der Vergangenheit nicht außer acht gelassen werden darf. Diese geschichtlichen Ausführungen an erster Stelle zu geben, scheint nicht angängig. Wie aus den vorausgegangenen Angaben ersichtlich ist, würde eine geschichtliche Entwicklung des Instituts der Unterlassungsklage im Dunkeln tappen und erst retrospektiv den Zusammenhang mit den übrigen Ausführungen ergeben, sofern nicht die Auffassung dieser Arbeit über Begriff und Wesen der Unterlassungsklage dargelegt worden ist. Erst hiernach werden im zweiten Abschnitt Beiträge zur geschichtlichen Entwicklung gebracht werden, nicht „die Geschichte". Dieser Überschrift würde der Inhalt nicht gerecht werden. Auf Grund und mit Hilfe dieser beiden Abschnitte soll dann im dritten Abschnitt die Bedeutung der Unterlassungsklage im heutigen deutschen Recht untersucht werden.

Abschnitt I.

Begriff und Wesen der Unterlassungsklage.

Kapitel 1.

I. Die materiellrechtliche Grundlage der Unterlassungsklage.

§ 1.

Die Unterlassung.

I. In unserem modernen Rechtssystem bildet das Schutzmittel, im engeren hier in Betracht kommenden Sinn die Klage, nur die notwendige Begleiterscheinung eines irgendwie gearteten privaten Rechtes. Zur Feststellung des Begriffs der Unterlassungs**klage** ist daher erforderlich, aus den einzelnen gesetzlichen Vorschriften die materiellrechtliche Grundlage zu erschließen.

Die Gesetze gewähren Unterlassungsklagen zum Schutze von absoluten Rechten und von Forderungsrechten. Im Schuldrecht erscheinen nur die Rechte des Vermieters und Mieters, des Verpächters und Pächters gegeneinander (§§ 550, 577 Satz 2, 581 Abs. 2 BGB.), das gesetzliche Schuldverhältnis des Eigentümers gegen den Nießbraucher (§ 1053 BGB.) als geschützt[1]). Unter den absoluten Rechten genießen das Eigentum, das Erbbaurecht, die Dienstbarkeiten, die Grundpfandrechte, das Pfandrecht an beweglichen Sachen und Rechten, das Namenrecht, der Besitz, das Firmenrecht, Rechtsschutz durch Unterlassungsklagen. Ob ein Recht und welches durch die Vorschriften des UWG. geschützt ist, ist streitig. Das Gesetz bezeichnet kein Recht. Es werden im § 1 gleichsam als Programm Handlungen verboten, die gegen die guten Sitten verstoßen. In den weiteren Einzelbestimmungen werden im einzelnen die Handlungen, die einen unlauteren Wettbewerb darstellen, genannt. Die Art des verletzten Interesses wird nicht klargestellt. Diese Frage ist daher im Anschluß an die Erörterungen über die materiellrechtliche Grundlage der Unterlassungsklage darzustellen. Die Zahl der absoluten Rechte, zu deren Schutzmitteln kraft gesetzlicher Bestimmung die Unterlassungsklage gehört, ist weit größer als die der Forderungsrechte, umfaßt aber

1) So auch Gierke 2 S. 680, 683; Eltzbacher S. 77, 78.

nicht sämtliche anerkannten absoluten Rechte. Es fragt sich daher: ist der begriffliche Charakter der Unterlassungsklage durch ihre Zugehörigkeit zu diesen und nur zu diesen Rechten bedingt, oder kann sie wie der Firma, so auch dem Warenzeichen, wie dem Eigentum, so auch der Erfindung, der künstlerischen und kunstgewerblichen Formgebung, wie der Miete, so auch der Leihe und dem Verwahrungsvertrag, wie dem Schuldverhältnisse des Eigentümers gegen den Nießbraucher, so auch der Gesellschaft und der Gemeinschaft Schutz verleihen? Hierzu muß festgestellt werden, welcher Art die Unterlassung ist, welche den Gegenstand der aufgezählten Rechte und damit der einzelnen Unterlassungsklagen bildet, und inwieweit diese Unterlassung Gegenstand subjektiver Rechte überhaupt sein kann.

II. Es gibt zwei Systeme der Einteilung der Unterlassungen. Die eine geht von äußeren Momenten aus, die andere beruht auf inneren Verschiedenheiten. Nach dem ersteren Gesichtspunkt lassen sich drei Arten der Unterlassungen unterscheiden: die einmaligen, die wiederkehrenden und die dauernden Unterlassungen.

1. Als einmalige Unterlassung nenne ich den Inhalt einer Verpflichtung, derzufolge auf einem Bau an der Seite, mit der er an den Garten des Nachbargrundstückes stößt, an einem bestimmten Nachmittage aus irgendeiner Veranlassung nicht gearbeitet werden darf, oder: in dem unteren Stockwerk eines Hauses soll, während im oberen Stock eine Trauerfeier stattfindet, keine Operette gespielt werden.

Wiederkehrende Unterlassungen sind solche: gemäß § 1018 BGB. dürfen gewisse Handlungen zu gewissen Zeiten auf dem Grundstücke nicht vorgenommen werden, oder gemäß den in Hotels oft bestehenden Anordnungen darf zu bestimmten Zeiten Klavier nicht gespielt werden, oder an bestimmten Tagen dürfen keine Teppiche geklopft werden.

Eine dauernde Unterlassung ist z. B. die, daß gemäß vertraglicher Vereinbarung zwischen A und B, in der sie das Deutsche Reich zwecks selbständiger getrennter Bereisung in zwei Teile geteilt haben, jeder eine Bereisung in seiner geschäftlichen Tätigkeit in dem dem anderen überwiesenen Gebiete unterlassen muß.

Diese Dreiteilung ist hinsichtlich der juristischen Betrachtung nicht allgemein anerkannt. Wie §§ 194, 241 BGB. die gleichmäßige Behandlung des Tuns und der Unterlassung als Prinzip aufstellen, so will man in mehr oder minder hohem Maße auch im einzelnen jede Verschiedenheit des Tuns und der Unterlassung als mit dem Prinzip des positiven Rechtes nur ausnahmsweise vereinbar hinwegzukonstruieren versuchen. Daher will man nur zwei Arten der Unterlassung anerkennen: die einmalige und die wiederkehrende[1]). So richtig dies auch an sich ist, so bedingen doch Verschiedenheiten, die sich aus dem Wesen beider Handlungsarten ergeben, auch verschiedene juristische Betrachtungen. Die einmaligen und die wiederkehrenden Unterlassungen unterscheiden sich in rechtlicher Beziehung von einmaligen oder wiederkehrenden positiven Handlungen nicht. Diese wiederkehrenden Leistungen lassen sich, wenn man den Gesamtzweck ins Auge faßt, auch als eine einheitliche Leistung charakterisieren. Bei dieser Leistungsart wird aber in der gesamten Literatur mit Recht beachtet, daß immer eine doppelte Betrachtungsweise notwendig ist, nämlich erstens die Betrachtung der Einzelleistungen als solcher stets von neuem sich ereignender und zweitens als durch einen einheitlichen Zweck zur Einheit gestempelter Leistung. Diese doppelte Betrachtungsweise behält die Mehrzahl der Schriftsteller auch für die dritte Art, die Dauerunterlassung, bei, parallel der positiven dauernden Leistung[2]). Dies meines Erachtens mit Unrecht, denn die dauernde Unterlassung läßt sich nur unter e i n e m Gesichtspunkt betrachten. Eine Zerlegung in lauter Unterlassungsatome, in weiter nichts als eine jeden Augenblick sich fortpflanzende Reihe von einzelnen Unterlassungen, in zeitlich unendlich rasch aufeinanderfolgende wiederkehrende Leistungen, ist nicht am Platze. Ausschlaggebend ist hierfür die Betrachtung des Willensmomentes. Allerdings wird von Thon[3]) und Stephan[3]) behauptet, daß die Verbote gar nicht be-

---

1) Siehe einerseits Lehmann, Die Unterlassungspflicht, andererseits Staub, Positive Vertragsverletzungen S. 9, 10 und H. A. Fischer, ZHR. 60, S. 554, 555.

2) Siehe Lehmann 60; Eltzbacher 84; Stephan 64, 65; Hellwig, Anspruch und Klagerecht S. 378–387.

3) Rechtsnorm und subjektives Recht 201, 202; Stephan 29, 46.

gehrten, daß das Nichttun gewollt werde, sondern nur, daß der äußere Erfolg nicht herbeigeführt, das Untersagte nicht getan werde. Thon führt als abschreckendes Beispiel gegen die Auffassung, daß die Unterlassung willentlich erfolgen müsse, an: der gemäß einem absoluten Recht ein Unterlassungsgebot Empfangende sei dies stets und immer zu tun schuldig, mithin zu einer Leistung verpflichtet, die über das normale menschliche Vermögen hinaus gehe. Dieses Bedenken steht und fällt mit der Ansicht, nach der alle Rechtsnormen, welche etwas zu tun verbieten, und die andauernd durch Unterlassung erfüllt werden, Rechtspflichten jedes einzelnen, das betreffende Tun zu unterlassen, begründen. Dieser Ansicht kann nicht beigetreten werden. Wenn ein Gesetz der Gesamtheit ein Unterlassen gebietet, so fehlt zunächst noch jede Beziehung zu einem bestimmten einzelnen. Wenn die Gesamtheit etwas nicht tun darf, so muß es allerdings auch der einzelne als Glied der Gesamtheit unterlassen. Des einzelnen Rechtskreis ist aber nicht dasselbe, wie die Rechtssphäre der Gesamtheit. Wir sprechen erst dann von einer Rechtssphäre des einzelnen, wenn sich für ihn ein Betätigungsgebiet aus dem Gesamtleben der Volksgenossen als ein selbständigen Interesses und eigener Zwecke würdiger Gegenstand heraushebt und somit die allgemeinen Lebensgüter in eine besondere Beziehung zu ihm gelangen. Demnach müssen auch die Rechtsbegriffe, welche Tatsachen aus dem Sondergebiet des einzelnen umspannen, so gefaßt sein, daß sie nur die Tatsachen, welche sich in der Person des einzelnen realisiert haben, begreifen. Von einer Unterlassungspflicht einer Einzelperson kann daher erst dann gesprochen werden, wenn die Unterlassung, welche dem einzelnen zur Pflicht gemacht werden soll, in ihm sich lokalisiert und konkretisiert hat[1]). Die „unzähligen, durch die absoluten Rechtsverbote statuierten negativen Pflichten", als welche sie von Lehmann 20, 21 bezeichnet werden, welche willentlich zu erfüllen allerdings schwierig sein dürften, sind also gar nicht Pflichten des einzelnen. Die dem einzelnen zum Inhalt einer Pflicht gemachte Unterlassung hat mithin mit dem in dem Dunstkreis all-

---

1) Siehe Jhering in JheringsJ. 10, 392.

gemeiner Verbote enthaltenen Nichttundürfen dogmatisch nichts gemein, logisch ist sie aus diesem allgemeinen Unterlassenmüssen zu entwickeln.

Hiernach schränkt sich die Zahl der Unterlassungspflichten des einzelnen wesentlich ein. Es bleiben nur die aus den Schuldverhältnissen entspringenden Unterlassungspflichten und die den absoluten Rechten dann entsprechenden Unterlassungspflichten, wenn eine besondere Beziehung, wie sie oben behauptet wurde, besteht. Unter diesen Umständen ist es aber undenkbar, daß das Recht von irgend jemandem verlangen könnte, einem anderen gegenüber eine Unterlassung zu beobachten, ohne ihm die Möglichkeit zu gewähren, sich des ihm anbefohlenen Verhaltens bewußt zu sein. Diese Behauptung findet Unterstützung in der Tatsache, daß die Unterlassungspflicht des Erfüllungszwanges, und zwar des direkt psychischen Zwanges fähig ist (ZPO. § 890), ferner in der Vorschrift des § 888 ZPO., wonach zu schließen ist, daß Voraussetzung für die Erzwingung von Handlungen überhaupt ist, daß sie vom Willen des Schuldners abhängen. Klaffende Widersprüche zwischen ZPO. § 888 und § 890 können nicht ohne weiteres vermutet werden. Hiernach ist es zweifellos, daß die Unterlassung als Inhalt einer Pflicht und damit zugleich als Gegenstand eines Anspruchs Willensbestimmtheit sein muß. Was nun das Willensmoment anbetrifft, so muß für die Dauerunterlassung verneint werden, daß hier bei jeder minutigen Unterlassung, bei jedem Unterlassungselement von einer besonderen Willensbewegung, einem speziellen bewußten Nichthandeln gesprochen werden kann; hier ist vielmehr die ganze Leistung von e i n e m bewußten selbständigen Willensmoment einheitlich abhängig [1]). Als eine Mehrheit von Leistungen kann vom Recht aber nur eine Aufeinanderfolge solcher in Betracht gezogen werden, denen eine besondere, differenzierte Willenstat zugrunde liegt. Da dies bei der Dauerunterlassung nicht der Fall ist, so ist diese nur e i n e unzerlegliche oder jedenfalls rechtlich subjektiv nicht zerlegbare Leistung [2]). Hiernach ist die Dreiteilung der Unterlassungsarten berechtigt.

1) Hierzu RG. 51, 314.

2) So auch Langheineken, Anspruch und Einrede 248 ff. und v. Tuhr 150.

Diese Dreiteilung hat ihren Grund in subjektiven wie objektiven Momenten. Daß das Willensmoment, also das subjektive Moment, bei der Untersuchung einer Handlung im Vordergrund stehen und den Charakter der Handlung bestimmen muß, ist klar. Dennoch darf das objektive Moment, das ist die mechanische Zusammensetzung der Handlung, nicht übergangen werden. Dieser Gesichtspunkt erklärt den Unterschied zwischen der einmaligen und der dauernden Unterlassung[1]). In welcher Weise sich die wiederkehrende Unterlassung von den beiden anderen Arten unterscheidet, ergibt sich sowohl prinzipiell, wie im Einzelfalle, allein schon aus einer oberflächlichen, äußerlichen Betrachtung. Nicht so bei den beiden anderen Arten in ihrer Verschiedenheit untereinander. Hier ist das Willensmoment das gleiche. In beiden Fällen will der Verpflichtete nur einmal etwas unterlassen, d. h. er will nur einmal. Der Unterschied muß also in dem Zustand liegen, der durch das Wollen hervorgerufen wird. Dieser ist verschieden je nach dem Zweck, um deswillen etwas unterlassen werden soll. Hier läßt sich nun die Zerlegung vornehmen, die in der Erörterung der Dauerunterlassung als durch ein Willensmoment bestimmte Handlung abgelehnt wurde. Eine einmalige Unterlassung ist anzunehmen, wenn nach Zuwiderhandlung gegen die Unterlassungspflicht das gleichsam neue, aber innerlich nur weiterdauernde Bestehen des durch die Unterlassung zu bewirkenden Zustandes nicht mehr dem Zwecke des Rechtsverhältnisses entspricht. Dagegen liegt eine Dauerunterlassung dann vor, wenn das Bestehen des durch die Unterlassung zu bewirkenden Zustandes auch nach Zuwiderhandlung als Erfüllung dem Zwecke des Rechtsverhältnisses entspricht[2]).

2. Unter dem Gesichtspunkt der Einteilung der Unterlassungen nach inneren Momenten werden je 2 Arten unterschieden: die Unterlassung im engeren Sinn, die reine Unterlassung, und das Dulden[3]). Erstere bedeutet die Tatsache, daß jemand eine Handlung nicht vornehmen darf, weil er durch deren Vornahme in die Rechts-

---

1) Hierzu auch Kohler, Lehrbuch des Patentrechts 189 ff.
2) Siehe auch Lehmann 59, 60.
3) Eltzbacher 133—135.

sphäre eines anderen unbefugt eingreifen würde; letzteres, das Dulden, bedeutet, daß jemand verpflichtet ist, gegen die in seine Rechtssphäre eingreifende Handlung eines anderen eine Abwehrhandlung zu unterlassen. Beispiele für die Unterlassung im engeren Sinn bilden die einzelnen Bestimmungen über Unterlassungsklagen, sowie BGB. § 903, für das Dulden BGB. §§ 716, 743, 867, 917, 1068 Abs. 1, 1636.

Der Grundgedanke beider Arten ist derselbe: der Verpflichtete hat eine Handlung zu unterlassen, im ersteren Falle eine Angriffs-, im letzteren Falle eine Abwehrhandlung. In diesem Falle ist also das Bestehen einer Eingriffshandlung abweichende und charakterisierende Voraussetzung. Eine Verschiedenheit scheint nur bezüglich der Vollstreckung zu bestehen. Während zur Erzwingung der Unterlassung im engeren Sinn nur psychischer Zwang zulässig ist, ist im § 892 ZPO. noch neben dem psychischen der mechanische Zwang für anwendbar erklärt. Dieser Unterschied findet seine Begründung darin, daß es sich im § 892 nicht unmittelbar um die Vollstreckung des Duldens, sondern der Handlung, deren Vornahme geduldet werden soll, handelt. Hiernach ist dies eine Verschiedenheit, die den Grundgedanken beider Leistungsarten nicht berührt[1]). Das Dulden kann natürlich ein einmaliges, wiederkehrendes oder dauerndes sein.

Auf inneren Momenten beruht auch die Frage nach dem Umfange der Unterlassungspflicht. In der Literatur[2]) wird als Unterlassung nur die höchstpersönliche Leistung und damit zugleich eine solche Handlung bezeichnet, die ganz und gar in dem Nichthervorrufen einer Veränderung in der Außenwelt besteht. Dieser Ansicht kann ich mich nicht anschließen. Tun und Unterlassen steht prinzipiell in unserem Reiche gleich. Ist jemand verpflichtet, etwas zu tun, so braucht er in der Regel die Handlung nicht selbst auszuführen. Bedient er sich aber anderer Personen zur Erfüllung der Pflicht, so gehört zum Inhalt der übernommenen

1) Siehe Hellwig, Anspruch 6, III, 1; Wendt, Unterlassungen und Versäumnisse 16, 21; Lehmann 23—25; Hölder, Ueber Ansprüche und Einreden 5—7. Anderer Ansicht du Chesne, SächsArch. 10, 688; 11, 531 ff.; H. A. Fischer, ZHR. 60, 553, der im Dulden den Uebergang zum Tun erblickt.

2) Eltzbacher 129, 130; Lehmann S. 193, 288 ff.; Stephan 124, 125.

Pflicht, zu verhüten, daß eine solche Person etwas tut oder unterläßt, wodurch die ordnungsmäßige Erfüllung verhindert wird. Diese Pflicht enthält dann also ein Doppeltes. Trotzdem sprechen wir nur von *einer* Pflicht. Es ist nicht verständlich, warum das bei der Unterlassung nicht angängig sein soll. Gewiß, indem der Verpflichtete verhütet, unterläßt er nicht unmittelbar, sondern er tut etwas, aber ein solches einzelnes Tun gibt nicht den Ausschlag für die Charakterisierung einer Handlung. Ist jemand verpflichtet, etwas zu tun oder zu unterlassen, so hat der, dem das Tun oder Unterlassen zugute kommen soll, nicht ein Recht an der einzelnen oder auf die einzelne Handlung, die erforderlich ist, um den dem Rechtsverhältnis gemäßen Erfolg herbeizuführen, sondern das Recht bedeutet, daß der Wille des anderen Teiles in der Richtung auf Herbeiführung dieses Erfolges gebunden ist. In welcher Weise dieser Erfolg herbeigeführt wird, das bleibt in den durch die Gesetze gesteckten Grenzen dem Verpflichteten in der Regel überlassen. Hieraus erklärt sich sowohl der Grund des § 278 BGB. überhaupt, wie auch die Tatsache, weshalb die Unterlassung in sich die eigene Unterlassung, wie die Sorge des Verpflichteten, daß ein gewisser Personenkreis das Gleiche nicht tue, aufnehmen kann[1]). Selbstverständlich muß aber der Erfolg, der Zweck des oder einer Seite des Rechtsverhältnisses, eine Unterlassung sein. Ist die Pflicht als Ganzes nur eine Pflicht, etwas zu verhüten, dafür zu sorgen, daß ein anderer etwas nicht tue, so ist nur eine Pflicht zu positiver Handlung vorhanden[2]).

III. Welche dieser Unterlassungen sind nun Gegenstand der Unterlassungsklage? Die Unterlassungsklage hat nur die Dauerunterlassung zum Gegenstand, und zwar als Unterlassung im engeren Sinn, sowohl wie als Dulden. Dies geht aus den einzelnen gesetzlichen Vorschriften über Unterlassungsklagen hervor. Daß alle die einzelnen Unterlassungsklagen, welche absolute Rechte schützen,

---

1) Wichtig für den Konkurs. Vgl. dagegen Jäger, KO. u. a. § 3 Anm. 11; § 10 Anm. 4; § 11 Anm. 1.

2) Wie hier UWG. 13 III, 15 II, 16 IV; auch RG. 47, 164; Seuffert, ArchRG. 57, 9; 59, 128; 60, 175; 64, 12, 133, 194. Beispiel: Klage gegen den Firmeninhaber, wenn allein ein Angestellter die Zuwiderhandlung begangen hat, dagegen Rosenthal im „Recht“ 1911, 254.

nicht einmalige oder wiederkehrende Unterlassungen zum Gegenstand haben können, ist klar. Denn diese Unterlassungen sind Erscheinungen der allgemeinen Tendenz des absoluten Rechts, andere von jeder Einwirkung auszuschließen. Da diese Beziehung nur negativ ist, es zur Herstellung von einmaligen oder wiederkehrenden Unterlassungen aber wenigstens einer positiven Beziehung als der grundlegenden bedarf, so folgt hieraus, daß nur die Dauerunterlassung Gegenstand der Unterlassungsklage bei absoluten Rechten ist. Dasselbe gilt für die Unterlassungen nach UWG. und ebenso auch für das Schuldrecht. Wenn §§ 550, 577, 581 Abs. 2 BGB. bestimmen, daß der Mieter, bzw. der Dritte, eine Ausübung unterlassen muß, die sei es selbst einen vertragswidrigen Gebrauch bildet, sei es den anderen (den Mieter) in dem vertragsmäßigen Gebrauch beschränkt, so ist nach Lage des Falles nur anzunehmen, daß er dies nicht hin und wieder, sondern immer unterlassen muß. Was die Frage betrifft, ob mit der Unterlassungsklage nur eine Unterlassung im engeren Sinn oder auch das Dulden geltend gemacht werden kann, so gibt auch hier das Gesetz die Richtschnur. Aus einem Vergleich des BGB. § 910 mit § 911 folgt, daß Wurzeln eines Baumes oder eines Strauches, die von einem Nachbargrundstück eingedrungen sind, anders als Früchte, die von einem Baum oder einem Strauch auf das Nachbargrundstück hinüberfallen und dann als Früchte dieses Grundstücks gelten, im Eigentum des Eigentümers des Stammgrundstücks bleiben. Der Eigentümer erhält daher gegen den des Nachbargrundstücks ein Eingriffsrecht. Wird er in dessen Ausübung beeinträchtigt und ist zu besorgen, daß weitere Beeinträchtigungen folgen werden, so kann er gemäß § 1004 BGB. auf Unterlassung klagen. Diese Unterlassung ist ein Dulden des Eigentümers des Nachbargrundstücks. Da die Vorschriften über Unterlassungsklagen, wie schon eingangs bemerkt, sich nur in bezug auf Momente unterscheiden, die für die hier behandelte Frage keine Verschiedenheit bewirken können, so gilt, was aus dem § 1004 folgt, auch für die anderen Unterlassungsklagen. Hiernach ist auch ein Dulden Gegenstand der Unterlassungsklage[1]).

1) Eltzbacher 134.

Ist nun klargestellt, daß nur die Dauerunterlassung, diese aber in jeder Form, den Gegenstand der Unterlassungsklage bildet, so handelt es sich in der folgenden Erörterung darum, inwieweit diese Objekt der einzelnen Privatrechtsgruppen sein kann.

§ 2.

Die Rechte auf dauernde Unterlassung.

I. Eine Gliederung der Privatrechte kann unter den verschiedensten Gesichtspunkten vorgenommen werden. Für unsere Zwecke kommt nur der in Frage, der erkennen läßt, ob die Befugnis, von einem anderen eine Dauerunterlassung zu verlangen, Bestandteil eines Rechtes ist oder nicht. Dies ist der Gesichtspunkt, unter dem und von dem aus der Umfang des Inhalts des einzelnen Rechtes bestimmt wird. Hiernach werden die Privatrechte in relative und absolute Rechte geschieden.

II. Die Gruppe der relativen Rechte umfaßt nicht nur die gewöhnlich als eigentliche relative Rechte bezeichneten Forderungsrechte, sondern auch die Personenrechte. Zu letzteren gehören die Familienrechte, die Rechte, die aus den persönlichen Gemeinschaften im Verhältnis der Gemeinschafter zueinander entstehen, die Rechte, die sich durch das Verhältnis der Körperschaften zu ihren Gliedern bilden[1]).

Absolute Rechte sind die dinglichen Rechte, die Immaterialgüterrechte, die Persönlichkeitsrechte[2]).

Zu der inhaltlichen Bestimmung der Rechtsformen der relativen und absoluten Rechte muß noch im einzelnen bemerkt werden: Die Zuteilung der Familienrechte zu den relativen Rechten ist nicht durchweg anerkannt. So rechnen sie Zitelmann[3]) und Crome[3]) zu den absoluten Rechten, Crome, weil in ihnen die Personen als Objekte, zwar niemals total, jedenfalls aber beherrscht werden, Zitelmann, weil dem Berechtigten der Wille der beherrschten Personen unterworfen sei. Er stellt sie den „rein

1) Siehe Gierke Bd. 1 §§ 79—80a.

2) Hierüber Abschnitt 3 unten.

3) Internationales Privatrecht 1, S. 126, 127 und Bürgerliches Recht, Bd. 1 § 30.

selbstnützigen Herrschaftsrechten" gegenüber. Dieses ist nach meiner Ansicht nicht der Standpunkt des geltenden Rechtes. Was zunächst die Behauptung betrifft, der zufolge das Familienrecht ein dem dinglichen Recht gleiches Herrschaftsrecht sein soll, so kennt unser Recht weder eine rechtliche Herrschaft des Mannes über die Frau, noch eine solche der Eltern oder der an ihre Stelle tretenden Vormünder oder Pfleger über ein Kind. Ueber ein Kind besteht nur eine tatsächliche Herrschaft, im Verhältnis der Ehegatten selbst diese nicht. Es wird hier tatsächliche und rechtliche Herrschaft unterschieden. Die tatsächliche Herrschaft hat Rechtsfolgen, die unabhängig von einer etwaigen rechtlichen Herrschaft, aber auch von der elterlichen „Gewalt" sind und sich nur aus ersterer erklären lassen. So § 1305 BGB. Auch der für volljährig Erklärte, also nicht mehr unter elterlicher Gewalt Stehende, bedarf noch der dem § 1305 BGB. gemäßen Einwilligung. Andererseits sind auch in der elterlichen Gewalt Momente enthalten, die aus dem Gedanken der tatsächlichen Herrschaft hervorgehen, so das Züchtigungsrecht und das Recht, die Herausgabe des Kindes von jedem zu verlangen, der es ihm widerrechtlich vorenthält. BGB. §§ 1631 Abs. 2, 1632. Dennoch ist die elterliche Gewalt keine rechtliche Herrschaft. Das Kind ist dem Gewalthaber gegenüber Rechts- und Pflichtsubjekt, z. B. §§ 1657 Satz 1, 1664, 1793, 1800, 1909, 1915 BGB. Es kann, vertreten durch einen Pfleger, gegen die Gewalthaber klagen. Auch in den Fällen, in denen die tatsächliche Herrschaft hervortritt, spricht das Gesetz nie von einer Herrschaft des Gewalthabers, sondern von einer Sorge für das Kind (§ 1632) und bringt so die Zweiseitigkeit der rechtlichen Beziehungen in dem sogenannten Gewaltsverhältnis zum Ausdruck. Mithin entspricht es dem Gesetz ebensowenig, wie der geschichtlichen Entwicklung, im[1]) Familienrecht ein Rechtsverhältnis zu sehen, das die Grundlage für ein dem dinglichen Recht gleiches oder auch nur ähnliches Herrschaftsrecht als subjektives Recht bildet. Was nun weiter den Gedanken Zitelmanns anlangt, daß nämlich im Familienrecht dem Berechtigten der Wille der be-

1) Hierfür Bartolus zum Begriff der quasi possessio siehe Abschnitt 2 S. 82/83.

herrschten Personen unterworfen sei, mithin also das Familienrecht absolutes Recht sei, so halte ich diesen Gedanken für zutreffend. Ich kann aber nicht zugeben, daß hierdurch das Familienrecht aus dem Kreis der anderen Rechte, die relative Rechte sind, tritt. Denn das relative Recht ist überhaupt im Gegensatz zum absoluten Recht Willensbeherrschung [1]). Dies wird bewiesen negativ durch die Tatsache, daß unser geltendes Recht ein ius ad rem nicht kennt. Hiernach ist der Leistungsgegenstand, so sehr er auch in den Fällen, in denen direkter mechanischer Zwang zulässig ist, von der verpflichteten Person unabhängig zu sein scheint, prinzipiell durch das Verpflichtetsein einer bestimmten Person der rechtlichen Einwirkung des Forderungsberechtigten zugängig. Die so vorhandene Macht kann nur Willensbeherrschung sein, da das Recht, sofern es nicht eine Sache unmittelbar, nur den Willen eines Rechtssubjekts ergreifen kann. Mithin sind Gleichheiten, die das Familienrecht mit dem dinglichen Recht teilen würde, nicht ersichtlich, Ähnlichkeiten, die sich in der tatsächlichen Herrschaft äußern, nicht materiell- und formalrechtlich als Rechtsinhalt anzusehen. Die absolute Seite, die in der Literatur beim Familienrecht meist und stärker betont wird, als beim Forderungsrecht [2]), ist gleichmäßig aus der Natur des Rechtes heraus bei allen relativen Rechten vorhanden. Sonach ist das Familienrecht ein relatives Recht [3]). Die als relative Rechte bezeichneten Rechte gehören nicht nur einer Gattung an, so daß den einzelnen allein der Oberbegriff gemeinsam wäre, vielmehr haben die drei außer dem Forderungsrecht genannten relativen Rechte als Bestandteil das Moment, welches die Forderungsrechte überhaupt ausmacht, nämlich die Tatsache, daß Verpflichtungen des einen Teiles zugunsten des anderen oder beider Teile zueinander bestehen. Diese sind denen der Schuldverhältnisse gleichartig, wenn sie auch nicht als besondere Schuldverhältnisse bezeichnet oder ausdrücklich den allgemeinen Vorschriften über Schuldverhältnisse unterstellt werden.

---

1) Einschränkung Gierke 1 § 29, II, 3a.

2) Siehe Gierke 1, 258 Anm. 6.

3) Windscheid-Kipp Bd. 2, S. 10, I, 4 (in erster Linie relatives Recht).

Diese schuldrechtlichen Bestandteile der drei außer den Forderungsrechten genannten Arten der relativen Rechte unterliegen aber dennoch den Vorschriften über Schuldverhältnisse, soweit der Charakter des Rechts, in dem sie enthalten sind, dem nicht widerstreitet. Außer im Gebiet der Forderungsrechte enthält unser Recht keine Vorschrift, die das Vorhandensein einer Dauerunterlassungspflicht in einem relativen Rechtsverhältnis als Gegenstand einer darauf gerichteten Klage zum Ausdruck bringt. Hiernach werden wir bei der Untersuchung über die Dauerunterlassung im Gebiet der relativen Rechte so vorgehen: zunächst prüfen, ob und inwieweit der Charakter der außer den Forderungsrechten genannten relativen Rechte Raum für eine Anerkennung der Dauerunterlassungspflicht als materiellrechtlicher Grundlage einer Unterlassungsklage läßt, sodann, ob der Charakter dieses Rechts der obligationenrechtlichen Handlung der Dauerunterlassungspflicht widerspricht. Ist dies nicht der Fall, so wird sich die übrige Erörterung auf die Forderungsrechte beschränken, da, was für sie, auch dann für die etwaigen anderen relativen Rechte gilt.

III. Was die absoluten Rechte anlangt, so bestehen hier in bezug auf unsere Frage Verschiedenheiten inhaltlicher Art nicht. Dagegen ist ein Streit hinsichtlich der Art der Objekte, in bezug auf die absoluten Rechte bestehen. So werden dazu gerechnet außer den oben genannten Gütern die Erbschaft als Ganzes[1]) und das Vermögen[2]), also absolute Rechte an der Erbschaft als Sondervermögen und am Vermögen überhaupt. An diesen Gütern bestehen aber keine absoluten Rechte. Allerdings besteht bezüglich der Erbschaftsmasse ein der rei vindicatio gleicher einheitlicher Anspruch, der Erbschaftsanspruch[3]). Aber dieser Anspruch geht nicht aus einem Recht an der Erbschaft hervor. Er ist vielmehr ein Ausfluß des Erbrechts als Anwartschaftsrecht, wie der Rückforderungsanspruch auf Grund des Anfechtungsrechts oder die einzelnen Ansprüche des Ehegatten, der die Scheidungsklage er-

1) Enneccerus Bd. 1 § 74 Absatz 2.

2) Zitelmann, Internationales Privatrecht 1, 140; Gierke, Bd. 2 § 104, besonders S. 63 ff.; Eltzbacher 124.

3) So herrschende Meinung, dagegen Hellwig und Binder.

hoben hat, gegen den anderen[1]). Daß dieses Recht noch nach seinem Erlöschen derartige Wirkungen haben kann, geht aus der Bestimmung der Passivlegitimation im § 2018 BGB. hervor. Ueberhaupt aber wird in dem Prozeß, in dem auf Grund des Erbschaftsanspruchs ein Gegenstand verlangt wird, nicht über das Erbschaftsrecht als Streitgegenstand entschieden[2]). Hiernach sind die Vorschriften über den Erbschaftsanspruch kein Beweis dafür, daß an der Erbschaft ein absolutes Recht besteht. Allerdings kennt unser Recht Gestaltungen, die die Erbschaft als Rechtsganzes erscheinen lassen, so die des Testamentsvollstreckers und des Nacherben. Hieraus geht aber eben nur hervor, daß die Erbschaft ein besonderes Rechtsgut ist, in dem die einzelnen die Erbschaftsmasse bildenden Gegenstände vorgängig und für sich ebenfalls Rechtsgüter sind[3]). Rechtsgut und subjektives Recht decken sich aber weder, noch gehören sie untrennbar zusammen[4]). Ist mithin die Erbschaft ein Rechtsgut, so folgt daraus noch nicht, daß an ihr ein ihre ganze Substanz erfassendes, von den einzelnen Rechten an der Erbschaft der Art nach verschiedenes, eigentumsähnliches absolutes Recht besteht[5]). Das gleiche gilt für das Vermögen überhaupt. An diesem bestehen einzelne Rechte, die in ihren Wirkungen das Vermögen als besonderes Ganzes erscheinen lassen (Nutznießung, in einzelnen Richtungen auch Vermögensnießbrauch). Mehr ist aber auch hier nicht zu ersehen. Mithin gibt es im heutigen Recht weder ein absolutes Recht am Vermögen, noch an der Erbschaft[6]). Der Kreis der oben genannten absoluten Rechte besteht also nur aus jenen drei Arten, die in der hier zu erörternden Beziehung einander gleichen und daher einheitlich zu behandeln sind.

1) Sämtlich Rechte des rechtlichen Könnens; privates Gestaltungsrecht bezüglich Scheidung bestritten; siehe Langheineken, Urteilsanspruch S. 222 ff., 233.

2) Siehe Hellwig, ZPR. 1, S. 212, 213.

3) Ueber primäre und sekundäre Begriffsbildung Zitelmann, Internationales Privatrecht 1, 140.

4) Binding, Normen I 340 ff. und unten Abschnitt III.

5) Hierzu Kohler, ArchCivPrax. 91, 155 ff.

6) Oertmann, Kommentar zum Recht der Schuldverhältnisse 1001; RG. in SeuffA. 57, 186.

§ 3.
Die Dauerunterlassung im Gebiet der relativen Rechte.

I. Entsprechend der obigen Fragestellung haben wir zunächst die relativen Rechte außerhalb des Schuldrechts daraufhin zu prüfen, ob und inwieweit eine Dauerunterlassung als Gegenstand einer Klage hier möglich ist. Das Gesetz schweigt hierüber. Es wird in erster Stelle das Familienrecht erörtert. Die Dreiteilung, die das BGB. im Familienrecht macht, ist hier nicht zugrunde zu legen, sondern nur eine Zweiteilung: Verhältnis der Verlobten, sodann der Ehegatten zueinander in persönlicher wie vermögensrechtlicher Beziehung, sodann Verhältnis der Gewalthaber zum Kind. Aus nach der Art der Rechtsgebiete verschiedenen Gründen ist im gesamten Familienrecht für eine Unterlassungsklage kein Raum. Was zunächst das Recht des Verlöbnisses und der Ehe in personenrechtlicher Beziehung anlangt, so sind dies zwar Rechtsinstitute, aber sie werden in ihrem Sein nicht völlig durch die Rechtsordnung ausgefüllt. Gerade sie sind Beispiele für die vermeintlichen „Lücken im Recht", die in Wahrheit keine Lücken des Rechts bedeuten[1]). Was das Gesetz über den rechtlichen Inhalt des Verlöbnisses und der Ehe in den genannten Beziehungen sagt, ist mehr ein Programm, als ein Rechtssatz. Eigentliche Rechtssätze sind erst dann vorhanden, wenn ein Verlöbnis, bzw. eine Ehe im sittlichen Sinn nicht mehr besteht. Dann erkennt das Gesetz die Tatsache des Nichtbestehens des Verlöbnisses, der Trennungsmöglichkeit einer Ehe an und regelt demgemäß die Folgen als Rechtsfolgen. Dagegen enthält unsere Rechtsordnung keinen positiven Rechtssatz materiellrechtlicher Art — formaler Art ist die Klage auf Herstellung des ehelichen Lebens — durch den die Aufrechterhaltung eines Verlöbnisses oder einer Ehe gewährleistet wird. Würde angenommen, daß eine Unterlassungsklage aus diesen Verhältnissen hervorgehen kann, so würde ein solcher positiver Rechtssatz vorhanden sein, allerdings als einziger. Dies brauchte an sich nicht gegen sein Bestehen zu sprechen. Das

1) Zitelmann, Lücken im Recht 8 u. 9.

arg. e' c. erhält aber eine Stütze, wenn wir bedenken, wie die Klage, die anscheinend zur Aufrechterhaltung der Ehe dienen soll, gestaltet ist, die Klage auf Herstellung des ehelichen Lebens. Das Urteil ist nicht vollstreckbar und die Klage dient in Wirklichkeit nicht dem ihrem Namen entsprechenden Zweck. Charakteristisch ist schon, daß das BGB. von ihr nicht unter den Wirkungen der Ehe im allgemeinen spricht, sondern bei den Vorschriften über Scheidung der Ehe. Durch diese Klage wird in ähnlicher Weise, wie durch das Verkehrsuntersagungsmandat des Preußischen Rechts [1]) ein Ehescheidungsgrund deklariert. Weiterhin ist Häufung dieser Klage mit der Scheidungsklage zulässig (§ 615 ZPO.), also auch eine Verbindung durch Eventualanträge. Letztere beweist, daß in beiden Klagen derselbe tatsächliche Erfolg erstrebt wird. So ist also diese Klage, die prima facie der Aufrechterhaltung der Ehe zu dienen scheint, materiell gegensätzlicher Art. Die eigentliche Begründung unserer Ansicht aber liegt im folgenden: In jedem Rechtssatz handelt es sich darum, eine soziale Ordnung zu treffen, d. h. die als möglich unbeschränkt vorstellbare Freiheit des Willens der einzelnen gegeneinander abzugrenzen. Jede Handlung also, deren Geschehen durch den einzelnen mittelbar befohlen oder verboten wird, kann nur willentliche Handlung sein [2]). Nicht jede Handlung, die den Gegenstand rechtlichen Dürfens und Sollens bildet, ist einzig von dem Willen des Handelnden als alleinigem inneren Moment abhängig, z. B. Verpflichtung, eine Ehrenerklärung abzugeben, Abbitte zu leisten usw. Aber in einer jeden rechtlichen Handlung ist das Willensmoment erheblich. Betrachten wir daraufhin die Handlungen, deren Unterlassung Inhalt der aus dem Verlöbnis oder der Ehe hervorgehenden Pflichten sein können, so sehen und fühlen wir, daß sie ganz anderer Art sind. Für sie kann nach einem Rechte, das nicht die nüchterne Auffassung des ALR. proklamiert, der Wille weder primär, noch sekundär zur Grundlage rechtlicher Wertung genommen werden. Hier gilt jenes gefühlsmäßige Tun und Unterlassen, dessen Entstehung sich nicht rein verstandesgemäß erweisen läßt. Derartiges nun liegt

1) Abschnitt II S. 98.

2) Siehe dazu oben § 1.

abseits und außerhalb des Rechts. Die „Gesetze der Liebe" sind keine Rechtsnormen, und wohlweislich hat daher unser Recht den Inhalt und den Umfang der hier erörterten Unterlassungen rechtlicher Regelung nicht unterstellt, sondern sie nur negativ umschrieben[1]). Hiernach kann nicht angenommen werden, daß das Recht des Verlöbnisses und des persönlichen Eherechts als materiellrechtliche Grundlage für die Unterlassungsklage in Betracht kommt[2]). Diese Rechtsinstitute scheiden also hier ganz aus[3]).

Für die Beantwortung der Frage, ob das eheliche Güterrecht Grundlage für eine Unterlassungsklage sein kann, ist davon auszugehen, daß dieses nicht als reines Schuld- und Sachenrecht, sondern als Ausfluß der personenrechtlichen Verbindung ausgeprägt ist. Daher ist der Charakter der einzelnen Bestimmungen in seiner familienrechtlichen Eigenart zu erforschen, also auch rechtlich jegliche das eheliche Güterrecht betreffende Handlung als Erscheinung der ehelichen Gesinnung. Was für die ehelichen Handlungen überhaupt gilt, muß demnach auch für diese besondere Art gelten. Hiernach würde schon (arg. a fortiore) Gleiches wie für das rein persönliche Verhältnis für die vermögensrechtlichen Beziehungen der Ehegatten gelten. Diese Entscheidung wird noch unterstützt aus der speziellen Regelung, die das geltende Recht für solche Fälle getroffen hat, in denen für eine Betrachtung, die nicht den Gesamtcharakter der in Frage stehenden Rechtssätze in Erwägung zieht, eine Unterlassungsklage als gegeben erscheinen könnte, z. B. §§ 1418 besonders Nr. 2, 1468 besonders Nr. 3 und andere[4]).

Wir kommen nunmehr zum Verhältnis der Gewalthaber zum Kind. Hier greift in allen Fällen, in denen der Gewalthaber seine

1) Hierzu auch Leonhard, DJZ. 1910 Spalte 451.

2) § 1358 BGB. kann daher nicht für Unterlassungsklagen verwandt werden. Anders Franz v. Lilienthal, Kündigungsrecht des Ehemannes aus § 1358 besonders S. 62, 63.

3) Eine Unterlassungsklage wegen Ehebruchs gibt es daher nicht; ebenso mit nicht schlüssiger Begründung RG. 71, 86—89, dagegen v. Blume 395/396. Noch anders die Begründung von Hellwig, System 271 zu Anm. 9.

4) Ueber alle solche Fälle im einzelnen v. Lippmann, Zur Frage der Unterlassungsklage in SeuffBl. 1910 Nr. 4 S. 125 ff., besonders S. 130—133. Darüber, daß auch eine Dauerunterlassungspflicht hier nicht vorhanden ist, siehe nächsten Paragraphen.

Rechte und Pflichten gegenüber dem Kinde verletzt, das Vormundschaftsgericht ein, s. §§ 1666ff., 1686, 1837ff., 1886, 1915 BGB. Die Befugnisse des Vormundschaftsgerichts und seine Zwangsmittel sind so umfassend, daß eine zivilrechtliche Klage neben ihnen nicht nur keine Bedeutung haben würde, sondern auch sinnwidrig wäre und der Stellung des Vormundschaftsgerichts widersprechen würde. Nehmen wir die Vorschrift des § 1837 BGB.: „Das Vormundschaftsgericht kann durch geeignete Gebote und Verbote einschreiten." Es kann hiernach den Vormund, Gegenvormund, Pfleger, nicht bloß zu einer Unterlassung, sondern auch zu einem fortgesetzten Tun zwingen, und zwar auch durch Strafen. Auch gegen die Eltern stehen ihm selbständige Rechte zu, § 1838 BGB. Was sollte hier also die in ihren Voraussetzungen beengtere Unterlassungsklage? Vor allem geht aber aus dem Kasuismus des Gesetzes gerade bezüglich der vormundschaftsgerichtlichen Befugnisse hervor, daß diese als ausschließliche gedacht worden sind[1]). So ist im Verhältnis der Gewalthaber zum Kind für eine zivilrechtliche Klage kein Raum, daher die Frage, ob eine zivilrechtlich bedeutsame Dauerunterlassungspflicht hier vorhanden ist, nicht zu untersuchen. Daß der Gewalthaber gegen Dritte auf Unterlassung klagen könne, wie Eltzbacher S. 143 annimmt[2]), erscheint nach unseren obigen Darlegungen nicht angängig.

II. Was nun weiter die beiden anderen Arten der relativen Rechte anlangt, die inneren Gemeinschafts- und Körperschaftsrechte, so ist ohne weiteres klar, daß in ihnen Rechte und Pflichten, deren Gegenstand eine Dauerunterlassung ist, bestehen können. Diese müssen sich von den rein schuldrechtlichen Unterlassungsrechten insoweit unterscheiden, als die personenrechtliche, dem Sozialrecht sich nähernde Anlage eine vom reinen Schuldrecht abweichende Gestaltung verlangt. Dennoch wird hierdurch für unsere Frage keine unterscheidende Untersuchung bedingt, denn die Unterschiede beruhen auf der verschiedenen Stellung, die die berechtigte und verpflichtete Person zu dem Gegenstande ihres Rechts und ihrer Pflicht haben. Diese aber ist ohne Einfluß auf

1) v. Lippmann, a. a. O. 134.

2) Auch Hellwig, System 270/271 zu Anm. 8.

die Frage, ob überhaupt hier ein Recht, Dauerunterlassung zu verlangen, bestehen kann und besteht. Mithin kann sich also die begriffliche Erörterung auf die Forderungsrechte beschränken, da Unterschiede sich hiernach nur bezüglich der Bedeutung in den einzelnen Rechtsgebieten ergeben können.

§ 4.

Fortsetzung. Die Dauerunterlassung im Gebiet des Schuldrechts.

I. Die Dauerunterlassung ist Gegenstand eines Forderungsrechtes naturgemäß in den Schuldverhältnissen, deren einzigen Inhalt die Unterlassungspflicht einer Partei oder beider Parteien gegeneinander bildet. Dies kann so sein, daß bald in dem Schuldverhältnis überhaupt nur Unterlassungspflichten bestehen, zu deren Ausübung keinerlei positive Handlung einer Partei gehört, es kann aber auch möglich sein, daß zur pflichtgemäßen Ausübung der dauernden Unterlassung als dem Endzweck der Obligation die Vornahme irgendwelcher positiven Handlungen erforderlich ist. Derart sind besonders die aus dem dinglichen Recht herstammenden gesetzlichen Schuldverhältnisse des Nachbarrechts, z. B. § 906 ff. BGB. In diesen Fällen dürfte auch kein Bedenken obwalten, daß hier die geschuldete Dauerunterlassung Gegenstand eines Forderungsrechtes ist[1]). Erörtert werden hier nur solche Schuldverhältnisse, deren Endzweck allein durch eine positive Handlung der einen oder beider Parteien erreicht werden kann. Für diese Schuldverhältnisse muß untersucht werden:

1) Besteht in all diesen Schuldverhältnissen eine Dauerunterlassungspflicht einer Partei oder beider Parteien?
2) Ist die Dauerunterlassungspflicht in allen Fällen, in denen sie nur Glied eines Schuldverhältnisses ist, Gegenstand eines Forderungsrechtes?

II. 1. Zunächst die erste und Grundfrage. Ich nehme einzelne Beispiele: Der A verpflichtet sich dem B, ihm im Mai 1910 zum 1. Oktober 1910 30000 M. als Darlehn zu gewähren. Im August hört der B, daß der A sich dem C im Juli 1910 verpflichtet habe, ihm zum September 1910 35000 M. Darlehn zu gewähren.

1) Kohler, Bürgerliches Recht 2 § 14.

Er weiß, daß diese Summe das gesamte disponible Kapital des A bildet, daß dieser auch nicht so viel Kredit hat, um sich Geld zum Beleihen beschaffen zu können. Die Klage aus § 259 ZPO. kann B erheben. Könnte er außerdem jetzt auf Unterlassung klagen mit dem Antrage, dem A zu verbieten, sich die Erfüllung der Verpflichtung gegen B durch eine anderweite Verwendung seines Vermögens unmöglich zu machen?

Ein Schenkungsversprechen des A an B. Kurz vor der Erfüllungszeit hört B, daß der A über die Sache anderweit verfügen will. Kann B auf Unterlassung klagen?

A hat dem B ein verzinsliches Darlehn gegeben. Vor Fälligkeit einer Zinszahlung hört er, daß B über die Summe anderweit verfügen, sie verschleudern will usw. Kann A auf Unterlassung klagen?

Ich verneine die Möglichkeit einer Unterlassungsklage für diese drei Fälle. Der Grund ist im folgenden zu finden.

Jede Vorschrift der Rechtsordnung besteht um des sozialen Ganzen willen. Wenn durch eine Vorschrift oder eine gesamte Rechtseinrichtung, wie z. B. durch das Schuldrecht, ein einzelner als begünstigt erscheint, so doch nur darum, weil hier die Individualisierung im Rahmen obigen Gedankens wirksamer und zweckmäßiger zur Erreichung der Aufgaben der Rechtsordnung ist. Das Recht erfaßt den einzelnen Menschen mithin nur als sozialen Menschen. Wenn also dem einzelnen eine Verpflichtung zur Bewirkung einer Leistung an einen anderen einzelnen auferlegt wird, so hat diese Pflicht neben der individuellen Wirkung auch die einer „gesellschaftlichen Auflage“[1]). In der Gestaltung der Leistungspflicht und für oder gegen deren Entstehung spricht daher dieser Gedanke entscheidend mit. Nun hat die Dauerunterlassungspflicht ihren logischen Entstehungsgrund in dem allgemeinen „Nichttundürfen“, sobald dadurch andere beeinträchtigt werden könnten. Dieses allgemeine Verbot des Eingriffs in fremde Rechtssphären, sofern man nicht durch einen besonderen Rechtssatz hierzu befugt ist, liegt jedem einzelnen Rechtsverhältnis, mit-

1) Kohler, Bürgerliches Recht 2, 10.

hin auch jedem Schuldverhältnis zugrunde. Gemäß diesen Tatsachen ist es klar, daß die Annahme einer Dauerunterlassungspflicht in einem Schuldverhältnis, dessen Zweck durch eine positive Handlung herbeigeführt wird, nicht ohne weiteres gegeben ist, sondern einer besonderen Begründung bedarf. Denn man kann nicht sagen: Sobald das allgemeine Nichttundürfen in Beziehung zu einem bestimmten Rechtsgegenstand tritt, habe es sich konkretisiert und naturgemäß auch in einer bestimmten Person lokalisiert, so daß nunmehr die Erfordernisse, die hier für den Rechtsbegriff der Pflicht aufgestellt wurden (s. oben § 1), erfüllt seien. Eine Lokalisierung mag zugegeben werden, von einer Konkretisierung kann keine Rede sein, weil diese vermeintliche Beziehung nicht von innen aus dem Schuldverhältnis sich ergibt, sondern aus dem Charakter jeglicher Rechtsvorschrift als gegenständlicher Vorschrift folgt. Aber nur aus dem Schuldverhältnis selbst, und zwar handelt es sich hier nur um das abstrakte Schuldverhältnis, läßt sich ersehen, ob in ihm eine Dauerunterlassungspflicht vorhanden ist oder nicht. Die Beantwortung hat von der Untersuchung auszugehen, welchem Zweck eine Dauerunterlassungspflicht in einem Schuldverhältnis, das durch eine positive Handlung erfüllt wird, dienen soll und kann. Es gibt Fälle, in denen es den Anschein hat, als ob die behauptete Dauerunterlassungspflicht nur die Kehrseite der demselben Subjekt obliegenden positiven Verpflichtung sei[1]. Damit ist nichts gesagt. Wenn etwas hiermit gesagt wäre, so würde das Ergebnis ein unrichtiges sein, denn dann könnte es nur heißen: Die Zwecke der Dauerunterlassungspflicht fließen aus der positiven Verpflichtung des angeblich zur Dauerunterlassung Verpflichteten. Nun mag immerhin gesagt werden: Rückgabepflicht des Entleihers — folglich Pflicht, eine die Rückgabe gefährdende Behandlung zu unterlassen; Pflicht des Verkäufers, die vertragsmäßige Ware zu übergeben und zu übereignen — folglich Pflicht, alles zu unterlassen, was den Zweck der Obligation vereiteln oder gefährden könnte, usw. Wenn es richtig ist, daß die individuellen Wirkungen eines jeden Schuld-

1) Diese Fälle registriert besonders Lehmann 152 b.

verhältnisses parallel als gesellschaftliche Zweckbestimmungen erscheinen, daß somit der einzelne, den das Schuldverhältnis begünstigt, nur das Zwecksubjekt der Gesamtheit ist, so zeigt das klar, daß der Zweck einer Pflicht nicht in der Person dessen begründet sein kann, der nur Mittel zur Herbeiführung dieser Zwecke ist, dessen Pflicht nicht bestehen kann, ohne daß sie einem anderen zugute kommt. Es muß also danach geforscht werden, welchem Interesse der anderen Partei die Annahme einer Dauerunterlassungspflicht dient. Wenn wir an die drei herangezogenen Fälle denken, in denen die Möglichkeit einer Unterlassungsklage verneint wurde, so sehen wir, daß in ihnen die Unterlassungsklage dazu führen würde, das „Recht zur Sache" des Pr. Rechts wieder zu beleben. Denn eine Verurteilung des Schuldners, die Veräußerung, anderweitige Verwendung oder eine Beleihung der Sache zu unterlassen, würde ein Anzeichen dafür sein, daß das Forderungsrecht des Gläubigers die Sache unmittelbar ergreift. Das ist aber nicht der Fall; denn nicht der zu leistende Gegenstand, sondern die Verpflichtung des Schuldners, den Gegenstand zu leisten, ist Gegenstand des Forderungsrechtes. Hieraus läßt sich verallgemeinernd schließen, daß die Dauerunterlassungspflicht der einen Partei niemals zum Schutz des Rechts des Gläubigers auf Herbeiführung des Endzwecks des Schuldverhältnisses gegeben sein kann. Dies berechtigt weiter zu der Folgerung, daß, wo auf der einen Seite nur ein Recht auf positive Leistung ist, dem natürlich eine entsprechende Pflicht auf der anderen Seite gegenübersteht, eine Dauerunterlassungspflicht des Schuldners nicht bestehen kann. Die einseitigen Schuldverhältnisse scheiden also ganz aus.

Wann also besteht in einem unvollkommenen oder vollkommenen gegenseitigen Schuldverhältnis, das auf positive Leistung gerichtet ist, eine Dauerunterlassungspflicht? Da sie um des positiven Rechtes willen nicht besteht, kann nicht behauptet werden, sie bestehe folglich um eines negativen Rechtes willen. Denn man setzt damit für eine Frage nur dieselbe Frage in anderer Form. Vor allem aber besteht auch eine Pflicht nie *um* eines korrespondierenden Rechtes *willen*, sondern *weil* ein solches

Recht da ist. Es bleibt also nur die Annahme übrig, daß eine Dauerunterlassungspflicht eines Schuldteils besteht um einer Pflicht des anderen Teils willen. Da dieser Zusammenhang nur ein innerer sein kann, so fragt sich, wie er, wie beschaffen die gesicherte Pflicht sein muß? Diese Pflicht kann nur eine positive Pflicht sein, und zwar eine solche, die sich nicht in einem Augenblick erschöpft, sondern auf Entwicklung angelegt ist[1]). Der Grund liegt im folgenden: Der Zweck des Schuldverhältnisses ist durch positive Handlung herbeizuführen. Mag es sich nun um ein unvollkommen oder vollkommen gegenseitiges Schuldverhältnis handeln, in jedem Fall kann eine Dauerunterlassungspflicht nur zu dem Zweck der Verwirklichung der Pflicht bestehen, welche die Zweckbestimmung des Schuldverhältnisses trägt. Dies ist bei solchen Schuldverhältnissen keine andere, als eine Pflicht zum positiven Handeln. Diese muß auf Entwicklung angelegt sein, denn die Annahme einer Dauerunterlassungspflicht ist ja nur in einem Rechtsverhältnis möglich, welches ihrer Eigenart entspricht, und dieses ist nicht ein Schuldverhältnis, welches durch eine ein einziges Mal vorgenommene Handlung erlischt, sondern dessen Erfüllung durch eine wiederkehrende positive Gesamtleistung erfolgt.

Ich fasse das Ergebnis dahin zusammen: Eine Dauerunterlassungspflicht besteht in jedem Schuldverhältnis, dessen Zweck durch dauernde Unterlassung herbeigeführt wird. Dagegen in den Schuldverhältnissen, deren Zweck durch positive Leistung herbeigeführt wird, wenn erstens dieses Schuldverhältnis nicht ein einseitiges ist, zweitens dem Gegner desjenigen, der zur Dauerunterlassung verpflichtet sein soll, eine auf Entwicklung angelegte Verpflichtung zum Tun obliegt. Ist diese Pflicht regelmäßig geeignet, den Gegenstand einer Klage zu bilden, die die Dauerunterlassung unmittelbar geltend macht?

2. Wir wenden uns damit der zweiten Frage zu. Neuerdings wird von manchen Schriftstellern angenommen, daß nicht jede Dauerunterlassungspflicht unmittelbarer Gegenstand einer Klage sein könne[2]). Andererseits ist vom Reichsgericht schon früher

---

1) Kohler, Bürgerliches Recht Bd. 1 § 47 S. 149, 150.

2) So vor allem Lehmann 11—15 u. 90; Hedemann im ArchBürgR. 31, 355; Wendt 8.

(Bd. 25 S. 348 und Bd. 48 S. 120) ausgeführt worden, daß das Gesetz, wenn es ein Recht gewährt oder eine Verpflichtung auferlegt, auch die Möglichkeit gewähren müsse, den Anspruch hierauf verfolgen zu lassen[1]). Lehmann geht von folgenden Gedanken aus: Die Dauerunterlassung kommt selten als alleiniger Inhalt eines Schuldverhältnisses vor, viel öfter steht sie neben einer Pflicht zu einem Tun. Bei der Regelung solcher Schuldverhältnisse gibt es in unseren Gesetzen, also besonders im BGB. Fälle, in denen eine Klage auf Unterlassung gewährt wird, andere, in denen jegliche Erwähnung, die darauf schließen lassen könnte, unterdrückt wird. Dies führt ihn zu der Erkenntnis, daß die Dauerunterlassungspflicht einen selbständigen oder unselbständigen Charakter haben könne. Es erhebt sich daher für ihn in jedem Fall die Frage: ob die Dauerunterlassungspflicht in erster Linie nur zur Sicherung einer positiven Leistung ausgesprochen oder als eine selbständige mit eigenen Zwecken anerkannt sei. Für das Vertragsrecht lautet die Frage dahin, ob die Parteien an die Begründung einer selbständigen Dauerunterlassungspflicht gedacht haben, oder ob sich nur aus ihrem auf eine positive Leistung gerichteten Willen durch Auslegung die Begründung einer negativen Pflicht ergebe. Er findet, daß das Gesetz diese Antwort durch die Einzelregelung der Ansprüche in fast allen Fällen gegeben oder wenigstens sehr erleichtert habe. Wo es eine selbständige Dauerunterlassungspflicht anerkennen wollte, habe es ausdrücklich eine Klage hierauf gegeben (BGB. § 550), andernfalls die Rechte des Gläubigers so gestaltet, daß die Verletzung der negativen Pflicht durch andere Mittel verhütet werden könne, insbesondere durch sofortige Ausübung des Rechts auf die positive Leistung, z. B. §§ 650 Ziffer 2 und 695 BGB. Gemäß dem Prinzip der Vertragsfreiheit stehe aber nichts im Wege, daß sich der Gläubiger im einzelnen Fall die Vermeidung bestimmter Handlungen als besondere selbständige Leistung zusagen ließe. Ohne eine solche Vereinbarung bestände z. B. in den §§ 447 Abs. 2, 644 Abs. 2, 654, 692 BGB. kein Unterlassungsanspruch.

---

1) So mit Recht auch Eltzbacher, besonders S. 135, 136; Bierling, Prinzipienlehre 1, 167; Binding, Normen 96, 97.

Es fällt leicht auf, daß diese Ansicht wenig den wirtschaftlichen Bedürfnissen entspricht, wenig auch der Tendenz des Rechts entsprechende Verhältnisse entsprechend zu behandeln. Wenn jemand eine mehrmonatige Reise unternimmt, für diese Zeit sein Haus vermietet und der Mieter einen vertragswidrigen Gebrauch von dem Hause macht, dann kann auf Unterlassung geklagt werden, nachdem der Mieter abgemahnt worden ist. Wenn nun jemand für diese Zeit einen Freund in seinem Hause ohne Entgelt wohnen läßt und dieser oder dessen Gesinde macht einen vertragswidrigen Gebrauch, dann kann nur sofort gekündigt werden. Daß das vielleicht gar nicht im Interesse des Klägers liegt, kommt nicht in Betracht. Er hätte ja vorher mit seinem Freunde juristisch genau abwägen können, was er tun darf und was nicht. Ist es aber berechtigt, weil das Moment der Entgeltlichkeit Leihe und Miete trennt, derartige Unterschiede zwischen beiden Rechtsinstituten zu machen? Ferner: Jemand leiht einem anderen ein Buch für einen Tag, weil dieser etwas darin nachsehen will, oder ein Maler leiht der Ausstellungskommission ein Gemälde, damit es während eines halben Jahres ausgestellt wird. Sollten diese beiden Fälle, in denen sicher ganz verschiedene Interessen im Vordergrunde stehen, juristisch gleich behandelt werden? Dies ist nicht anzunehmen. Es ist auch nicht daran zu denken, daß in all diesen Fällen, in denen Lehmanns Lehre zu unbilligen Ergebnissen führen würde, und die Parteien eine von den Normen des BGB. abweichende Vereinbarung ausdrücklich nicht getroffen haben, die stillschweigende Willenserklärung alle vermeintlichen Unebenheiten der Rechtsordnung tilgen könnte. Diese unbefriedigenden Ergebnisse sind indes nicht die Folge einer die Bedürfnisse verkennenden Rechtsordnung, sondern allein der Anschauung Lehmanns. Auf vermeintlich verschiedenartiger gesetzlicher Regelung des Verhältnisses der Pflichten im Schuldrecht zueinander baut Lehmann seine Theorie auf. Dieses Verhältnis läßt sich aber nach dem Gesetz nicht entscheiden. Das Rechtsverhältnis, welches wir aus unserer Rechtsordnung erkennen können, welches einen Bestandteil der Rechtsnormen bildet, ist das sogenannte abstrakte

Rechtsverhältnis[1]). Aus diesem lassen sich nur dann die Erscheinungen des Rechtslebens als in einem Inbegriff[2]) zusammengefaßt verstehen, wenn die konkreten Rechtsverhältnisse nichts weiter sind als Einzeltatbestände, deren aus einer Vielheit zusammengesetzte Summe das abstrakte Rechtsverhältnis ergibt[3]). Diese Auffassung läßt sich für das Schuldrecht unseres heutigen Rechts aber nicht durchführen. Dem Gesetze, bzw. den Gesetzgebern, schwebt ein typisches, für alle Besonderheiten des Einzelfalles losgelöstes Schuldverhältnis vor, in welchem gewisse Merkmale vorhanden sind, oder eine Gruppe oder mehrere Gruppen von Schuldverhältnissen, die gewisse übereinstimmende Grundzüge haben. Hiernach wird das abstrakte Rechtsverhältnis, oder enger ausgedrückt, das abstrakte Schuldverhältnis, gebildet. Unser modernes Schuldrecht ist jedoch beherrscht von dem Prinzip der Vertragsfreiheit, d. h. die Parteien sind nicht an die einzelnen Vertragstatbestände des Gesetzes gebunden, sondern können irgendwelche beliebigen tatsächlichen Verhältnisse untereinander vereinbaren, für deren rechtliche Bewertung die sinngemäße oder analoge Anwendung die Richtschnur gibt. Da das Gesetz aber nicht jede einzelne Bildung, wie sie aus dem immer Neues schaffenden Leben entsteht, überschauen kann, muß es, wenn es das Prinzip der Vertragsfreiheit nicht als theoretisches Postulat, sondern als Element des Rechtslebens haben will, entweder seine positiv gestaltenden Vorschriften so weit fassen, daß sich unter sie alles einordnen läßt, was die Verkehrsbedürfnisse hervorbringen, oder es muß in negativer Fassung den Rahmen bezeichnen, innerhalb dessen die Parteien unter der Herrschaft des positiven Rechts schalten dürfen. Unsere Gesetze enthalten beide Gesichtspunkte. Positiver und „zwingender“ Natur sind diejenigen Vorschriften, welche die Merkmale des besonderen juristischen Tatbestandes enthalten. Ein Darlehn ist das Geschäft, dessen Merkmale § 607 Abs. 1 BGB. genau bezeichnet. Die Erfordernisse, die zur Kon-

1) Siehe Eltzbacher, Handlungsfähigkeit 15 ff.

2) Gierke 1, 256 III.

3) So allerdings Gierke Bd. 1 § 28 II, dagegen Eltzbacher, Handlungsfähigkeit 20.

struktion dieses Rechtsverhältnisses vorhanden sein müssen, lassen sich nicht durch Parteiwillen abbiegen. Wenn Personen eben andere Tatsachen vereinbaren, dann schließen sie, mögen sie nun wollen oder nicht, kein Darlehn ab. Dagegen wann, wo, wie das Darlehn zurückgezahlt werden soll, das richtet sich nach den Tatsachen, die zunächst der Parteiwille im einzelnen Fall erkennen läßt. Die Vorschriften, die das Gesetz hierfür gibt, sind „nachgiebiger" Natur. Sie gehören teils zu den „Auslegungsregeln", d. h. gesetzlichen Vorschriften, welche die dem vermutlichen Parteiwillen entsprechenden Rechtsfolgen in einer bestimmten Weise unter der Annahme anordnen, „daß die Parteien selbst den Fall so geordnet hätten, wenn sie eine Bestimmung für nötig gehalten hätten", teils zu den „ergänzenden Vorschriften", welche für den Fall, „an den die Parteien gar nicht gedacht oder den sie wenigstens nicht in feststellbarer Weise geordnet haben, eine klare, im vorhinein erkennbare, den Richter bindende Entscheidung geben"[1]). Die in solchen Vorschriften angekündigten Rechtsfolgen treten nicht ein, sobald sie dem Parteiwillen nicht entsprechen. Wenn Ehrlich S. 77 für die ergänzenden Rechtsvorschriften annimmt, daß diese erst dann, wenn die Parteien etwas anderes an ihre Stelle gesetzt haben, ausgeschlossen sind, dagegen die Auslegungsregeln schon dann, sobald sie dem Parteiwillen nicht entsprechen, so wird diese Unterscheidung hier nur mit folgender Maßgabe anerkannt. Die beiden genannten Vorschriftsarten stehen nicht nebeneinander, sondern greifen ineinander über. Die ergänzenden Vorschriften sind ebenfalls Auslegungsregeln, und zwar legt das Gesetz hier Gedanken aus, welche die Parteien nicht ausgesprochen haben, die aber als folgerichtige Begleiterscheinung des Hauptinhaltes des Rechtsgeschäfts erscheinen. Es kommt demnach zum Zwecke des Ausschlusses ergänzender Vorschriften nicht darauf an, daß die Parteien eine den Hauptinhalt des Rechtsgeschäfts ergänzende, von dem ergänzenden Rechtssatz abweichende Bestimmung getroffen haben, noch bedarf es der Annahme, daß die Parteien die Abweichung von der ergänzenden Vorschrift gewollt und eine be-

1) Siehe Ehrlich, Zwingendes Recht 74 Nr. 2 a, b.

sondere Regelung stillschweigend getroffen hätten. Es genügt vielmehr, daß die Auslegung der Haupterklärung der Parteien auf eine andere Ergänzung hinweist, als es die des ergänzenden Rechtssatzes ist. Schon dann greift diese Vorschrift nicht ein, sondern es muß die Ergänzung, welche die hauptinhaltliche Erklärung der Parteien zu erfordern scheint, aus den allgemeinen Vorschriften des Gesetzes, sei es den dieses bestimmte (abstrakte) Rechtsverhältnis betreffenden, sei es den des Gesetzes überhaupt getroffen werden. Als Beispiel diene folgender Fall: A leiht seinem Nachbar B sein Fahrrad für den ganzen Sommer, also die Zeit vom April bis Oktober, „da er es doch nicht mehr fahre". Eines Tages im Mai braucht er es plötzlich nur für diesen Tag, da er kein anderes Gefährt bekommen kann. Der B braucht aber auch für diesen Tag das Rad sehr nötig und will es ihm daher nicht geben [1]. In der Tatsache, daß der A das Fahrrad plötzlich braucht, liegt ein nicht vorhergesehener Umstand, infolgedessen dürfte der Verleiher die Leihe sofort kündigen, § 605 Ziffer 1 BGB. Es ist dies ein ergänzender Rechtssatz. Wenn im obigen Fall infolge dieses Umstandes die Leihe durch Kündigung enden würde, so würde dies in keinem Verhältnis stehen zu dem Zweck, deswegen sie enden soll. Es ist nicht anzunehmen, daß die Parteien, wenn sie über die einzelnen Kündigungsgründe gesprochen hätten, auch einen solchen nicht vorhergesehenen Umstand als Anlaß zur Kündigung anerkannt hätten. Daraus folgt aber nicht, daß hier nun eine stillschweigende Vereinbarung angenommen wird, durch die das Kündigungsrecht für einen solchen Fall ausgeschlossen ist, sondern nur, daß auf Grund des objektiven Tatbestandes eine andere Ergänzung notwendig ist, als das Gesetz sie gegeben hat. Ich würde daher in dem angezogenen Fall die Anwendbarkeit des § 605 Ziffer 1 BGB. ausschließen [2]. So gibt es zahlreiche Fälle, in denen die objektive Rechtslage eine andere Ergänzung fordert, als sie das Gesetz bietet. Auf den im weitesten Sinne nachgiebigen Rechtssätzen beruht das Vor-

---

1) Der Fall, daß er es ihm gibt, ist hier nicht zu erwägen; es würde sich dann um eine Afterleihe handeln.

2) Anderer Ansicht offenbar Ehrlich 77, Nr. 3, 4.

handensein einer Dauerunterlassungspflicht. Da nun in den einzelnen Schuldverhältnissen die objektive Rechtslage verschieden ist und beliebig verschieden sein darf, hiernach aber auch die Rechtsfolgen als möglich verschieden sein werden, und zwar nicht infolge ausdrücklichen Parteiwillens, sondern einzig entsprechend dem wirklichen Tatbestand, so läßt sich aus dem Gesetz nicht feststellen, in wie vielen und in welchen Schuldverhältnissen die Dauerunterlassungspflicht zum Inhalt dieses Rechtsverhältnisses gehört und damit Gegenstand eines vertraglichen Forderungsrechtes ist. Es kann nach dem Gesetz nur entschieden werden, welche Rolle die Dauerunterlassungspflicht in den Fällen hat, welche nur Abdrücke des abstrakten Schuldverhältnisses sind. Auch für diese Fälle kann ich Lehmanns Theorie nicht beipflichten. Die Tatsache, daß nur in wenigen Fällen eine Unterlassungsklage erwähnt ist, würde doch nur in Verbindung mit dem Umstande, daß die Rechtsverhältnisse, für die das Gesetz eine Unterlassungsklage als Schutzmittel benennt, anders gelagert sind, als die, für die eine Unterlassungsklage nach den Gesetzesworten nicht besteht, zu der Erkenntnis führen, daß die Dauerunterlassungspflicht in den einzelnen abstrakten Schuldverhältnissen eine verschiedene, selbständige oder unselbständige Bedeutung haben muß. Lehmann nimmt als hervorragende Beispiele für seine Lehre die Vorschriften über Miete und Leihe. Bei der Miete spricht das Gesetz für den Fall des vertragswidrigen Gebrauchs von einer Unterlassungsklage (§ 550 BGB.), bei der Leihe nicht. Was die übrigen Rechtsbehelfe gegen vertragswidrigen Gebrauch betrifft, so gewährt in beiden Rechtsverhältnissen das Gesetz fristlose Kündigung. Aber zwei Unterschiede scheinen hier zu bestehen. Im Mietverhältnis muß der Kündigung genau so wie der Unterlassungsklage eine Abmahnung vorausgegangen sein, bei der Leihe nicht. Weiter spricht der § 553 BGB. von einem vertragswidrigen Gebrauch, der die Rechte des Vermieters in erheblichem Maße verletzt, während die Unterlassungsklage gegen jeden vertragswidrigen Gebrauch schlechthin gerichtet ist; letzteres ist ebenso die Kündigung bei der Leihe. In bezug auf die Erheblichkeit der Rechtsverletzung bei der Miete, gegenüber jedweder Verletzung bei der Leihe, kann ich einen Unterschied nicht erblicken. Der § 553 BGB. nennt 2 Fälle, die typische oder besonders treffende Beispiele eines vertragswidrigen Gebrauchs der Sachen, der die Rechte des Vermieters in erheblichem Maße verletzt, sind. Dieselben Fälle nennt der § 605 Ziff 2 ebenfalls als Beispiele des vertragswidrigen Gebrauchs. Die Worte: „der die Rechte des Vermieters in erheblichem Maße verletzt", sind erst in der zweiten Beratung im Plenum des Reichstags auf Antrag Auer hin eingeschoben worden. Ob man damit einen Unterschied zur Kündigung der Leihe herstellen wollte, geht selbstverständlich aus den Materialien zum Recht der Schuldverhältnisse nicht hervor. Mir scheint die Erklärung dafür die, daß, wie man die Leihe als das bei weitem weniger rechtserhebliche Verhältnis überhaupt stiefmütterlich behandelt hat, hier solche Bedenken gegen die Fassung nicht aufgetaucht sind, weil das tatsächliche Material, welches bei der Miete leicht zu erlangen war, für die Leihe wahrscheinlich nicht zu Gebote stand. Denn wenn das Gesetz zwei Fälle nennt, die insbesondere Zeichen eines zur sofortigen Kündigung berechtigenden vertragswidrigen Gebrauchs sind, so geht daraus hervor, daß alle übrigen Anlässe graduell von den genannten nicht verschieden sein dürfen. Und die vom Gesetz genannten Fälle können bei Miete wie Leihe die Rechte des Vermieters, bzw. Verleihers, erheblich verletzen, wie sie auch im Einzelfall nur geringfügige Verletzungen bedeuten können. Einen Unterschied vermag ich also in dieser verschiedenen Fassung nicht zu erblicken. Betreffs des Erfordernisses der Abmahnung vor der fristlosen Kündigung des Mietsverhältnisses wurde schon oben erwähnt, daß eine solche Abmahnung auch der Unterlassungsklage vorhergehen muß. Man kann nun nicht so folgern: Bei der Miete ist in jedem Fall vertragswidrigen Gebrauchs eine Abmahnung erforderlich, mag Fortsetzung oder Beendigung des Verhältnisses beabsichtigt werden. Bei der Leihe gewährt das Gesetz, ohne daß eine Abmahnung, also der Versuch, den weiteren Bestand des Schuldverhältnisses zu fördern, vorausgeht, fristlose Kündigung. Daraus folgt, daß das Gesetz nur in der sofortigen Beendigung des Leihverhältnisses einen Ausgleich der durch den vertragswidrigen Gebrauch dem Verleiher zugefügten Verletzung sieht. Dieser Schluß findet eine Stütze in den Motiven, welche zu § 557 Nr. 1 betonen, daß die bei der Miete im § 528 Nr. 1 als erforderlich erklärte Abmahnung als für den Leihvertrag nicht passend im § 557 Nr. 1 nicht erwähnt sei. Aber die an sich schon schwache Stütze in den Motiven wird in unserem Fall noch hinfälliger dadurch, daß die Motive in dem Leihvertrag in jedem Falle eine Gefälligkeit des Verleihers sehen. Daß diese Ansicht zu eng ist, geht aus den hierzu oben angeführten Beispielen hervor[1]). Hiernach kann die Erklärung der Motive ganz ausscheiden. Was spricht aber nun noch für die Argumentation Lehmanns? Den Tatsachen kommt seine Anschauung nicht entgegen. Die Entstehung des § 553 im Verhältnis zu § 605 BGB., die für ihn spricht, geht von unrichtigen Gesichtspunkten aus, und allgemeine Erfahrungen sprechen dafür, den Gesetzesworten, wenn sie allein beweisen sollen, nicht blindlings zu folgen. Auch daß die Abmahnung im Mietrecht sowohl der Kündigung, wie der Unterlassungsklage vorangehen muß, läßt sich gegen Lehmann verwerten[2]). Denn es mag die unmittelbare Geltendmachung der Dauerunterlassungspflicht an verschiedene Voraussetzungen bei den verschiedenen Schuldverhältnissen gebunden sein. Damit ist nicht gesagt, daß sie überhaupt nicht geltend gemacht werden kann, daß nicht wie sonst in unserem ganzen Recht jede Pflicht Gegenstand eines Rechts ist. Ich halte daher Lehmanns Theorie nicht für richtig. Ich komme demnach auch für die abstrakten Schuldverhältnisse zu dem Ergebnis, daß Gründe für eine verschiedene gesetzliche Behandlung der Dauerunterlassungspflicht im Vertragsrecht sich nicht finden lassen. Die Dauerunterlassungspflicht steht in keiner Beziehung anders als jede wirkliche Pflicht irgendwelchen Schuldverhältnisses; da, wo eine Dauerunterlassungspflicht nach dem Bau des Schuldverhältnisses anzunehmen ist, ist sie daher auch Gegenstand eines Forderungsrechtes[3]).

1) Siehe S. 27.

2) Bemerkenswert auch, daß § 550 im ersten Entwurf fehlte und erst später „der Deutlichkeit wegen" hinzugefügt worden ist.

3) Das Gesetz gewährt bei der Miete die Unterlassungsklage. Nach meiner Ansicht ist aber eine Dauerunterlassungspflicht bei einer ganz kurzfristigen Miete, z. B. Uebernachten in einem Hotel, nicht vorhanden. Für den Fall scheidet daher auch nicht nur wegen tatsächlicher Unmöglichkeit, sondern auf Grund der juristischen Konstruktion die Unterlassungsklage aus.

III. Im Gebiet der relativen Rechte soll aber nach einer weit verbreiteten Ansicht die Dauerunterlassungspflicht nicht nur im Vertragsrecht eine Rolle spielen. Es ist vielfach angenommen worden, daß sie auch Gegenstand der Schadensersatzforderung aus unerlaubter Handlung ist, und zwar als eine besondere Erscheinungsform dieser Forderung[1]). Vor allem Örtmann hat folgendermaßen argumentiert: Manche Schädigungen bewirken nicht nur ein äußeres Mißverhältnis mit dem vorher gewesenen Zustand, sondern rufen auch in dem Geschädigten einen Zustand der Unruhe, der Unsicherheit hervor. Wenn durch positive Tätigkeit der äußere Zustand wieder ins Gleichgewicht gebracht sei, so sei damit die Möglichkeit nunmehrigen ruhigen Rechtsgenusses noch nicht schlechthin wiedergegeben. Der Zustand der Unruhe, der Unsicherheit sei häufig ein Schaden, mindestens ein moralischer. Dessen Ersatz könne der Geschädigte im Wege der Naturalherstellung verlangen. Wirke die dem Gegner aufzuerlegende verwandte Unterlassung auch nur für die Zukunft, so werde das Interesse des Klägers zwar nicht voll, aber immerhin doch zum Teil befriedigt. Dieser Beweisführung kann ich mich nicht anschließen. Es fragt sich zunächst, ob die dauernde Unterlassung überhaupt eine Art des Schadensersatzes bilden kann. Die Antwort hat von BGB. § 249 auszugehen. „Wer zum Schadenersatze verpflichtet ist, hat den Zustand herzustellen, der bestehen würde, wenn der zum Ersatze verpflichtende Umstand nicht eingetreten wäre." Die Herstellung ist also eine Wiederherstellung. Das, was durch die ergänzende Tätigkeit beseitigt werden soll, sind die Wirkungen der schädigenden Handlung. Diese sind durch die Handlung verursacht. Die Unruhe und Unsicherheit, welche als moralischer Schaden in dem Geschädigten bestehen soll, ist aber nicht verursacht durch die abgeschlossenen schädigenden Handlungen, sondern durch die Befürchtung, daß noch mehr solche oder ähnlich geartete Handlungen eintreten würden. Denn wenn solches nicht zu befürchten ist, ist ja kein „Grund" zur Unruhe da. Diese Unruhe und Unsicherheit ist also nicht durch eine eingetretene Rechtsverletzung, sondern durch eine vermutete Rechts-

1) Siehe Kohler, Bürgerliches Recht 2, 484 u. 534; Lehmann 223; Örtmann, DJZ. 1904, S. 622, 623, und ebenso Kommentar zum Recht der Schuldverhältnisse S. 1049. — Stein, Voraussetzungen 118; Lobe, Der unl. Wettbewerb 377.

gefährdung hervorgerufen. Da aber (nach Ansicht von Örtmann und Lehmann) § 249 BGB. gegenüber erst drohenden Maßnahmen nicht angewandt werden kann, so kann er auch zur Herstellung künftigen ungestörten Rechtsgenusses nicht dienen. Hiernach ist die dauernde Unterlassung als Art des Schadensersatzes nicht möglich [1]). Da die Art des Schadensersatzes aus unerlaubten Handlungen sich nach dem § 249 BGB. bestimmt, so ist mithin ein Forderungsrecht auf dauernde Unterlassung aus unerlaubter Handlung nicht gegeben [2]) [3]).

IV. Ich fasse das Ergebnis dieser Erörterung dahin zusammen:

1) Eine Daueruunterlassungspflicht besteht in jedem Schuldverhältnis, dessen Endzweck durch eine dauernde Unterlassung herbeigeführt wird.

2) In den Schuldverhältnissen, deren Erfüllung durch positive Leistung geschieht, kann eine dauernde Unterlassungspflicht in einseitigen Schuldverhältnissen nicht vorhanden sein. Sie ist in solchen Schuldverhältnissen dann vorhanden, wenn der Gegner desjenigen, der diesem zur dauernden Unterlassung verpflichtet sein soll, eine auf Entwicklung angelegte Verpflichtung zum Tun obliegt.

3) Das Gesetz gibt keinen Aufschluß darüber, ob in allen ausdrücklich benannten oder überhaupt möglichen Schuldverhältnissen die Daueruunterlassungspflicht besteht.

4) Besteht die Daueruunterlassungspflicht, so ist sie wie jede andere Pflicht geeignet, unmittelbar durch Klage erwirkt zu werden.

5) Die tatsächliche Bedeutung der Daueruunterlassungspflicht läßt sich allein aus dem konkreten Schuldverhältnis feststellen.

---

1) So auch Eltzbacher 216.

2) Für die Unterlassungsklage aus § 249 BGB. auch: Dernburg, BR. 2 § 390 III; Lau bei Gruchot 47, 505; RG. JW. 1905. S. 135/136. Dernburg und RG. nur für den Fall der Ehrverletzung (Widerruf! Dies ist keine Unterlassung); siehe auch Staudinger, Vorbem. VII zu § 823.

3) Für die Unterlassungsklage besteht daher nie der Gerichtsstand aus § 32 ZPO. Ebenso Rosenthal, UWG. 56/57. Dagegen Degen LZ. 1910 S. 442/443 Hellwig, System 125 (unrichtig, denn die etwaige vorgängige unerlaubte Handlung ist nicht Klagegrund, siehe unten § 9 II). Dringenden Fällen hilft ZPO. § 942.

§ 5.

Die Dauerunterlassung im Gebiet des absoluten Rechts.

I. Alle absoluten Rechte enthalten zwei Bestandteile:

1) die Beziehung zu einem bestimmten Gegenstand, über den der Berechtigte herrschen darf,

2) das Verbot an alle sogenannte Dritte, den Berechtigten in seiner Rechtssphäre zu verletzen.

Dieser zweite Bestandteil, durch den alle übrigen Rechtssubjekte von der Einwirkung auf den der Herrschaft des Berechtigten unterworfenen Gegenstand ausgeschlossen werden, enthält den Befehl an diese, alles zu unterlassen, was den Berechtigten beeinträchtigen kann. Diese Unterlassung ist die dauernde Unterlassung. Mit dieser Feststellung ist aber noch nicht dargetan, daß diese dauernde Unterlassung ein Gegenstand jeden absoluten Rechtes ist, d. h. daß sie Inhalt einer Pflicht ist. Diese Frage, die unter der Fassung: Enthält das absolute Recht Ansprüche auf Unterlassung gegen jedermann, seit Windscheid ungezählte Male erörtert worden ist, wird hier folgendermaßen beantwortet[1]).

II. Aus dem, was in anderem Zusammenhang in dieser Arbeit über das Entstehen der Rechtspflicht gesagt worden ist, folgt, daß dem Inhaber eines absoluten Rechts gegenüber noch nicht von vornherein alle anderen verpflichtet sind, ihn nicht zu stören, weil das Recht zu jeder rechtserheblichen Unterlassung einen auf den konkreten Gegenstand sich richten könnenden Willen verlangt. Wann entsteht nun der Unterlassungsanspruch des absoluten Rechts? Erst dann, wenn infolge des Eintritts eines Nichtberechtigten in den Rechtskreis des Inhabers des absoluten Rechts ein

1) Für die Windscheidsche Ansicht siehe Hellwig, Anspruch und Klagrecht 4 u. a.; Cosack, Bürgerliches Recht, Bd. 1 § 74; Langheineken, Anspruch und Einrede 927; du Chesne, SächsArch. 10, 685; Eltzbacher 128; Lehmann 107—117, mit dessen Begründung die S. 110 gegebene Begrenzung nicht zwingend zusammenhängt; dagegen ist eingewendet worden: Anspruch sei nur fälliger Anspruch nur gegen eine bestimmte Person gerichtet (Enneccerus und Crome). Der Anspruch im absoluten Recht sei weder abtretbar, verjähre nicht, habe daher keine praktische Bedeutung (Leonhard, Regelsberger, Kipp), widerspreche dem Charakter unserer Rechtsordnung (Kohler, Bolze).

Zustand hervorgerufen wird, der dem normalen Charakter des Rechts widerstreitet[1]). Der Anspruch entsteht aus einem Zustand, nicht aus der Handlung irgend jemandes, also nicht erst dann, wenn der Eigentümer durch eine beseitigungsbedürftige Beeinträchtigung verletzt worden ist; denn hierdurch erlangt der Unterlassungsanspruch bereits eine Steigerung[2]), muß also bereits vorher vorhanden gewesen sein. Diese Anschauung wird, soweit ich sehe, allen Fällen gerecht, denen zuliebe vielfach die Notwendigkeit der Annahme des Unterlassungsanspruchs im Sinne der Windscheidschen Lehre behauptet worden ist. Wenn z. B. behauptet wird, da § 259 ZPO. noch keine bestehende Rechtsverletzung voraussetzt, müsse die hier vertretene Anschauung zu dem Gedanken einer Unterlassungsklage ohne die Grundlage eines Unterlassungsanspruchs führen, so trifft dieser Vorwurf die im Anschluß an Gierke hier gegebene Bestimmung nicht. Da sämtliche absoluten Rechte den Bestandteil, durch den andere von der Einwirkung ausgeschlossen werden, haben, so ist mithin in der Begrenzung, wie sie für die Entstehung des Unterlassungsanspruchs hier gegeben worden ist, die Dauerunterlassungspflicht Gegenstand eines jeden subjektiven absoluten Privatrechts von dem Zeitpunkt an, in dem der Unterlassungsanspruch entsteht.

§ 6.

Die Dauerunterlassung im Gebiet des unlauteren Wettbewerbs.

I. Die materielle Grundlage der Unterlassungsklage bildet nach den vorausgegangenen Erörterungen stets ein subjektives Recht. Im UWG. werden — ich sehe hier noch von § 1 ab — in lauter einzelnen Fällen nur der objektiv dem Rechte nicht entsprechende Zustand und die Verletzungsart bezeichnet. Die Unterlassungsklage wird nahezu durchgängig gewährt, und zwar wird im § 13 UWG. sämtlichen Gewerbetreibenden und Verbänden mit Bezug auf die in den vorausgegangenen Bestimmungen bezeich-

1) Siehe Gierke 1, 258.
2) Siehe Kohler, Bd. 1 § 57 II.

neten Tatsachen, das Recht auf Unterlassung zu klagen, beigelegt. Die Reaktion des Rechts tritt hier ein auf Grund objektiver Widerrechtlichkeit und wirkt durch die Unterlassungsklage. Dies sind die Zeichen eines absoluten Rechts. Welches absolute Recht ist hier verletzt? Dies ist streitig. Auszuscheiden ist zunächst die Ansicht von Finger[1]). Er sieht den Rechtsgrund darin, daß die unlauteren Wettbewerbshandlungen gegen die guten Sitten verstoßen und daher Delikte sind. Diese Auffassung wird der Tatsache, die nach dem sonstigen Aufbau unseres Rechts auf ein absolutes Privatrecht hinweist, nicht gerecht. Sie geht auch insoweit fehl, als nach unserer vorgängigen Darstellung die unerlaubte Handlung den Unterlassungsanspruch nicht aus sich entlassen kann. Diese Auffassung wird ferner widerlegt aus der positiven Angabe dessen, was hier als Rechtsgrund der Unterlassungsklage angesehen wird. Eine weitere oft vertretene Ansicht konstruiert als Rechtsgrund ein subjektiv absolutes Privatrecht: das Recht an der gewerblichen Betätigung, also ein Persönlichkeitsrecht des einzelnen Gewerbetreibenden[2]). Aber auch diese Ansicht kann nicht alle Vorschriften des UWG. erklären, zunächst nicht die Tatsache, daß gemäß § 13 jeder Gewerbetreibende, der Waren oder Leistungen gleicher oder verwandter Art herstellt oder in den geschäftlichen Verkehr bringt und ebenso parteifähige Verbände zur Förderung gewerblicher Interessen den unlauter Handelnden auf Unterlassung verklagen können. Ferner kann in den §§ 7, 8, 10, 11 doch nicht ein ursprüngliches subjektives Privatrecht des einzelnen verletzt sein. Für die juristische Konstruktion der Grundlage des UWG. sind hier drei Teile zu machen: § 1, §§ 2—13, §§ 14—20. In den §§ 14—20 handelt es sich um besonders benannte Eingriffe in die Interessensphäre eines einzelnen, der denn auch allein zur Geltendmachung dieses Unrechts befugt ist. In §§ 14, 15 ist der geschäftliche Ruf,

---

1) Kommentar zum UWG. (4) 14 u. 15.

2) Gierke 1 S. 713, 714; Kohler bereits im Patentrecht 470; Lobe, Der unlautere Wettbewerb als Rechtsverletzung 1, S. 150, 166, 183, 192 ff. und besonders im gewerblichen Rechtsschutz 1910 S. 5. Dieser erkennt allerdings nur ein Ausschlußrecht durch Beeinträchtigung der gewerblichen Tätigkeit an, doch kommt diese Differenzierung hier nicht in Betracht.

§ 16 die Bezeichnung, § 17 ff. das Geschäfts- und Betriebsgeheimnis verletzt[1]). Unter ganz anderen Gesichtspunkten sind die übrigen Bestimmungen, hier zunächst §§ 2—13, zu betrachten. Hier erscheint mir überhaupt nicht ein ursprüngliches subjektives Privatrecht des einzelnen in Frage zu kommen. Dies wird daraus klar, wenn wir uns überlegen, wer denn der Verletzte aus dem UWG. ist. Dies sind diejenigen, die gemäß § 13 UWG. klageberechtigt sind. Die Unterlassungsklage des UWG. hat danach den Charakter einer subjektiv beschränkten Popularklage[2]). Die Berechtigung dieses Standpunktes ergibt sich daraus, daß der einzelne Gewerbetreibende gar kein persönliches Interesse an dem Gegenstand der von ihm erhobenen Klage zu haben braucht. Es genügt zur Klage, daß die in diesen Vorschriften bezeichneten Verstöße begangen werden; auf Erlangung von Vorteilen, durch die ein Interesse des einzelnen verletzt sein könnte, kommt es nicht an. Ferner haben die Verbände hier nicht die Rolle von Sittenrichtern, sie machen nicht gewerbepolizeiliche Schutzvorrichtungen geltend, ihre Rechtsstellung ähnelt auch durchaus nicht der des Registerrichters im HGB. § 37, vielmehr klagen sie ebenfalls als unmittelbar Verletzte. Hiernach ist nicht zu konstruieren, daß sie an Stelle des verletzten Gewerbetreibenden klagen[3]), sondern der einzelne Gewerbetreibende leitet sein Recht von dem der Gesamtheit der Gewerbetreibenden, welche Waren oder Leistungen gleicher oder verwandter Art herstellen oder in geschäftlichen Verkehr bringen, her. Er klagt nicht alieno nomine, sondern nimmt gewissermaßen als Zunftmitglied an dem Standesgewerberechte teil. Er macht mit der Klage das Recht seiner engeren Erwerbsgenossen und damit sogleich sein Recht geltend, die Verbände wiederum sowohl ihr, sei es besonderes, sei es allgemeines Recht, als auch das des einzelnen Gewerbetreibenden der nicht zu ihrem

---

1) Ueber die Rechtsnatur dieser Interessen siehe Abschnitt 3.

2) Das Recht des einzelnen bei der Popularklage siehe Ihering, Geist des römischen Rechts 1, 202 ff., gegen deren Konstruktion für das UWG. Finger, Kommentar zum UWG. 194.

3) So Lobe, Gewerblicher Rechtsschutz 1910, 7.

Verbande zu gehören braucht[1]). Dieses Recht bildet zufolge seiner Regelung durch das UWG. ein subjektiv absolutes Recht. Wie man es exakt benennen will, ob als gewerbliches Standesbetätigungsrecht oder richtiger als Standesehre, das kann hier dahingestellt bleiben. Es muß bloß noch bemerkt werden, daß ein solches Recht nur nach Maßgabe der besonderen gesetzlichen Bestimmungen anerkannt wird[2]).

II. Ich wende mich nun dem § 1 des Gesetzes zu. Hier liegt ein Verstoß gegen „die guten Sitten" vor. Zwei Fragen ergeben sich: Ist die hier verbotene Handlung rechtswidrig, und kann man daher hier überhaupt ein subjektives absolutes Privatrecht zugrunde legen? Diese schwierige Frage kann hier nicht ausführlich untersucht werden. Die Erklärung dessen, was „die guten Sitten" bedeuten, bildet ein Problem für sich. Es ist nur nötig, den eigenen Standpunkt, soweit es für die Erklärung der Unterlassungsklage erforderlich ist, kurz darzulegen. Verletzt sind also „die guten Sitten". Mag man in ihnen nur einen anderen Ausdruck für das richtige Recht sehen[3]) oder eine vom Recht verschiedene Lebensordnung[4]), in jedem Fall sind sie etwas anderes als die Rechtsordnung, als das den Gesetzen gemäß geltende Recht. „Die guten Sitten" bezeichnen nicht dasselbe, was die Umgangssprache unter „Sitte" versteht. Diese ist sozial und lokal verschieden. „Die guten Sitten" sind es nicht. Ferner aber bilden sie keine Summe abstrakter Regeln. Voraussetzung der Klage, die sich auf die Verletzung der „guten Sitten" stützt, ist nicht das Vorhandensein eines bestimmten, von der Rechtsordnung anerkannten Gutes. Es ist durchgängig angenommen worden, daß die Klage, welche einen solchen Verstoß geltend macht, auch gegen jedwede der

1) Die Benennung als Popularklage hinkt hier im Vergleich mit dem römischen Recht nur insofern, als es sich im UWG. um ein Dreiparteien-Verhältnis, nicht bloß Zweiparteien-Verhältnis handelt.

2) Die Frage bezüglich der Standesrücksichten ist angeschnitten worden in der Entscheidung des OLG. Dresden vom 31. Mai 1911; siehe Gewerblicher Rechtsschutz 1911, 242 ff., besonders 245, und aus tatsächlichen Gründen beiseite gelassen worden.

3) Stammler, Die Lehre von dem richtigen Recht 46 und 476.

4) Kipp über den Begriff der Rechtsverletzung 12; Örtmann, Kommentar zum Recht der Schuldverhältnisse 1074 ff.

Rechtsordnung gemäße Rechtsausübung gerichtet sein kann. Dementsprechend ist aber auch ständig in Rechtsprechung und Literatur anerkannt worden, daß die Entscheidung, ob ein Verstoß gegen „die guten Sitten" vorliegt, aus dem konkreten Fall zu entnehmen ist. Mithin enthalten „die guten Sitten" keine Tatbestände, sondern Werturteile. Hieraus geht ein Doppeltes hervor: negativ, daß nicht eine feststehende Ordnung verletzt sein kann, daher nicht die Rechtsordnung[1]), positiv, daß das als verletzt gilt, was in dem Streitfall Rechtens sein sollte. Ich benenne dieses Objekt durch die Beziehung auf die Grundlage dieser Entscheidung: den Rechtswillen[2]).

Hieraus folgt, daß ein subjektives absolutes Recht, also das formelle Erzeugnis eines Gebots oder Verbots der Rechtsordnung[3]) überhaupt nicht als Grundlage der Vorschrift des § 1 UWG. in Erwägung gezogen werden darf. Der Gedanke der Unterlassungsklage ist eine Individualisierung des „ne peccetur", der moralischen vorbeugenden Wirkung des Rechts. Sie ist durch den § 1 UWG. erkannt worden als Schutz auch der „Kulturgüter[4]), zum Schutz sowohl gegen solche Handlungen, die diametral dem, was sich ziemt, entgegengesetzt sind, wie auch für solche Güter, deren Entwicklung im Sinne der gemeinen Überzeugung in das Stadium getreten ist, in dem das Recht sich ihrer annehmen muß.

III. Ich fasse diese das UWG. betreffende Erörterung dahin zusammen: eine einheitliche materielle Grundlage läßt sich juristisch nicht feststellen. Die Grundlage bilden im § 1 durch das Werturteil der „guten Sitten" erkannte Kulturgüter, in §§ 2—13 ein gewerbliches Standesbetätigungsrecht, in den §§ 14—20 besondere Rechtsgüter, welche aus der gewerblichen Betätigung folgen. In jedem Falle aber bedeutet da, wo die Unterlassungsklage gemäß einer rechtswidrigen Handlung gegeben ist, die materiellrechtliche Grundlage ein subjektives absolutes Privatrecht.

---

1) So statt aller Zitelmann, ArchCivPrax. 99, 28.

2) Maßstab: Die richterliche Ueberzeugung.

3) Siehe Gierke 1, 255.

4) Kohler, Bürgerliches Recht 2, S. 512, 513, 533. Siehe auch Abschnitt III 113 unten.

Kapitel 2.

Die prozeßrechtliche Stellung der Unterlassungsklage.

§ 7.

Das Ziel der Unterlassungsklage.

I. Aus dem Ziel einer Klage ist zu bestimmen, welches ihre prozeßrechtliche Stellung ist. Materiellrechtliche Grundgedanken reichen hierzu nicht aus, da auch ein Anspruch im Sinne des BGB. Gegenstand verschieden gearteter Klagen sein kann.

Die einzelnen Gesetze sagen: Der Berechtigte kann auf Unterlassung klagen[1]). Dies bedeutet, daß er von dem Beklagten verlangen kann, daß er etwas unterlasse. Demzufolge enthält das Urteil ein Verbot an den Beklagten. Die Unterlassungsklage ist demnach Leistungsklage. Dies wird bestätigt durch § 890 ZPO. Diese Vorschrift setzt voraus, daß der Beklagte (Schuldner) eine Verpflichtung zum Unterlassen oder Dulden hat und daß er dieser Verpflichtung zuwiderhandelt. Nach den vorstehenden materiellrechtlichen Untersuchungen ist klar, daß eine solche Pflicht bei jeder Unterlassungsklage besteht. Mithin erfolgt die Vollstreckung der Unterlassungsklage gemäß § 890 ZPO.

II. Diese Auffassung der Unterlassungsklage ist bestritten. Von einzelnen Schriftstellern, besonders von Hölder[2]), wird sie als Feststellungsklage behandelt. Zwei Gründe bestimmen ihn zu dieser Annahme. Der eine ist dem Charakter der Feststellungsklage entnommen, der andere den hiermit angeblich übereinstimmenden Merkmalen der Unterlassungsklage. Hölder sieht den Unterschied von Feststellungs- und Leistungsklage darin, daß jene Sicherungsklage, letztere Bewirkungsklage sei (S. 26 a. a. O.). Denn wer eine Feststellungsklage anstrenge, verlange nur Sicherstellung gegen die Gefahr, daß in Zukunft eine Aenderung eintrete oder unterbleibe[3]). Daher im § 256 ZPO. das Erfordernis eines rechtlichen Interesses an der alsbaldigen Feststellung. Dieses Interesse sei auch für die Unterlassungsklage Voraussetzung. Es

1) Anders im UWG. und HGB. § 37: in Anspruch nehmen. Im Ergebnis ist dies gleich.

2) ArchCivPrax. 93, 34 ff. über Ansprüche und Einreden.

3) Siehe Siber, Rechtszwang 113.

sei gegeben mit der Besorgnis künftiger Beeinträchtigungen. Wenn man die Unterlassungsklage als Leistungsklage auffasse, so sei die Tatsache, daß die gerichtliche Geltendmachung der Unterlassungsklage durch eine solche Besorgnis bedingt sei, nicht zu erklären. Einen solchen Unterschied zwischen Feststellungsklage und Leistungsklage, wie ihn Hölder sieht, halte ich nicht für begründet. Was er als besonderes Merkmal der Feststellungsklage als Sicherungsklage ansieht, ist nach meinem Dafürhalten ebenso Grundzug jeder Leistungsklage. Wenn die Leistungsklage nicht dagegen sicherstellen sollte und nach durch die Tatsachen herausgebildeter Anschauung vermöchte, daß in Zukunft etwas getan oder unterlassen würde, so wäre ein solches Institut gar nicht notwendig. Es würde kein Mensch eine solche Klage anstrengen. Verschieden kann bei den einzelnen Klagen nur sein und ist auch der Zweck, zu welchem die Sicherstellung erstrebt wird. Es kann dies sein: Sicherstellung eines Rechtsverhältnisses, das einen Anspruch enthält, der schon hätte erfüllt werden müssen, oder eines solchen, der noch nicht, sondern erst in Zukunft erfüllt werden kann und soll. Diese zweite Möglichkeit teilt sich wieder in Sicherung für bestehende Ansprüche auf künftige Leistung und erst künftig entstehende Ansprüche auf Leistung. Im Wesen des Rechts ist begründet, daß seine Sätze soweit als angängig erzwingbar seien. Im Zivilprozeßrecht daher der Zwang durch die Vollstreckung. Erzwungen werden darf ein Tun oder Unterlassen aber von jemandem nur dann, wenn er bereits zu diesem Tun oder zu diesem Unterlassen verpflichtet ist. Hiernach versagt schon die Vollstreckung gegenüber einem Klagegegenstand, den ein erst künftig entstehender Anspruch auf Leistung bildet. Ein solcher kann Gegenstand der Feststellungsklage sein, nicht dagegen der Leistungsklage. Denn jede Leistungsklage setzt das Bestehen eines Anspruches voraus[1]). Mit der Feststellung dieser Verschiedenheit berühren wir den Punkt, in dem Feststellungsklage und Leistungsklage sich scheiden.

1) Wenn vielfach die Klagen aus §§ 257—259 ZPO. als Leistungsklagen ohne Anspruch konstruiert werden (Cosack, Dernburg, Enneccerus, Crome, Neumann), so fällt diese Konstruktion damit, daß Anspruch nicht nur fälliger Anspruch ist; siehe Langheineken, Anspruch und Einrede 21 u. 67, Lehmann 70 ff., Hellwig, Lehrbuch des Zivilprozeßrechts 1, 217.

Das Urteil in einer Leistungsklage enthält ein Gebot an den Beklagten, nicht so das Feststellungsurteil, das nur einen maßgebenden Ausspruch darüber enthält., wie die Rechtsverhältnisse sind. Hiernach kann das Feststellungsurteil niemals vollstreckbar sein[1]). Dies zeigt sich auch in der häufigen Klageverbindung der Feststellungsklage mit der Leistungsklage. Würde allein auf Feststellung geklagt, so hätte der Kläger kein Vollstreckungsrecht; erst durch das Leistungsurteil erlangt er einen vollstreckbaren Titel. Aus der Vollstreckbarkeit des Urteils einer Unterlassungsklage ergibt sich daher besonders, daß sie eine Leistungsklage ist. Die Vollstreckung der Unterlassungsklage gemäß § 890 ZPO. nötigt nun auch Hölder, die Unterlassungsklage von den regelmäßigen Feststellungsklagen zu trennen, aber er sieht doch in ihr eine Feststellungsklage, die sich nur von anderen ihrer Art durch die Besonderheit der Vollstreckung nach § 890 ZPO. unterscheidet. Diese Vollstreckung realisiert nach ihm nicht einen Anspruch des Klägers, sondern ahndet nur den Ungehorsam des Beklagten. Denn die Verurteilung zur Strafe oder Sicherheitsstellung bezwecke nicht das Unterbleiben dessen, was vermöge der Unterlassungspflicht unterbleiben sollte, sondern teils die Ahndung der trotz urteilsmäßiger Feststellung erfolgten Zuwiderhandlung, teils die Sicherung der Befriedigung des Ersatzanspruchs, der eventuell durch fernere Zuwiderhandlung veranlaßt wird. Dieses Ergebnis wird nur dadurch ermöglicht, daß Hölder das Problem des § 890 ZPO. falsch anfaßt. Die Vollstreckung des § 890 ZPO. ist nicht mechanischer Zwang. Diesen kann man nicht etwa darin finden, daß der einer Dauerunterlassungspflicht Zuwiderhandelnde bis zu 6 Monaten inhaftiert werden, daher auf diese Art ihm die Möglichkeit des Zuwiderhandelns genommen werden kann. Wenn man dieses Moment als das die Vollstreckung bedeutende auffaßt, gehört der § 890 ZPO. nicht in das 8. Buch der Zivilprozeßordnung, denn Zwangsvollstreckung bedeutet die Erzwingung eines rechtlichen Erfolges. Mit der Ahndung einer Handlung hat die

---

1) Vollstreckbar im engeren Sinne so auch Hellwig, Anspruch und Klagrecht 117, 120.

Vollstreckung nichts zu tun[1]). Daß aber durch die Haft etwa so wie in § 901 ZPO. ein rechtlicher Erfolg erzwungen herbeigeführt werden sollte, nehme ich nicht an, weil der Wortlaut des § 890 das Gegenteil besagt („Wegen einer jeden Zuwiderhandlung"). Hiernach kann als Vollstreckung nur gelten der psychische Zwang, der durch die im Urteil ausgesprochene Strafandrohung bewirkt wird[2]). Da nun die Dauerunterlassungspflicht hier als Gegenstand eines Anspruchs betrachtet wird, ist kein Hindernis, anzunehmen, daß durch die Strafandrohung und den hierdurch erstrebten psychischen Zwang ein Anspruch des Klägers realisiert werden soll. Bedenken gegen die Auffassung der Unterlassungsklage als Leistungsklage bestehen daher von dieser Seite aus nicht[3]). Aus der Charakterisierung der Vollstreckung nach § 890 ZPO. folgt, daß diese „Strafe" auch gegen juristische Personen vollstreckt werden kann[4]). Denn die Strafe ist nicht Ahndung einer strafbaren Handlung[5]), sondern Vollzug des psychischen Zwanges. Sie ist Maßregel, durch die der Beklagte zur Erfüllung angehalten werden soll. Die Zulässigkeit dieses Zwanges ergibt sich aus der Idee der Organschaft[6]).

§ 8.
Die Unterlassungsklage als vorbeugende Leistungsklage.

I. Ein weiterer Grund Hölders gegen die Auffassung der Unterlassungsklage als Leistungsklage wird widerlegt durch eine Klassifizierung der Leistungsklagen. Wenn er nämlich behauptet, daß die gerichtliche Geltendmachung der Unterlassungspflicht als Gegen-

1) Der „Arrest" nimmt meines Erachtens eine besondere Stellung ein und ist nicht Zwangsvollstreckung im engeren Sinne.

2) Siehe auch Wendt a. a. O. 101.

3) Siehe auch Eltzbacher 213; Kohler, Handbuch des Patentrechts 541; RG. 25, 378; 45, 61.

4) Dagegen Eltzbacher 206; Stein, Kommentar zur Zivilprozeßordnung § 890 II 3. Dafür RG. 43, 405; Rechtsprechung der Oberlandesgerichte 20, 370.

5) Daher zieht auch nicht-schuldhafte Zuwiderhandlung die Festsetzung der Strafe nach sich. Anders die herrschende Meinung. Siehe Eltzbacher 208 zu Anm. 2. Enneccerus I 2 § 465 II. Gaupp-Stein zu § 890 II 3. RG. SeuffArch. 63, 55.

6) Siehe Gierke 1, 528 ff.

stand eines Anspruchs nicht durch die Besorgnis, daß dieser Pflicht künftig zuwidergehandelt werden würde, bedingt sein könnte, so übersieht er den Unterschied zwischen den Leistungsklagen, der durch die Teilung in ausgleichende und vorbeugende Leistungsklagen bezeichnet wird[1]).

Die Unterlassungsklage ist vorbeugende Leistungsklage. Mit einer Klage der ersteren Art wird eine Leistung verlangt, die schon hätte bewirkt werden müssen. Mit einer vorbeugenden Leistungsklage wird eine Leistung verlangt, die nur künftig bewirkt werden kann und soll. Der vorbeugende Charakter der Unterlassungsklage wird bestimmt durch die Tatsache, daß nach den meisten Vorschriften auf Unterlassung nur geklagt werden kann, wenn weitere Beeinträchtigungen zu besorgen sind. Hiermit wird eine der Klagvoraussetzungen der Unterlassungsklage bezeichnet und zugleich das Unterscheidungsmerkmal von der ausgleichenden Leistungsklage. Die Unterlassungsklage ist an sich ein minus gegenüber dem, was Gegenstand des Unterlassungsanspruchs ist, nicht in dem Sinn, daß der Inhalt verschieden ist[2]). Ein Anspruch besteht überhaupt immer nur insoweit, als die juristische Möglichkeit gegeben ist, etwas verlangen zu können (Argument aus § 306 BGB.). Da aber immer nur verlangt werden kann, daß jemand seinen Willen auf etwas richte, so muß der Anspruch immer eine Handlung des Anspruchsgegners betreffen, deren Erfüllung noch möglich ist. Wenn jemand verpflichtet ist, irgendeine Handlung dauernd zu unterlassen und ein anderer auf diese einen Anspruch hat — beiläufig bemerkt sei schon hier, daß nur ein Anspruch auf die Dauerunterlassung besteht, dies also ein fälliger Anspruch ist[3]) — und wenn nun der Verpflichtete jetzt durch ein einmaliges vorübergehendes Tun seiner Pflicht zuwiderhandelt, so geht der Anspruch, insofern jetzt Unmöglichkeit das Unterlassen für den einen Moment verlangen zu können, vorliegt, in bezug auf dieses Moment unter. Wie also jetzt nicht mehr dieses Unterlassungsteilchen in eine Klage auf Unterlassung einbezogen werden kann, so hat auch der Unterlassungs**anspruch** dieses Atom nicht

---

1) Eltzbacher 214, 215; dagegen Hedemann im ArchBürgR. 31, 355 ff.

2) So Hellwig, Anspruch und Klagrecht 388—397.

3) So auch anscheinend Stein, Kommentar zu § 259 ZPO. I Absatz 2.

mehr zum Gegenstand. Die Tatsache, daß hiernach jeder fällige Anspruch als ein Anspruch auf „künftige“ Leistung erscheint, darf nicht vermengt werden mit dem materiellrechtlichen Gedanken der Klagen aus § 257—259 ZPO. Denn diese Klagen enthalten nicht fällige Ansprüche auf künftige Leistung in dem eben erörterten Sinn, sondern nichtfällige Ansprüche auf künftige Leistung, d. h.: der Berechtigte darf gegenwärtig in der Regel noch nicht „ansprechen“[1]).

II. Deckt sich hiernach die Unterlassungsklage inhaltlich mit dem Unterlassungsanspruch, so kann die Tatsache, daß als Klagvoraussetzung die Besorgnis weiterer Beeinträchtigungen besteht, nur in anderer Weise erklärt werden. Während eben hervorgehoben wurde, daß diese Voraussetzung das trennende Moment der Unterlassungsklage gegenüber der ausgleichenden Leistungsklage bildet, so muß hier betont werden, daß ihr Bestehen begründet ist in dem gemeinsamen Ausgangspunkt der ausgleichenden und der vorbeugenden Leistungsklage. Diese beiden Klagearten stehen nämlich nicht scharf gesondert nebeneinander, sondern sind Strahlen aus einem gemeinsamen Zentrum, mit anderen Worten: In der vorbeugenden und ausgleichenden Leistungsklage haben wir nur eine zweigliedrige Einteilung, eine Theorie. Die Grundgedanken lassen sich auf ein gemeinsames Prinzip zurückführen, das Prinzip der im weiteren Sinn ausgleichenden Klage. Jede Leistungsklage soll ausgleichen, d. h. den Zustand erwirken, der der sozialen Ordnung entspricht. In beiden Fällen ist vorausgesetzt, daß ein unrechtmäßiger Zustand eingetreten ist (nicht dagegen, daß er besteht). Denn ohne dies ist keine Ausgleichung möglich. Während die ausgleichende Klage voraussetzt, daß der unrechtmäßige Zustand nach außen besteht, und daher der rechtmäßige Zustand wiederhergestellt werden soll, setzt die vorbeugende Leistungsklage voraus, daß ein rechtmäßiger Zustand nach außen hin besteht oder wenigstens bestehen kann und ein vergangener unrechtmäßiger Zustand wiederhergestellt oder fortgesetzt werden soll. Diese Klage kann daher nur ausgleichen dadurch, daß sie einem solchen Wiederherstellen oder Fortsetzen vorbeugt. Als Leistungsklage kann daher

---

1) Hieraus folgt, daß § 259 nicht für die Unterlassungsklage verwertet werden kann; dagegen vor allem Hellwig, Zuerst Anspruch und Klagerecht 388—397.

die Unterlassungsklage nur vorbeugende Klage sein, als solche muß sie das Bestehen der Besorgnis weiterer Beeinträchtigung als Voraussetzung haben. In dieser Beziehung läßt sich nun auch die Behauptung rechtfertigen, daß die Unterlassungsklage ein minus gegenüber dem Unterlassungsanspruch ist, denn während der Unterlassungsanspruch besteht, ohne daß zu besorgen ist, er werde zukünftig beeinträchtigt werden, besteht eine Unterlassungsklage nur, wenn die Besorgnis besteht. Diese ist also prozessuale Klagvoraussetzung für die Unterlassungsklage.

§ 9.

Die Voraussetzungen der Unterlassungsklage.

Von den Voraussetzungen der Unterlassungsklage sind hier nur diejenigen zu nennen, von denen die Zulässigkeit gerade der Unterlassungsklage abhängt. Es sind dies:

I. Der Rechtsschutzgrund. Er wird gebildet durch das Bestehen eines Rechts auf die Dauerunterlassung. Diese materiellrechtliche Grundlage ist im 1. Kapitel nach Umfang und Inhalt in den einzelnen Rechtsgebieten untersucht worden, so daß sich eine bestenfalls zusammenfassende Wiederholung hier erübrigt.

II. Bei absoluten Rechten die Besorgnis künftiger Störungen. Nach meiner Ansicht ist die Unterlassungsklage gegen drohende Beeinträchtigungen gegeben, ohne daß bereits eine vollendete Beeinträchtigung vorausgegangen sein muß[1]). Dem widerspricht anscheinend der Wortlaut der maßgebenden Vorschriften (§§ 12, 861, 1004 BGB.) insoweit, als *weitere* Beeinträchtigungen den Gegenstand der Besorgnis bilden sollen. Hiernach wird angenommen, daß bereits eine Beeinträchtigung stattgefunden haben muß. Man muß aber daran denken, daß das BGB. bei den Unterlassungsklagen, die zum Schutz einzelner Rechte gewährt worden sind, sich streng an die vom römischen Recht und gemeinen Recht her überkommene Form gehalten hat. Und hier bildet die Unterlassungsklage — siehe 12 D. 8, 5 — nur das Anhängsel an die Klage, die

1) Hiergegen Hellwig, Lehrbuch des Zivilprozesses 1 § 57 S. 373—375 und jetzt System S. 272 b. Eltzbacher 155 ff. (siehe auch die dort Anm. 2 Zitierten); Rosenthal, Leipziger Z. 4, 592 und UWG. 52; v. Tuhr, Allgemeiner Teil 253; Siber 109. Dafür RG. SeuffArch. 57, 122; Leipziger Z. 2, 228 Nr. 26; Fuld, Kommentar zum UWG. 48.

durch eine der Vergangenheit angehörige Verletzung veranlaßt worden ist. Im heutigen Recht ist dieses Verhältnis anders geworden. Wir sehen vor allem aus den Vorschriften des UWG., auf deren prozeßrechtliche Bedeutung wir noch näher eingehen werden, welche Selbständigkeit die Unterlassungsklage durch den modernen, den Wettbewerb und damit auch seine Auswüchse stärker anfachenden geschäftlichen Verkehr gegenüber der Klage auf Beseitigung einer vorhandenen Beeinträchtigung erlangt hat. Weil die Form an das römische Recht anknüpft, darum brauchen wir noch nicht den Inhalt nachzuahmen. Auf eine vorangegangene Beeinträchtigung als Voraussetzung der Unterlassungsklage braucht daher das Wort „weitere Beeinträchtigungen" nicht bezogen zu werden. Es gibt ja auch keine Leistungsklage, deren Urteilsmäßigkeit dadurch bedingt ist, daß der geltend gemachte Anspruch verletzt worden ist. Eine solche Tatsache ist fast immer die Veranlassung, niemals Voraussetzung. Die Unterlassungsklage ist als vorbeugende Leistungsklage eine Art dieser Klagegattung. Warum ihr eine an sich ganz gleichgültige Voraussetzung außer der sie charakterisierenden aufgezwungen werden soll, ist nicht einzusehen. Das Gesetz ist doch im großen von dem Gedanken des § 133 BGB. beherrscht, der dort nur eine Anwendung erfahren hat. Danach ist nur so viel aus dem Wortlaut zu entnehmen, daß die Besorgnis künftiger Beeinträchtigungen aus gegenwärtig bestehenden Tatsachen sich erklären lassen muß. Den Nachdruck lege ich nicht auf die Worte „weitere Beeinträchtigungen", sondern darauf, daß sie „zu besorgen" sind. Es wird nicht nur ein im Geschäftsleben leicht mögliches, sondern wahrscheinliches Eintreten von Beeinträchtigungen auf Grund allgemeiner Tatsachen und Erfahrungen erfordert, sondern ein auf konkreten Tatsachen beruhender, in dem konkreten Fall begründeter Indizienbeweis geführt werden müssen[1]). Wie eine gegenwärtige Beeinträchtigung, also auch hier tatsächlich Klageveranlassung sein wird, so ist sie rechtlich als Beweisgrund von Bedeutung. Der Beweisgrund, aus dem der Richter seine Ueberzeugung bildet, kann beliebiger Art sein. Es ist daher nicht gesagt, daß gerade eine Verletzung bestehen muß, es kann eine Gefährdung durch

1) RG. SeuffArch. 57, 37; RG. 63, 379; Leipziger Z. 3, 395 Nr. 35; Z. f. Rechtspflege in Bayern 1909 232 V.

Worte[1]) oder Taten — aber immer eine wirkliche Gefährdung — eine Vorbereitung oder sonst etwas vorliegen. Aus dem zuletzt Erwähnten geht hervor, daß der Wortlaut der gesetzlichen Vorschriften eine entsprechende Ausdehnung erfahren muß. Die Beeinträchtigung, die besorgt wird, braucht nicht in sich neu zu beginnen, sie kann auch nur die Fortsetzung oder Verwirklichung des gegenwärtig die Klage veranlassenden Zustandes sein[2]). Immer also ist die Besorgnis zukünftiger Beeinträchtigungen besondere Klagvoraussetzung.

Zwei Fragen sind hiernach noch zu beantworten.

1) Besteht diese Voraussetzung auch da, wo sie nicht besonders erwähnt ist, also vor allem im UWG.?

2) Was heißt Beeinträchtigung?

Zu 1) In dem vorhergehenden Paragraphen habe ich den Nachweis zu führen gesucht, daß die Besorgnis künftiger Beeinträchtigungen stets Unterlassungsklage als Leistungsklage charakterisiert. Diese Tatsache ist auch durchgängig anerkannt. Streit besteht nur darüber, welche Rolle dieser Tatsache zukommt. Ob sie Klagvoraussetzung und daher vom Kläger zu beweisen ist, oder die Vermutung für sie spricht, und daher der Beklagte ihr Fehlen beweisen muß. Die Praxis steht für die Vorschriften, in denen diese Tatsache nicht ausdrücklich genannt wird, auf dem letzteren Standpunkt[3]). Dieser Ansicht kann ich nicht beitreten. Das UWG. nennt allerdings nirgends die Besorgnis künftiger Beeinträchtigungen als Klagvoraussetzung. Aber dies ist leicht verständlich: denn das Gesetz spricht niemals von einer Unterlassungs k l a g e, sondern nur davon, daß jemand auf Unterlassung in Anspruch genommen werden kann. Und nun gar im Warenzeichengesetz und Patentgesetz fehlt jeder derartige Hinweis auf den Schutz des

1) RG. 54, 415; Gewerblicher Rechtsschutz 1910, 380 (Urteil des KG.).

2) Hiernach ist im § 1134 BGB. nur die Form eine andere, als in §§ 12, 861, 1004 BGB., nicht der Inhalt in dieser Beziehung.

3) RG. SeuffArch. 57, 37; RG. 60, 155; Gewerblicher Rechtsschutz 1911, 80 u. 276 (besonders im Urteil vom 8. Dezember 1910); ebenso Finger, Kommentar zum UWG. 43; Fuld, Kommentar zum UWG. 324 ff.; Goldschmidt, Markenschutz und Wettbewerb 1910 S. 122, 123; Stein, Voraussetzungen 2c. 16/17, 123/124; dagegen Eltzbacher 182 Anm. 1; Rosenthal, LZ. 1911 4, 589; zu vergleichen auch RG. LZ. 3, 395 Nr. 35 und RG. SeuffArch. 64, 29.

Warenzeichens und des Patentes. Wo also das Gesetz außerhalb des BGB. von der Dauerunterlassung spricht, da wird nur bestimmt, daß die Dauerunterlassung Gegenstand eines Anspruchs ist, nicht aber, wann geklagt werden kann. Nun war oben ausführt worden, daß die Besorgnis künftiger Beeinträchtigungen eine Voraussetzung der Klage, aber nicht des Bestehens des Anspruchs ist. Wie man also diesen Mangel — wenn es überhaupt ein solcher ist — mit dem Bestehen einer Rechtsvermutung in Einklang bringen, ja, wie man dieses negative Moment geradezu als Grundlage hierfür nehmen will, ist nicht recht klar. Es ist zuzugeben, daß eine Wettbewerbshandlung schon ihrer Natur nach die Gefahr der Wiederholung vermuten läßt; gerade diese tatsächliche Vermutung zwingt aber zu dem Schluß, sie von dem Mangel einer Rechtsvermutung scharf zu scheiden. Da nun einzig die Vorschriften des BGB. die Voraussetzungen der Unterlassungsklage bestimmen, so sind sie auf alle zum Schutz absoluter Ruhe bestehenden Unterlassungsklagen anzuwenden[1]), soweit nicht besondere Grundsätze dem widersprechen. Derartige Grundsätze kennt unser Recht nicht. Hiernach ist die Besorgnis künftiger Beeinträchtigungen stets Klagvoraussetzung und daher stets vom Kläger zu beweisen, vorbehaltlich der Würdigung der besonderen Umstände[2]) des Einzelfalles.

Zu 2) Unter Beeinträchtigung ist jede irgendwie geartete[3]) positive objektiv widerrechtliche Handlung zu verstehen. Die Vorschriften des BGB. erwähnen nur die Störung des Rechtsgenusses. Bei den dinglichen Rechten kann es begrifflich auch eine Entziehung sein[4]). Dies bedeutet eine Handlung, die sich in einer körperlichen Wegnahme des Rechtsobjektes äußert. Hiernach beschränkt sich das Anwendungsgebiet in dem bezeichneten Sinne. Die Tatsache, daß objektive Widerrechtlichkeit genügt, folgt aus dem

1) Siehe auch v. Blume, Unterlassungsanspruch und Unterlassungsklage in Festgabe für Güterbock 1910 S. 396, 397.

2) In dieser Hinsicht besteht also kein Unterschied zu den allgemeinen Beweisgrundsätzen. Siehe zutreffend Hellwig, System 272a und ähnlich Rosenthal, LZ. 1911 Sp. 890, der allerdings (auf anderer Grundlage) eine Regelmäßigkeit für den Einzelfall setzt. Vgl. auch RG. JW. 1912 Nr. 8 S. 392/393.

3) Enger, RG. LZ. 2, 539 Nr. 22.

4) Siehe auch Eltzbacher 139.

Begriff des absoluten Rechts. Endlich muß die Handlung ein „Tun" enthalten. Denn eine Klage auf Unterlassung einer Unterlassung ist begrifflich eine Klage auf positive Leistung. In unserem Recht bestehen hiervor zwei Ausnahmen: BGB. § 1134[1]) und UWG. § 10 Nr. 1 und 2 in Verbindung mit §§ 7 und 13. Da hier das vorhergehende Eintreten einer Beeinträchtigung nicht als Voraussetzung angesehen wird, so fehlt auch für uns jede einengende Beziehung der befürchteten Handlung im Verhältnis zu der vorausgegangenen[2]). Es ist noch zu erwähnen, daß, obwohl die Beeinträchtigung irgendwelcher Art sein kann, das Urteil die zu unterlassende Handlung oder die Handlungen genau bestimmen muß. Dies ergibt sich daraus, wie hier der Begriff der Besorgnis künftiger Leistungen bezeichnet würde. Es sind allerdings Handlungen möglich, deren beeinträchtigendes Moment in der Betonung eines bestimmten besonderen gemeinsamen Zweckes besteht, z. B. das Verbreiten von Behauptungen, um jemanden aus einer Stellung zu verdrängen (nicht genügend, um seinen Ruf zu schädigen). In diesem Fall braucht nicht jede Handlung einzeln bezeichnet zu werden, es genügt die Bezugnahme auf diesen Zweck[3])[4]).

III. Bei relativen Rechten nennt das BGB. als besondere Voraussetzung, daß eine Rechtsverletzung fortgesetzt wird, obwohl bereits eine Abmahnung vorgebracht worden ist. Erst dann kann auf Unterlassung geklagt werden. Hierin liegt schon die Voraussetzung, daß die Beeinträchtigung fortdauert. Die Besonderheit ist hier, daß der Unterlassungsklage eine Verletzung und infolgedessen eine Abmahnung vorhergehen muß. Hieraus folgt auch schon, daß objektive Widerrechtlichkeit nicht möglich ist, wie dies auch der Verpflichtung eines Schuldners aus dem Schuldverhältnis über-

1) Siehe hierzu Gierke 2, 872 und Martin Wolff, Sachenrecht § 128 II 2.

2) Es braucht nicht dieselbe Handlung zu sein, aber sie muß in bestimmten Formen zu besorgen sein. Enger, RG. in LZ. 2, 539 Nr. 22.

3) Hierzu besonders RG. 139 u. 140 und überhaupt RG. LZ. 2, 781 Nr. 37 u. 38; Gewerblicher Rechtsschutz 1910, RG. S. 86, 87 und Seligsohn, Kommentar zum Patentgesetz zu § 4 S. 138 C.

4) Bei der Unterlassungsklage auf Grund des § 1 UWG. sind die gleichen Voraussetzungen wie bei absoluten Rechten geboten.

haupt entspricht (s. § 276 BGB.). Im übrigen gelten die gleichen Grundsätze wie für die absoluten Rechte[1]).

§ 10.

Ergebnis.

Das Ergebnis der Untersuchung ist folgendes:

I. Die Unterlassungsklage besteht zum Schutz von absoluten Rechten, von relativen Rechten, sowie zum Schutz von Gütern, die im Erwerbsleben (geschäftlichen Verkehr) vor gegen „die guten Sitten" verstoßenden Handlungen nach gemeiner Überzeugung geschützt werden müssen.

II. Gegenstand der Klage ist die Dauerunterlassung in Gestalt als Unterlassung im engeren Sinne, wie als Dulden, wie als Verhüten, daß jemand etwas tue.

III. Inhalt der Klage ist das Verbot, daß jemand den Berechtigten künftig beeinträchtige.

IV. Im Gebiet der absoluten Rechte ist jedes Recht geschützt.

V. Im Gebiet der relativen Rechte besteht für den Berechtigten die Unterlassungsklage dann, wenn

1) das Rechtsverhältnis durch die Dauerunterlassung erfüllt wird,

1) Es ist noch kurz zusammenfassend zu bemerken, welche Stellung hiernach § 259 ZPO. gegenüber den einzelnen Unterlassungsklagen einnimmt. Da hier nicht angenommen wurde, daß der Unterlassungsklage im Gebiet der absoluten Rechte bereits eine Verletzung vorausgegangen sein muß, so enthält § 259 für diese in keinem Falle ein Hinausgehen über die einzelnen Vorschriften über Unterlassungsklagen, wie Hellwig annimmt (siehe Lehrbuch des Zivilprozeßrechts 1 § 57 und v. Tuhr 254). Meines Erachtens kann § 259 aber überhaupt nicht als Unterlassungsklage in dem hier vertretenen Sinne bezeichnet werden, denn § 259 setzt voraus, daß ein nichtfälliger Anspruch auf eine zukünftige Leistung besteht und besondere Gründe eine Vorwegnahme der allgemeinhin erst später zulässigen Klage rechtfertigen. Bei der Unterlassungsklage handelt es sich um einen fälligen Anspruch auf eine Leistung, die jetzt und zukünftig zu erfüllen ist. § 259 hat im Schuldrecht Bedeutung, wenn jemand verpflichtet ist, eine Handlung einmal oder wiederholt zu unterlassen. Hierauf aber erstreckt sich die Unterlassungsklage nicht. Aus anderen Gründen gegen § 259 als Unterlassungsklage Eltzbacher 85—90 und Stein, Voraussetzungen des Rechtsschutzes 119. Siehe auch unten Abschnitt III S. 110/111.

2) dem Berechtigten in einem auf positive Leistung gerichteten Rechtsverhältnis eine auf Entwicklung angelegte Verpflichtung zum dauernden Tun obliegt.

VI. Zu den geschützten absoluten Rechten gehören die — anerkannten — Persönlichkeitsrechte, die Immaterialgüterrechte, die dinglichen Rechte.

VII. Zu den geschützten relativen Rechten gehören:

1) die reinen Forderungsrechte,
2) die gemischten Forderungsrechte:
   a) aus den personenrechtlichen Gemeinschaften im Verhältnis der Gemeinschaften zueinander,
   b) die sich durch das Verhältnis der Körperschaften zu ihren Gliedern bilden.

VIII. Die Unterlassungsklage ist vorbeugende Leistungsklage, d. i. eine Art der im weiteren Sinn ausgleichenden Klage.

IX. Die Voraussetzungen sind insbesondere:

1) das Bestehen eines Rechts auf dauernde Unterlassung,
2) die Besorgnis, daß dieses Recht zukünftig beeinträchtigt wird,
3) bei relativen Rechten dazu die Tatsache, daß vor Klagerhebung eine Verletzung und infolgedessen eine Abmahnung erfolgt ist.

X. Die Beeinträchtigung, gegen welche die Unterlassungsklage sich richtet, muß

1) bei absoluten Rechten nur objektiv widerrechtlich sein,
2) bei relativen Rechten objektiv widerrechtlich und mindestens durch Fahrlässigkeit herbeigeführt sein,
3) bei Gütern, die im Erwerbsleben auftreten, gegen „die guten Sitten" verstoßen.

XI. Das Ziel der Unterlassungsklage ist

1) die dauernde Unterlassung bestimmter einzelner oder durch einen besonderen Zweck geeinter positiver Leistungen (zwei Ausnahmen: BGB. § 1134 und UWG. § 7),
2) die Vollstreckbarkeit durch Androhung einer Geld- oder Haftstrafe.

Abschnitt II.

Beiträge zur geschichtlichen Entwicklung der Unterlassungsklage.

§ 11.

Römisches Recht.

I. Im römischen Recht gewinnt die Scheidung der Untersuchungen des ersten Abschnitts in die der materiellrechtlichen Grundlage und der prozeßrechtlichen Gestaltung der Unterlassungsklage besondere Bedeutung dadurch, daß das Rechtssystem der Römer niemals die völlige Durchdringung individuellen Müssens mit staatlichen Zwangsmitteln zugelassen hat. Schon hiernach ergeben sich Beschränkungen für die Bewertung der Klage als Unterlassungsklage. Wir trennen auch hier die Erörterung der Unterlassungsklage im Gebiet der Forderungsrechte und der absoluten Rechte.

Im Gebiet der Forderungsrechte erscheinen als materiellrechtliche Grundlagen von Unterlassungsklagen die obligationes in non faciendo. Die Zulässigkeit und Möglichkeit der Verpflichtung zu einem Unterlassen überhaupt geht aus 7 I 3, 15 und D. (10, 2) 25, 12; 44, 5 hervor. Die Stipulation muß nicht res zum Gegenstand haben, sondern es können auch facta sein: fieri wie auch non fieri. In der Institutionenstelle wird behauptet, daß es ratsam sei, eine Strafe für den Fall des Zuwiderhandelns hinzuzufügen, damit nicht als bei einer stipulatio incerti (75, 7 D. 45, 1) der Kläger die Höhe seines Schadens beweisen müsse. Es ist dies aber nur ratsam; die Verpflichtung zur Unterlassung besteht auch an sich ohne eine solche Strafverpflichtung (2, 6 D. 45, 1 si vero poena nulla posita sit). Als einzelne Fälle einer solchen Verpflichtung zu einem Unterlassen werden in den Digesten Nebenvereinbarungen aus Miet- und Pachtverträgen und die gesetzlichen Schuldverhältnisse, die in Servituten enthalten sind, genannt: 11, 1 D. 19, 2; 29 eod.; 49, 1 D. 45, 1. In diesen Fällen ist die Dauerunterlassung ausdrücklich als Gegenstand eines Schuldverhältnisses benannt. Fälle, in denen neben einer Verpflichtung zum Tun als Endzweck eine Unterlassungspflicht nur durch Rückschluß aus einer dementsprechenden Klage zu gewinnen ist, bestehen, soweit ich sehe, in den Digesten nicht. Dagegen werden Beispiele genannt, in denen die einem Teil obliegende Unterlassungspflicht diesen verpflichtet, dafür Sorge zu tragen, daß kein anderer das tut, was er selbst unterlassen soll. Z. B. 29 D. 19,2; 13,1 D. 42,1; 38 pr. D. 45,1; 83 pr. eod. Alfenus behandelt an der ersten Stelle folgenden Fall: Ein Staatspächter hat im Pachtvertrage die Verpflichtung übernommen, nicht abzuholzen usw. Frage: Wenn er sieht, daß ein anderer dies tut, muß er dies hindern oder muß er sogar den Wald so beaufsichtigen lassen, daß keiner dies tun kann? Aus der Parteiabsicht folgert Alfenus, daß die letztere Alternative zu wählen ist; ob nun nach Ansicht des Juristen der Pächter zu einem Unterlassen oder einem Tun verpflichtet ist, geht aus dieser Stelle unmittelbar nicht hervor. In der zweiten Stelle behandelt Celsus den Fall, daß jemand sich verpflichtet hat, zu hindern, daß der Stipulator einen Schaden erleide, 13, 1 D. 42, 1. In 38 pr. D. 45, 1 erklärt Ulpian, daß das habere licere die Tatsache mitenthält, daß der Versprechende dafür sorge, daß niemand uns in dem habere stört. 83 pr. D. 45,1 sagt Paulus, daß derjenige, welcher das immerwährende Fehlen von dolus malus verspricht, hiermit nicht etwas rein Negatives zusagt, sondern dafür zu sorgen verspricht, daß dolus malus fehlen soll. Enthalten diese Fälle Unterlassungspflichten? Nach unserer für das moderne Recht im ersten Abschnitt dargelegten Ansicht gewiß. Wie aber nach Ansicht der römischen Schriftsteller? Paulus stellt den genannten Fall der Verpflichtung des habere licere gleich oder der Verpflichtung, daß der eine Vertragsteil und sein Erbe etwas unterlassen sollen. Von besonderem Gewicht ist die Gleichstellung mit der Vertragsbestimmung: habere licere. Diese Bestimmung verpflichtet den betroffenen Teil nicht zu einem „Verschaffen", z. B. des Eigentums usw., sondern nur dazu, wenn z. B. die verkaufte Sache dem Käufer wieder abgenommen wird, Schadensersatz zu leisten. Dieser Verpflichtung geht gemäß dem Eviktionsprinzip keine positive Verbindlichkeit voraus, der gegenüber sie schlechthin ein minus bilden muß. Sie kann sonach nur Ausfluß und Abwandlung einer Unterlassungspflicht sein. Mithin erscheint meines Erachtens der Schluß, daß die zitierten Stellen wenigstens materiellrechtlich obligationes in non faciendo enthalten, berechtigt. Welche Rolle diese Verbindlichkeiten zu einer Unterlassung im römischen Recht gespielt haben, können wir nicht statistisch feststellen [1]). Es läßt sich nur vermuten, daß die in den Digesten genannten Fälle von Unterlassungspflichten, die ein typisches Gepräge tragen, auch wirklich typisch gewesen sind [2]). Eine große Bedeutung haben sie, wenn wir aus der geringen Behandlung, die sie im corpus iuris erfahren haben, schließen dürfen, kaum gehabt.

Eine solche obligatio in non faciendo, also eine Verpflichtung zu einem dauernden Unterlassen, fand nicht Schutz durch die a^0 ad exhibendum [3]). Denn soweit diese Klage auf ein Dulden geht — und nur insoweit könnte man daran denken, in ihr eine Unterlassungsklage zu sehen — hat sie nur die konkrete Beeinträchtigung zum Gegenstand. D. (10,4) 5 §§ 3,4. Die Frage des Neratius, ob außer dem als selbstverständlich angenommenen Gegenstand dieser Klage, dem futurum damnum auch de praeterito damno kaviert werden müsse, ist so zu verstehen, daß futurum damnum der durch die jetzt zu erwartende Wegnahme eines Gegenstandes möglich entstehende Schaden ist [4]). Hiernach ist eine über diesen einmalig eintretenden Erfolg hinauswirkende, auf Dauer angelegte Unterlassungspflicht nicht in Frage. Folglich ist die a^0 ad exhibendum niemals eine Unterlassungsklage.

II. Als materiellrechtliche Grundlagen der Unterlassungsklage im Gebiet der absoluten Rechte können gelten:

1) das Eigentum und der Besitz von Grundstücken eigentumsgleich [5]) gemäß der a^0 negatoria (7 D. 8,5),

1) Siehe auch Abschnitt I § 4 S. 28.

2) Ueber die prozeßrechtliche Gestaltung und die Frage, inwieweit diese obligationes Unterlassungsklagen waren, siehe unten S. 67 ff.

3) Dagegen Eltzbacher 13.

4) Siehe auch zum Vergleich BGB. § 867.

5) Stölzel, Operis novi nunciatio 34.

2) die superficies (3, 3 D. 39, 1) gemäß der a⁰ negatoria utilis, und ebenso Emphyteuse und das Pfandrecht.

Für diese beiden Rechte fehlt ein Quellenzeugnis, aber 16 D. 8, 1 legt dies nahe, wie auch besonders 1, 5 D. 43, 25 darauf hindeutet[1]).

3) Die Servituten gemäß der a⁰ confessoria (5 § 1, 2, 6, D. 7, 6);

4) die superficies, die Emphyteuse, das Pfandrecht gemäß der a⁰ confessoria utilis (16 D. 8, 1 und 1, 9 D. 43, 18)[2]).

Wenn Julian in 16 D. 8, 1 nur von der petitio servitutis spricht, die auch dem Pfandberechtigten gewährt werden müsse, so ist die Funktion einer Unterlassungsklage dennoch auch der a⁰ confessoria utilis zuzuschreiben, da diese Funktion in der a⁰ confessoria enthalten ist und die andere zitierte Stelle dafür spricht.

5) Der redliche Erwerb der genannten Rechte mit Ausnahme des Pfandrechts gemäß der a⁰ Publiciana in negatorischer wie konfessorischer Funktion. Für diese Bedeutung der a⁰ Publiciana bestehen keine Quellenzeugnisse. Die Auslegung der 1, 2 D. 8, 3 und 11, 1 D. 6, 2 kann nicht zu einer solchen Auffassung der Publiciana führen[3]). Denn in der erstgenannten Stelle sagt Ulpian nur, daß die Einräumung der Servituten durch traditio und ihre Zulassung (Rechtsschutz) die Amtspflicht des Prätors in Anwendung bringen wird, an der anderen Stelle, daß, wenn wegen eines Nießbrauchs, der durch traditio eingeräumt worden ist, Klage erhoben wird, diese Klage die a⁰ Publiciana sei. Sonach werden durch diese Sätze wohl die Gegenstände dieser Klage vermehrt, nicht aber ihr Inhalt, als welcher nur das petere in der Formel genannt ist, erweitert. Die von Lenel[4]) als einziger

---

1) Siehe Ihering, Abhandlungen II S. 124, 125; Windscheid-Kipp 1, 111 Anm. 11; Dernburg, Pandekten Bd. 1 § 256 S. 624.

2) Derselbe Gedanke geht auch aus der bedingte Unterlassungspflichten betreffenden 15 D. 39, 1 hervor.

3) So auch Ihering, Abhandlungen II S. 107. Dagegen Puchta, Institutionen Bd. 2 § 256 S. 291 mit Anm. a a und v. Bethmann-Hollweg 2, 315 mit Anm. 55.

4) Edictum perpetuum § 61 S. 167 zu Anm. 3.

Fall, in dem die gewöhnliche a⁰ Publiciana als confessoria verwendbar war, angezogenen Worte Ulpians in 10, 1 D. 43, 8 führen meines Erachtens nicht zu diesem Ergebnis. Gleichgültig ist für uns, wie man sich zu der Bedeutung dieser Stelle für das justinianische Recht verhält[1]). Jedenfalls wird auch hier nur gesagt, daß die a⁰ Publiciana für die Servituten zuständig ist. Sonach wird die Publiciana als confessoria, nicht aber die confessoria als Publiciana gewährt, mithin ergibt auch diese Stelle nichts anderes, als die oben angeführten Worte Ulpians. Auch andere Stellen, z. B. 57 D. 17, 1; 18 D. 20, 1; 35 pr. D. 44, 7 (Publiciana quae ad exemplum vindicationis datur) bezeugen nur die vindikatorische Funktion der a⁰ Publiciana. Dennoch ist die gemeinrechtliche Literatur über diese Funktion hinausgegangen[2]). Dieser Ansicht ist beizupflichten. Erwägt man, welch kleiner Schritt von der Ausdehnung des Anwendungsgebietes der Publiciana auf die Servituten zu dem der confessoria auf die Publiciana führt, welche utilitaristische Erwägungen, die von den genannten Schriftstellern so ausreichend, daß hier nur auf sie verwiesen zu werden braucht, entwickelt sind, für eine solche Ausdehnung sprechen, so dürfte der Annahme, daß die Publiciana auch die materiellrechtlichen Elemente der Unterlassungsklage enthält, kein triftiger Grund entgegenstehen. Diese Klage schützte den redlichen Erwerber mit Ausnahme des Pfandrechts. Für dieses schließt Gaius in 13, 1 D. 6, 2 die Publiciana aus, weil die pignoraticia possessio zwar iusta possessio, das pignus aber kein Usukapionsbesitz ist[3]). Man mag dies unfolgerichtig gegenüber dem Prinzip

---

1) Siehe einerseits Windscheid I § 213 Anm. 1 S. 1088; Unterholzner, Verjährungslehre 2, 144; andererseits Dernburg, Pandekten 1 § 252 Anm. 4 S. 612, 613.

2) Neben den genannten Schriftstellern Windscheid 1, 1016 § 199 Anm. 3 und S. 1105, 1106 § 217 Anm. 9. Vangerow, Pandekten I § 354 S. 776. Huschke, Recht der publiz. Klage 41 ff., besonders 43. H. Pernice, Duae Commentationes 198. Letzterer findet es sogar „satis admirando“, daß die negatorische und konfessorische Funktion nicht in den Quellen genannt seien, da „quod pro toto dominio industum fuit similiter ad partes eius referri debuit“. Puchta, Rheinisches Museum 1, 183 und Dernburg, Pandekten, Bd. 1 § 255 S. 622 zu Anm. 10 vertreten diese Ansicht nur für das gemeine Recht.

3) So auch Huschke a. a. O. 44.

der Analogie der Servitutsklagen nennen[1]), demgemäß das Pfandrecht im übrigen in den hier zur Erörterung stehenden Beziehungen wie die anderen iura in re alinea behandelt wird. Jedoch ist die Entscheidung des Gaius als den Voraussetzungen der a⁰ Publiciana entsprechend anzuerkennen.

6) Der Besitz und die besitzähnlichen Tatbestände, zu deren Schutz gegen Störung einzelne interdicta prohibitoria bestanden, D. 43 tit. 9, 17—23, 1 pr.; 31. Für alle diese Rechtsverhältnisse, die wir als materiellrechtliche Grundlagen von Unterlassungsklagen in Anspruch nehmen, bestehen Quellenzeugnisse nicht. Diese Behauptung ist nach zwei Richtungen hin zu begründen. Denn erstens wird angenommen, daß für den künftiges Zuwiderhandeln verbietenden Charakter der Interdikte Beweise vorhanden seien[2]), zweitens wird behauptet, daß sämtliche Interdikte an sich Unterlassungsklagen seien[3]). Was die nach der ersten Behauptung angeblich vorhandenen Quellenzeugnisse betrifft, so soll hier zunächst die 2,18 D. 43,8 untersucht werden. Ulpian sagt hier: Wenn jedoch noch kein Bauwerk errichtet worden ist, so wird durch die Amtspflicht des Richters umfaßt, daß Sicherheit geleistet werde, daß es nicht geschehe: und all dies wird auch gesichert werden müssen bezüglich der Erben (und der übrigen Rechtsnachfolger)[4]). Das tamen am Anfang der Stelle ist zu verstehen im Gegensatz zu § 17 eod., in dem der Fall behandelt wird, daß ein Bauwerk bereits aufgeführt ist. Der Nachsatz, die Ausdehnung der Sicherheitsleistung bezüglich der Erben, kann zunächst noch außer Betracht bleiben. Der Rest der Stelle ergibt aus dem Zusammenhang mit § 17 gelöst folgenden Sinn: wenn zu besorgen ist,

---

1) Siehe hierzu überhaupt Jhering, Abhandlungen 2, S. 133 u. 138.

2) So Lenel a. a. O. und die zitierten Schriftsteller; v. Bethmann-Hollweg a. a. O. 2, 371 § 98 Anm. 136; Windscheid-Kipp, Bd. 1 § 159 S. 814 Anm. 3b zu 2, 18 D. 43, 8 und 2, 28 eod. und Witte, Interd. uti possidetis S. 118 ff. zu 7 D. 43, 20.

3) So Eltzbacher 6 u. 7; Stephan 7 ff.; siehe auch Lenel, Edikt 435.

4) Die von C. Longo in seiner Abhandlung L'origine della successione particolare ecc. in Bullettino ecc. Bd. 14, S. 127 ff., 224 ff., Bd. 15, S. 283 ff. nachgewiesene Interpolation der Einzelrechtsnachfolger (siehe bezüglich unserer Stelle Bd. 14 S. 151 zu Anm. 2) berührt den Sinn unserer Stelle, in dem sie hier behandelt wird, nicht.

daß ein Nichtberechtigter ein Bauwerk an öffentlichem Orte errichten wird, so kann von ihm verlangt werden, daß er eine Sicherheit dafür verspreche, daß er es unterlasse. Kann hierin die materiellrechtliche Grundlage einer Unterlassungsklage erblickt werden, kann aus der prozessualen Form, daß Sicherheit für ein Unterlassen geleistet werden soll, auf eine Unterlassungsklage geschlossen werden? Grundlage der Unterlassungsklage muß ein Rechtsverhältnis sein, vermöge dessen ein Berechtigter von einem anderen eine diesem zur Rechtspflicht gemachte Dauerunterlassung verlangen kann. Wer kann bei unserem Interdikt die Unterlassung geltend machen? Jeder. Denn das Interdikt soll sowohl publicis utilitatibus quam privatorum Schutz gewähren. Folglich ist ein bestimmter Berechtigter nicht vorhanden[1]). Mithin handelt es sich auch nicht um eine Pflicht des Beklagten, dauernd das zu unterlassen, was gemäß dem bestehenden Rechtsverhältnis ein anderer von ihm fordern kann, weil ein solches Rechtsverhältnis nicht besteht. Erst dadurch, daß ein einzelner gegen das Tun des Impetraten auftritt, entsteht ein Rechtsverhältnis, und dieses erschöpft sich in dem als objektiv nur einmal erwarteten Erfolg und subjektiv auch nur durch die unzertrennliche Aufeinanderfolge einer Unterlassung. Anderenfalls würde die Zweiheit des Interdikts unbeachtet gelassen und das allen zukommende „Recht" an Sachen im Gemeingebrauch zugunsten eines einzelnen verkürzt sein. Hiernach kann die materiellrechtliche Grundlage der Unterlassungsklage in der l. 2 § 18 nicht gefunden werden[2]). Die cautio kann demnach nicht „weitere Beeinträchtigungen" zum Gegenstand haben, sondern nur die jetzt in concreto zu befürchtende Beeinträchtigung. Dies bestätigt sich vollauf aus den Worten Ulpians. Denn es heißt nur: caveatur non fieri. Was soll nicht geschehen? Das Bauen des gegenwärtig befürchteten Werkes[3]).

Hiernach ist auch der Nachsatz nur so zu verstehen, daß der Impetrat dafür sorgen muß, daß seine Erben den Bau nicht aus-

---

1) Siehe dagegen Burckhard, operis novi nunciatio 135.
2) So auch Ubbelohde, Inderdikte 2, 267 ff.
3) Siehe dagegen 12 D 8, 5 und unten S. 68.

führen. Die zweite Stelle, welche von Witte a. a. O. herangezogen wird, ist die 7 D. 43, 20. Die Worte des Paulus lauten zu deutsch: Wenn Klage wegen einer Rustikalservitut erhoben wird, so muß Sicherheit derart geleistet werden, bis einer sein Recht beweist, daß er den anderen an der Ausübung der Servitut nicht hindern werde. Wenn er aber leugnet, daß dem Gegner die Rustikalservitut zustehe, so wird er, ohne daß der Entscheidung über den Verlust der Servitut vorgegriffen werden soll, Sicherheit leisten müssen, daß er bis zum Ende des Rechtsstreits die Servitut nicht ausüben werde. Die Unterlassung, zu der sich die eine Prozeßpartei verpflichtet, bezieht sich mithin nur auf die Zeit während des Rechtsstreits. Diese Stelle kann daher ausdrücklich gar kein Zeugnis dafür ablegen, daß die prohibitorischen Interdikte dieselbe Grundlage wie die Unterlassungsklage haben, weil sie nur von einer einstweiligen Regelung handelt, und diese für die Grundlagen des Interdikts, mögen diese nun die Verpflichtung zu einem dauernden Unterlassen enthalten oder nicht, unmaßgeblich ist[1]). Die beiden Stellen, welche als Quellenzeugnisse für den Charakter der interdicta prohibitoria als Unterlassungsklagen angeführt werden, lassen sich also nicht als solche verwerten. Diese Erkenntnis gewährt auch in gewissem Sinne schon Aufschluß über die Behauptung, daß diese Interdikte an sich samt und sonders Unterlassungsklagen seien. Eine solche Gleichheit würde Gemeinsamkeit der materiellrechtlichen Grundlagen voraussetzen. Diese ist nicht vorhanden, kann gar nicht vorhanden sein, denn die interdicta prohibitoria sind teils — um nur die großen Umrisse anzugeben — publica, teils privata. Die interdicta popularia stehen wie die actio popularis jedem einzelnen gleichmäßig und gleichzeitig zu. Durch sie soll das Interesse des Staates „quamplurimos ad defendendam suam (id est rei publicae) causam admittere si in publico aliquid fiat“ (4 D. 39, 1 mit 3, 4 eod.) möglichst genähert werden. Dies bringt schon die Annahme nahe, daß die Lebensgüter, welche Gegenstand der actio popularis oder eines interdictum populare sind, möglichst scharf von denen gesondert

1) So Rudorff bei Savigny, Besitz, Anhang Nr. 141 und Zeitschrift für geschichtliche Rechtswissenschaft Bd. 11 S. 357, 358 Anm. 26.

bleiben, die im Vermögen des einzelnen beschlossen sind und daher, sofern sie durch die Anstrengung einer solchen a° oder eines Interdikts eine Konkretisierung auf die Person des Klägers erfahren, diese sich auf das Ereignis beschränkt, welches Anlaß zur Popularklage war[1]). Eine Bestätigung ist dafür 12 pr. D. 50, 16 „quod si ex populari causa ante litis contestationem recte dicetur creditoris loco non esse, postea esse“. Hiernach besteht vor der Klagerhebung in Wahrheit kein Gläubiger. Dies bedeutet das Fehlen eines Rechtsverhältnisses vor der Klagerhebung. Handelt es sich nun in einer Klage um Geltendmachung einer Dauerunterlassungspflicht, so muß ein solches Rechtsverhältnis bereits vor der Klagerhebung bestehen, denn in diesem hat ja die jeweilige Klage den Ursprung. Mithin kann in der materiellrechtlichen Grundlage eines Popularinterdikts nicht die einer Unterlassungsklage gefunden werden[2]). Die prohibitorischen Interdikte können also ihr Gemeinsames nicht in ihrer materiellrechtlichen Grundlage, sondern nur in der Verfahrensart haben. Die prozessuale Gleichheit eines Instituts kann aber nicht dazu führen, ohne weitere Beweismittel auch auf eine gemeinschaftliche materiellrechtliche Grundlage zu schließen. Der materiellrechtliche Gedanke eines bestimmten Teils der interdicta prohibitaria ist aber der Art, daß er nicht eine Dauerunterlassungspflicht als Inhalt haben kann[3]). Also: Die prohibitorischen Interdikte als Rechtsinstitut können nicht Unterlassungsklagen sein. Quellenzeugnisse dafür, daß einzelne solche Interdikte Unterlassungsklagen seien, finden sich nicht. Dennoch wird hier für einzelne interdicta prohibitaria, und zwar sind sie durchweg privata, behauptet, daß ihr materiellrechtlicher Inhalt dem der Unterlassungsklage gleich ist. Es sind dies nur folgende Interdikte: D. 43; tit. 17 und 31, ferner 18—22, 23 l. 1 pr. und 9. Nur in diesen ist ein Rechtsverhältnis vorhanden, inhalts dessen der eine Teil zu einem dauernden Unterlassen verpflichtet werden kann.

---

1) Bruns, Kleine Schriften 363.

2) Somit erledigt sich auch die Verwertung von 2, 28 D 43, 8 für die Unterlassungsklage (Lenel a. a. O.), siehe Ubbelohde 2, 270.

3) Die prozessuale Gleichheit der prohibitorischen Interdikte ist die, daß sie sämtlich vorwirkend ausgleichende Klagen sind, siehe ZPO. § 259.

Für das interdictum uti possidetis und utrubi (tit. 17 und 31 eod.) bedarf dies keiner weiteren Ausführung, ebensowenig für die gemäß tit. 18—22 gewährten Interdikte, welche die den Servituten innewohnenden besitzähnlichen Tatbestände schützen[1]). Eines Beweises bedürfen daher nur D. tit. 9 und 23 1. 1 pr. Zunächst D. 43, 9. Hier handelt es sich um ein uti frui, das jemand, auf Grund eines Pachtvertrages vom Verpächter, dem ein ius locandi am locus publicus zusteht, eingeräumt erhalten hat[2]). Es hat den Anschein, als ob dieses Interdikt nicht den reinen Privatinterdikten zuzurechnen ist, „interdictum hoc publicae utilitatis causa proponi palam est". Dennoch darf hieraus nicht ein unserer obigen Ansicht über die Bedeutung der Popularinterdikte als Unterlassungsklagen entsprechender Schluß gezogen werden. Dem steht entgegen sowohl die Tatsache, daß zur Verwirklichung des Zweckes des Pachtvertrages, der eine tatsächliche Innehabung des Nutzungsgegenstandes voraussetzt, erforderlich ist, daß das uti frui licere auf Dauer angelegt ist. Sonach hat der Pächter die Sache in einem besitzähnlichen Verhältnis. Es widerspricht aber auch obiger Ansicht der Gedanke „sed si simul veniant ad interdictum movendum ipse qui conduxerit et socius eius, magis est, ut ipse conductor praeferatur" § 2 eod. Denn hieraus geht hervor, daß nicht jeder Beliebige gleicherweise das Interdikt geltend machen kann, wie ja auch dies mit dem Zweck des Interdikts, das eine bestimmte Person schützt, nicht zu vereinen wäre. Mithin ergibt sich negativ, daß das Interdikt kein Popularinterdikt ist, positiv, daß seine materiellrechtliche Grundlage der für eine Unterlassungsklage erforderten entspricht.

Was das interdictum de cloacis prohibitorium (l. pr. D. 43, 23) betrifft, so wird über dieses in 1, 3 eod. gesagt, daß es sich nur auf die einzelnen Personen gehörigen Kloaken beziehe. Wenn nun auch in 1, 2 eod. das Interdikt dahin erläutert wird, daß es — wir betrachten hier nur das prohibitorische Interdikt, während der § 2 sich auch auf das restitutorische Interdikt bezieht —

1) Mittelbar geht dieser Inhalt auch aus 7 D 43, 20 hervor.

2) Dieses ius locandi ist ein von Bekker sogenanntes Vorzugsrecht, siehe Pandekten 1 § 78 S. 341 Beilage 1.

den gesunden Zustand der Städte und die Erhaltung betreffe, so ist hierin weiter nichts als ein Motiv des Interdikts, nicht aber dessen Zweck zu erblicken. So besagt auch 1 §§ 5 und 11 eod., daß das interdictum prohibitorium einen Schutz nur gegenüber dem Grenznachbar bezwecke und gegenüber denjenigen, durch deren Grundstücke die Kloake gelegt ist. Hieraus geht hervor, daß trotz der programmatischen Äußerungen in l. 1 §§ 2 und 7 eod. das interdictum de cloacis prohibitorium kein Popularinterdikt ist[1]). Dem Interdikt liegt ein besitzähnliches Verhältnis zugrunde, was besonders aus 1, 7 eod. (Ausschluß der entsprechenden exceptio vitiosae possessionis) und 1 pr. D. 43, 17 hervorgeht: Mithin ist die Grundlage des Interdikts ebenfalls geeignet, die einer Unterlassungsklage zu bilden. In anderen prohibitorischen Interdikten lassen sich keine materiellrechtlichen Momente nachweisen, die denen der Unterlassungsklage entsprechen. Die von uns hier für Unterlassungsklagen angesprochenen Interdikte sind durchweg Privatinterdikte, aber nicht alle Privatinterdikte lassen sich für Unterlassungsklagen verwerten. So scheidet z. B. aus das interdictum de glande legenda D 43, 28. Selbst wenn man hier eine auf Wiederkehr angelegte Duldungspflicht annimmt, so ist diese nicht eine ohne Unterbrechung fortlaufende, sondern in einzelne abgegrenzte Duldungspflichten zerlegbare, erzeugt also nach unserer Einteilung eine Klage auf wiederkehrende Leistungen, nicht aber eine Unterlassungsklage. Demnach läßt sich unsere Behauptung nur so fassen: Gewisse prohibitorische Privatinterdikte haben diejenigen materiellrechtlichen Grundlagen, welche denen der Unterlassungsklage entsprechen. Diese Interdikte betreffen den Schutz des Besitzes und besitzähnlicher Tatbestände.

Weitere Fälle, in denen der materiellrechtliche Gedanke, nämlich die Verpflichtung zu einem dauernden Unterlassen hervortritt, lassen sich im römischen Recht nicht nachweisen. Allerdings hat Jhering[2]) die 27, 14 D. 9, 2 zu einer Konstruktion verwandt, die, wenn richtig, zu einer weit größeren Zahl von römischrechtlichen Unterlassungsklagen führen würde, als wir sie bisher genannt

1) Bruns, Kleine Schriften 356, 357.

2) Siehe JheringsJ. 23, 267.

haben. Diese Stelle besagt: Wenn einer Lolch oder tauben Hafer auf fremde Saat wirft und sie dadurch verdirbt (beschmutzt), so kann dagegen sowohl das interdictum quod vi aut clam, wie auch eine actio in factum geltend gemacht werden. Klagen kann sowohl der Eigentümer, wie auch ein etwaiger Pächter. Hat aber der Pächter geklagt, „cavere eum debere amplius non agi scilicet ne dominus inquietet". Ihering nimmt an, daß der Kautionspflichtige der Beklagte ist und ihm durch die Kaution auferlegt wurde, für jeden Fall des Zuwiderhandelns eine Strafsumme zu versprechen. Dieser Auslegung widerspricht, daß der Kläger, nämlich der Pächter, der Kautionspflichtige ist (et si colonus ..... exercuit, cavere .....). Wenn dieses sich auf den Beklagten bezöge, so wäre nicht zu verstehen, warum er gerade die Sicherheitsleistung versprechen soll, nur wenn der Pächter klagt. Ferner steht dieser Auslegung entgegen „amplius non agi". In dieser Verbindung bedeutet agere aber nur „klagen"[1]). Schließlich spricht dagegen auch „scilicet ne dominus ....". Hiernach ist der klagende Pächter kautionspflichtig dafür, daß der Eigentümer nicht noch einmal denselben Gegenstand einklagt[2]). Diese Fälle enthalten also keine Erweiterung des Kreises der Tatbestände, in denen der materiellrechtliche Gedanke der Unterlassungsklage vorhanden ist.

III. Die Verwirklichung des Gedankens der Unterlassungsklage, also die prozeßrechtliche Gestaltung, ist nicht für jede der einzeln genannten Klagen bezeugt, sondern nur für die a⁰ a⁰ negatoria und confessoria. 7 und 12 D. 8, 5 und 5, 6 D. 7, 6[3]). Hiernach hat der Beklagte die cautio de non amplius turbando zu leisten. Diese Kaution wird in den Quellen niemals so genannt. Sie besteht nicht in einer tatsächlichen Sicherheitsleistung, sondern in dem Versprechen des Beklagten, sobald eine fernere Störung eintritt,

---

1) Siehe auch Heumann-Seckel zu amplius S. 31.

2) Die Kaution ist also die cautio rem ratam haberi. Siehe auch 13 pr. D. 39, 1. Gegen Ihering auch Windscheid, Bd. 2 § 472 S. 1056 Anm. 7a. Lenel, Edictum perpetuum § 289; Pflüger, Besitzklagen 271; Eltzbacher 7 u. 8.

3) Die 15 D. 39, 1 sprechen nicht von einer cautio de non amplius turbando, da es sich hier nur um noch nicht endgültig festgestellte Unterlassungspflichten handelt. Anderer Ansicht Ubbelohde, Interdikte 2, 267.

die vom Richter als angemessen bestimmte Summe zu zahlen[1]). Daß diese cautio nur in einem Versprechen besteht, geht aus 2, 6 D. 5, 1 und 63, 4 D. 14, 2 hervor[2]). In der ersten Stelle wird mit Bezug auf die cautio in iudicio sisti von Ulpian gegenüber einem Bedenken des Marcellus ausgeführt, daß nicht Bürgenstellung erforderlich sei, sondern das nackte Versprechen genüge. Ebenso wird in 63, 4 D. 17, 2 von Ulpian das bloße Versprechen für ausreichend erklärt. Wenn nun aber der Beklagte dieses Versprechen nicht abgab, wie dann? Zur Leistung dieses Versprechens ihn zu verurteilen, hätte keine Bedeutung gehabt. Denn die Zwangsvollstreckung des römischen Rechts war nicht mechanischer und psychischer Zwang, sondern nur ersterer Art. Damit war das Gebiet der wirklichen Vollstreckung auf ganz bestimmte Fälle beschränkt, prinzipiell die Fälle der Wegnahme von Geld oder Sachen. 32 I 4, 6 und ebenso 7 I 3, 15. Handelte es sich um die Vollstreckung einer facere, so kam hierfür nicht mehr unmittelbar dieses selbst in Betracht, sondern „quid intersit", also wurde nicht die Leistung vollstreckt, zu der an sich der Beklagte verpflichtet war. Wenn also der Beklagte das Versprechen nicht freiwillig abgab, so wurde er verurteilt, das Interesse dem Kläger zu zahlen. War dieses Ziel ein den a° a° negatoria und confessoria eigentümliches, oder müssen wir es uns bei den übrigen Klagen, die den gleichen materiellrechtlichen Bau haben, ebenfalls denken?

Was zunächst die relativen Rechte, nämlich die obligationes in non faciendo anbetrifft, so ist hier dieses Ziel nicht vorhanden. Für diese obligationes ist 13, 1 D. 42, 1 in Verbindung mit 7 I 3, 15 maßgebend. In der Digestenstelle erklärt Celsus, daß bei einer Unterlassungspflicht „in pecuniam numeratam condemnatur, sicut evenit in omnibus faciendi obligationibus". Andererseits haben wir schon oben erörtert, daß für die Vollstreckung eines facere in jedem Falle nur die Leistung des Interesses als vollstreckbare Leistung in Betracht kommt. Hieraus muß gefolgert werden, daß die Vollstreckung einer Unterlassung sich ganz in der Interesse-

1) Dagegen Schmidt, Interdiktenverfahren 279.

2) Die erstgenannte Stelle ist nicht zweifelsfrei. Ulpians Auslegung gilt unmittelbar nur für die dort genannte cautio.

leistung erschöpft. Für eine cautio de non amplius turbando ist kein Raum, weil die Klage von Anfang an sich gar nicht auf die obligatio in non faciendo richtet, sondern nur auf das Interesse geht. Dieses geht klar aus 7 I 3, 15 hervor. Die Unterlassung, bzw. die Zuwiderhandlung gegen die Unterlassung bildet nur die Bedingung, unter der die Stipulation wirksam wird. Mithin kann auch die Abgabe eines Versprechens, in Zukunft die Zuwiderhandlung zu unterlassen, nicht Gegenstand der Klage sein, sondern diesen bildet nur die Leistung des Interesses. Der Beweis durch diese Stelle wird sachlich noch dadurch verstärkt, daß die Leistung des Interesses als individuell und von der jeweiligen Lage abhängig, nur für das momentane Verhältnis festgesetzt werden konnte.

Anders ist es bei den Klagen, welche zum Schutz absolut wirkender Rechtsverhältnisse eine Unterlassung verlangen. Hier bildet z. B. nach 12 D. 8, 5 den Gegenstand der Klage: cavendum esse de futuris non immittendis in parietem meum tignis und dem entspricht officium iudicis, ut de futuro quoque opere caveri debeat. Es ist kein Grund ersichtlich, warum das, was für die a⁰ a⁰ negatoria und confessoria bezeugt ist, nicht auch für deren utiles actiones und ebenso für die a⁰ Publiciana gegolten haben soll. Auch für die genannten Interdikte kann dieses Ziel angenommen werden. Wenn sich für diese oder nur eines von ihnen auch kein unmittelbares Zeugnis nachweisen läßt[1]), so kann doch aus 7 D 43, 20 geschlossen werden, daß Gegenstand des Interdiktprozesses unmittelbar die Unterlassung selbst ist. Dies gilt für alle die Interdikte, welche dem Servitutenschutz dienen. Wenn nun für das interdictum uti possidetis die Gleichheit mit der a⁰ negatoria mit Recht behauptet wird[2]), so muß, was für dieses Interdikt gilt, auch für diejenigen Anwendung finden, die ihm unmittelbar nachgebildet sind. Sonach ist für die genannten Interdikte die Annahme einer cautio de non amplius turbando meines Erachtens berechtigt. Unterstützt wird diese entsprechende

1) Siehe oben S. 60 ff. und Randa, Der Besitz 195; Witte, interdictum uti possidetis 118 ff.

2) Pflüger, Besitzklagen 340.

Anwendung der cautio auch durch die Tatsache, daß bei all den Klagen der materiellrechtliche Bau der gleiche ist, und in solchen Fällen ein durchgängig besonderes Aussprechen der Vollstreckungsweise erübrigt, wenn nur die materiellrechtliche Beschaffenheit klar zum Ausdruck gelangt[1]).

IV. Der Klagegrund ist bei den Klagen aus den obligationes in non faciendo, daß der Unterlassungspflicht zuwidergehandelt worden ist (11, 1 D. 19, 2 und 13, 1 D. 42, 1). Da die Klage in der Forderung des Interesses aufgeht, so ist eine weitere Klagvoraussetzung an sich nicht anzunehmen, und auch die Quellen ergeben keine weitere Voraussetzung. Dagegen erscheint neben dieser Voraussetzung bei den übrigen Klagen, deren materiellrechtlicher Bau hier dem der Unterlassungsklage gleichgeachtet wurde, als Voraussetzung, sowohl daß eine Beeinträchtigung bereits stattgefunden hat, wie auch daß weitere Beeinträchtigungen zu besorgen sind. Daß zur Geltendmachung einer cautio de non amplius turbando die Besorgnis weiterer Beeinträchtigungen erforderlich ist, ist zwar aus 12 D. 8, 5 und 5, 6 D. 7, 6 nur für die a⁰ a⁰ negatoria und confessoria bezeugt. Als selbstverständlich ist sie aber auch bei den diesen Klagen nachgebildeten utiles actiones und der dieselben Zwecke für diese Klagen verfolgenden actio Publiciana anzunehmen. Sie muß aber auch ebenso bei den Interdikten angenommen werden, bei denen eine solche cautio als zulässig erschien. Das Verlangen dieser cautio bedingt geradezu das Vorhandensein einer solchen Voraussetzung. Denn wenn eine derartige Besorgnis nicht begründet ist und damit nicht konkrete Tatsachen angegeben werden können, auf denen die Besorgnis beruht, so würde das Versprechen, Sicherheit zu leisten, in der Luft schweben, es würde das Urteil eher einem abstrakten Rechtssatz gleichen, als einem auf Grund und zwecks Regelung konkreter Tatsachen ergehenden richterlichen Ausspruch. Die Notwendigkeit der anderen Voraussetzung (nämlich, daß eine Verletzung bereits stattgefunden hat) geht daraus hervor, daß die genannten Klagen in erster Linie überhaupt nur den Zweck haben, eine konkrete

1) Wie hier Ubbelohde a. a. O. 2, S. 467, 468; dagegen Schmidt, Interdiktenverfahren 329.

greif- und meßbare Beeinträchtigung zu beseitigen und nur im Anschluß hieran auch in Zukunft sicherstellen wollen. Der Streit, der sich auf Grund von 8 I 4, 15 um die actiones ex causa interdicti bewegt und das Problem zum Gegenstand hat, ob diese Klagen eine erst drohende oder bereits eingetretene Beeinträchtigung betreffen, kommt hier nicht in Betracht[1]). Denn die eine Handlung, die, sei es als geschehen beseitigt oder als drohend gehindert werden soll, ist nicht diejenige, welche uns in einzelnen Interdikten die Charakteristika der Unterlassungsklage sehen ließ. Diese sind vielmehr einzelnen Interdikten gemäß ihrer materiellrechtlichen Grundlage eigentümlich, also von dem Interdiktenverfahren als einem nur besonderen Verfahren unabhängig. Sonach ist inbezug auf die Tatsachen, die nicht mit dem eigentlichen Interdiktenverfahren zusammenhängen, kein Unterschied von den übrigen Klagen anzunehmen.

V. Ein Vergleich der begrifflichen Momente der Unterlassungsklage mit den einzelnen Ergebnissen der vorstehenden Erörterungen aus dem römischen Recht führt zu dem Schluß, daß das römische Recht Unterlassungsklagen nur im Gebiet der absoluten Rechte kennt. Denn da die Unterlassungsklage ein Zweifaches fordert: materiellrechtliche Grundlage und prozessuale Gestaltung, so sind die Klagen aus obligationes in non faciendo keine Unterlassungsklagen. Ihnen mangelt die eigenartige prozessuale Gestaltung. Wenn nun auch durch die Beschränkungen der römischen Vollstreckung die Unterlassungsklagen des römischen Rechts jede Verschiedenheit mit den allgemeinen Schadensersatzklagen verlieren können, so sind sie doch durchgängig Unterlassungsklagen. Denn der Gedanke mag infolge praktischer Erwägungen, infolge allgemeiner Rechtsideen in seiner Durchführung Abbruch erleiden, so zeigt sich doch in der Form des Antrages, daß diese Klagen den Ursprung unserer modernen Unterlassungsklage bilden. In dem hingestellten Ziel, in der besonderen, von den übrigen Klagen

---

1) Siehe über die herrschende Lehre: Lenel in Zeitschr. f. Handelsrecht 1875 Bd. 20 S. 637, 638; Bekker, Aktionen 2, 57; Schmidt, Interdiktenverfahren S. 328, 330. Dagegen Bruns, Besitzklagen 53 ff. (früher mit der herrschenden Meinung im Recht des Besitzes 1848, S. 51 u. 52); Ubbelohde 2, 464 ff.; dazu Pflüger, Besitzklagen 332 ff.

abweichenden Voraussetzung beweisen sie, daß sie Nichtgeschehenes ungeschehen lassen, also vorbeugend wirken wollen. Welche Bedeutung diese einzelnen Klagen gehabt haben, läßt sich kaum feststellen. Die Unterlassungsklage setzt Verhältnisse voraus, in denen die leicht verletzbaren Güter, denen schwer abzuwehrende Angriffe nachteilig sein können, im Rechtsleben des einzelnen dominieren. Das Gebiet der absoluten Rechte ist so gering, daß sich von einer Bedeutung der Unterlassungsklagen im natürlichen Sinn kaum sprechen läßt. Denn es gab doch nur die wenigen, die aus unserer obigen Aufzählung sich ergeben. Hätte Jhering allerdings mit seiner Konstruktion recht, so würde sich eine erheblich größere Anzahl ergeben, und zwar gerade dadurch, weil dann diejenigen Rechtsverhältnisse, welche im heutigen Recht das hauptsächliche Anwendungsgebiet der Unterlassungsklage bilden, bereits damals Gegenstand dieser Klage gewesen wären[1]). Diese Auslegung Jherings ist niemals als richtig anerkannt worden. Sie ist durchaus nur ein Kind ihrer Zeit insofern, als der Rechtsgedanke, den Jhering in den Worten des römischen Juristen suchte und fand, ein Menschenalter hindurch den der Gegenwart zugewandten Ideengang der Juristen, soweit sie über die Unterlassungsklage nachgedacht haben, beherrscht hat und auch heute noch im geltenden Recht beeinflußt. Allgemein können wir sagen: Im römischen Recht gab es zum Schutz eines jeden absoluten Rechtes eine Unterlassungsklage, deren Bedeutung aber wohl der geringen Zahl dieser Rechtsverhältnisse entsprochen hat.

§ 12.

Das römische Recht im 14. Jahrhundert, dargestellt auf Grund des Kommentars des Bartolus.

I. Über ein Jahrtausend ist das Corpus iuris das Recht geblieben. Formal hat es jeder Rechtsentwicklung getrotzt, ohne jedoch das Bedürfnis, eine den jeweiligen wirtschaftlichen und sittlichen Anschauungen entsprechende Rechtsübung zu haben, unterdrücken zu können. Eine solche Rechtsübung hat sich beinahe durchgängig unter Verschwendung mehr oder minder großen

1) Siehe hierzu Abschnitt III, besonders S. 141 ff.

Scharfsinns den Worten des römischen Gesetzbuches untergeordnet. Freier war die Stellung, die diesem gegenüber die Postglossatoren einnahmen. Während noch die Glossatoren ganz unter dem Einfluß des Corpus iuris standen und ihre Auslegung des römischen Rechts nur insoweit interessant ist, wie sie das Alte verstanden, wurde hier bewußt getrennt, was lebendes Recht und was toter Rechtsschein war; hier wurden nicht Worte hin und her gewendet, um in die Buchstaben des Corpus civilis hineingepaßt zu werden: „hodie corrigitur“[1]. Hiervon haben sich die Juristen dieser Zeit, trotz formaler Anerkennung des Corpus iuris niemals abhalten lassen. Wenn daher der Versuch gemacht wird, aus der gesamten Rechtsentwicklung eine Epoche herauszunehmen, in welcher eine Umwandlung deutlich und klar erscheinen kann, so ist die Zeit der Postglossatoren hierfür besonders geeignet. Die Regeln des damaligen Rechts finden sich nicht in Gesetzbüchern ausgesprochen; sie sind dargestellt in und beruhen auch auf den Werken der Autoritäten der juristischen Literatur. Dies ist für jene Zeit und auch für Jahrhunderte nachher der Kommentar des Bartolus gewesen. Daher soll aus den Schriften dieses Juristen versucht werden, ein Bild des Rechtszustandes seiner Zeit zu geben[2].

II. Im Gegensatz zum römischen und germanischen Recht sind die Postglossatoren zur Anerkennung der Formlosigkeit der Verträge gelangt. Verbunden war hiermit auch eine größtmögliche Freiheit in bezug auf den Inhalt der Verträge. „Quod fit per leges, potest fieri per pactum“[3]. Von der hiernach entstandenen Vielheit sind wir durch eine reiche Kasuistik unterrichtet. Hier-

1) Bartolus codex 8, 6 nu. 1.

2) Benutzt ist die Ausgabe: Lyon 1567. Die hier bereits vorhandenen Zusätze der Herausgeber sind in der Ausgabe durch eckige Klammern und Einschachtelungen kenntlich gemacht, so daß eine Herausarbeitung der Sätze des Bartolus erfolgen konnte. Alle Zitate beziehen sich, soweit nicht ein anderes bemerkt ist, auf den Kommentar des Bartolus, und zwar Digestum vetus mit I bezeichnet, Infortiatum = II, Digestum novum = III, Codex = IV, tractatus = VI, Konsilien und Institutionen = V.

3) l. non impossibile siehe de pactis (I 108). siehe aber qu. ult. und l. cum precario s. de precario (III 184).

gegen gerade besonders gering ist die Zahl von obligatorischen Rechtsgeschäften, deren Inhalt eine Unterlassung überhaupt, bzw. eine Dauerunterlassung bildet, oder die uns als Einzelbeispiele genannt werden. Daß eine Unterlassung überhaupt Gegenstand rechtlicher Verpflichtung sein kann, geht sowohl aus den einzelnen Anwendungsfällen, die unten erörtert werden, wie überhaupt aus l. in lege s. de locato et conducto (I 403) hervor. In dieser Stelle wird die Bedeutung der Worte: ne, sive, neve dahin erläutert: ne quis faciat et quod curet, ne per alium fiat. Also: Jemand soll sowohl selbst etwas unterlassen, als auch dafür sorgen, daß ein anderer es unterläßt. Zwei Fragen ergeben sich hieraus: In welchem Verhältnis steht die „höchstpersönliche" Unterlassung und die Sorge bezüglich anderer, daß diese eine bestimmte Tätigkeit unterlassen, und ferner, auf wen erstreckt sich das curare? Auf diese Frage gibt Bartolus in l. inter stipulantem s. de verborum obligationibus (III 236) Antwort. Was das Verhältnis des se ipsum non facere et curare . . . . . anbetrifft, so erklärt Bartolus es zunächst für zulässig, daß jemand verspricht, daß ein anderer etwas tue, und erläutert dies dann dahin, daß zugleich und an erster Stelle in einem solchen Versprechen ein „promittere pro se" enthalten ist. Ebenso erklärt er in l. quoties quis alium s. eo. (III 236) und l. stipulatio ista habere licere s. eo. (III 219), daß ein promittere alienum factum überhaupt nur zulässig ist in Verbindung damit und folgend daraus, daß jemand promittit factum suum. Sonach ist ausschlaggebend, daß jemand sich zu der Tätigkeit, für deren Geschehen er bezüglich anderer Personen sorgen muß, selbst verpflichtet, daß also, wer dafür zu sorgen verspricht, daß andere etwas unterlassen, selbst zu dieser Unterlassung verpflichtet ist. Wenn jemand nun zu einem Unterlassen verpflichtet ist, so folgt hieraus nicht ohne weiteres, daß er auch hierfür sorgen muß, daß ein anderer es unterlasse, es sei denn, daß besondere Umstände dies bedingen. Diese sieht Bartolus darin, daß precessit contractus, ex cuius natura hoc venit oder daß es sich um Personen handelt, quos potest prohibere, z. B. successores. Mithin erscheint in diesen Fällen „curare, ne per alium fiat" als Glied der eigenen Hauptpflicht. Daß es in allen anderen Fällen nicht so ist, zeigt sich auch darin, daß es dann eines „expresse promittere“ bedarf. In diesen letzteren Fällen bestehen mithin zwei Pflichten, eine Unterlassungspflicht und eine Pflicht zu einem Tun, in den ersteren nur eine Pflicht, und zwar eine Unterlassungspflicht. Ausdrücklich ist von Begriff und Wesen einer Dauerunterlassungspflicht insbesondere nie die Rede (s. dagegen unten). Beispiele von Unterlassungspflichten als Inhalt von Schuldverhältnissen sind:

1) § si quis viam s. de verborum obligationibus (III 263);
2) l. si qui furti s. de furtis (III 337);
3) l. non impossibile s. de pactis (I 108);
4) l. nemo s. de pactis (I 110);
5) § quod autem ait s. de superficiebus (III 176) mit l. qui fundum s. de locato et conducto (I 403) und l. emptorem s. C. de locato et conducto (IV 201).

1) An der ersten Stelle wird ein Fall aus dem Nachbarrecht behandelt. Der Eigentümer eines Grundstücks verspricht dem Nachbareigentümer: daß er nicht hindern werde, daß jener sich das Wasser aus der Nähe des Hauses des ersteren herleite[1]). Der Eigentümer verpflichtet sich hiernach zu einem Dulden. Diese Pflicht ist eine auf Dauer angelegte einheitliche Duldungspflicht und daher in dem im ersten Abschnitt erörterten Sinn materiellrechtliche Grundlage einer Unterlassungsklage.

2) In dem Titel de furtis untersucht Bartolus einen interessanten Fall: die Zulässigkeit und die Grenzen eines pactum de non agendo furti. Er bejaht die Zulässigkeit ohne weiteres. Inhalt des pactum ist eine Unterlassungspflicht; diese Pflicht ist aber keine Dauerunterlassungspflicht, denn durch ein solches pactum wird nur die Unterlassung der Klage wegen der bereits geschehenen contrectatio ausgeschlossen, während wegen jeder neuen Handlung die Diebstahlsklage zulässig ist. Wenn aber nun wegen dieses bereits vergangenen Diebstahls die Klage erhoben wird, so kann nicht mehr eine weitere Unterlassungspflicht für den Beklagten von

1) In dieser Form im Zweifel nur persönliche Verpflichtung, während, wenn es sich um „concedere . . .“, das sichtlich mit der Zulassung gewisser Vorrichtungen verbunden ist, handelt, die Pflicht im Zweifel dinglich ist (qu. 4 s. eo.)

Interesse sein; denn dadurch, daß jetzt geklagt worden ist, ist der mit dem pactum bezeichnete Erfolg vereitelt. Somit ist der Erfolg dieses pactum auch in objektiver Beziehung nur ein solcher, der infolge der einmaligen Zuwiderhandlung als Erfüllung überhaupt nicht mehr in Frage kommt.

3) und 4) Im Titel de pactis nennt Bartolus die pacta de non alienando (in bestimmtem Umfange nur zulässig), ferner pactum „ne maleficium facias“ (enthält auch „cures, ne furtum fiat“) und das pactum „ne offendas“. Diese pacta können Grundlagen von Unterlassungsklagen bilden.

5) An den zuletzt genannten Stellen bespricht Bartolus das Untersagungsrecht des Mieters, bzw. Pächters, dritten Personen gegenüber, also z. B. dem Käufer des Mietgrundstücks gegenüber. Dieses Untersagungsrecht ist zwar als Bestandteil eines im ganzen obligatorischen Rechts hier genannt worden. Dennoch wird seine Erörterung erst zweckmäßig mit den absoluten Rechten erfolgen, da die besonderen Bedingungen, unter denen ein solches Untersagungsrecht nur besteht, dingliche Bestandteile des Mietsrechts voraussetzen.

Mit diesen Beispielen ist, soweit ich sehe, die Zahl der von Bartolus in seinem Kommentar behandelten Dauerunterlassungspflichten als Inhalt von Schuldverhältnissen erschöpft. Damit ist weder eine Statistik der tatsächlich vorgekommenen Verhältnisse, noch eine Abgrenzung der von Rechts wegen möglichen Unterlassungsverbindlichkeiten gegeben. Dies geht aus der eingangs erwähnen Grundauffassung der Postglossatoren von dem Schuldrecht hervor.

III. Wenn man sich auf den römischen Standpunkt stellt: so viel Klagen, so viel Rechte, so erscheint der Kreis und die Zahl der absoluten Rechte gegenüber dem römischen Recht nicht erweitert. Dennoch ist ein Unterschied dadurch vorhanden, daß früher ungeahnte tatsächliche Beziehungen rechtlich unter die seit dem römischen Recht bestehenden Formen gebracht werden. Grundsatz ist, daß aus jedem absoluten Recht die Berechtigung, von einem anderen eine Dauerunterlassung zu verlangen, mithin dessen Dauerunterlassungspflicht entstehen kann.

Hiernach besteht die Darlegung der materiellrechtlichen Grundlagen der im Gebiet der absoluten Rechte vorhandenen Unterlassungsklagen in einer Aufzählung dieser Rechtsverhältnisse. Dies sind zunächst die iura in re:

1) das Eigentum gemäß der a° negatoria[1]) s. § Agi[2]) s. si servitus vendicetur (I 226);
2) die Servituten gemäß der a° confessoria s. l. Harum s. eo (I 225);
3) das Pfandrecht gemäß der a° hypothecaria s. l. lite s. C. de litigiosis (IV 349);
4) die superficies gemäß der a° negatoria utilis § si ego s. de operis novi nunciatione (III 10) und gemäß der a° confessoria utilis s. § utrum autem s. si ususfructus petatur (I 216);
5) die Emphyteuse gemäß der a° confessoria utilis s. l. ei qui s. de servitutibus (I 219) und gemäß der a° negatoria utilis § utrum autem s. si ususfructus petatur (I 216) und l. 1 si ager vecti. vel emphy. petat. (I 214);
6) die Miete bzw. Pacht s. hierzu die bei den relativen Rechten unter Nr. 5 angezogenen Stellen.

Die Miete wird von Bartolus allerdings nicht etwa durchweg als dingliches Recht behandelt[3]), sondern nur unter besonderen Voraussetzungen erlangt sie der Emphyteuse gleichend dinglichen Charakter. Diese Voraussetzungen können zwiefach sein. Entweder ist die Miete, bzw. Pacht, eine solche „ad longum tempus, non ad modicum". Als longum oder magnum tempus erscheint bald eine Dauer von 10 Jahren, bald eine kalendarisch nicht bestimmte Zeit, die durch das arbitrium iudicis für longum tempus angesehen wird. Oder es ist von vornherein die Miete (Pacht) ein

---

1) Ueber den possessorischen Schutz der hier zu nennenden Rechte siehe unten. Diese Erörterung erfolgt sogleich mit der Darstellung des quasi-possessio.

2) „§ Agi" offenbar ein Druckfehler, muß heißen: „Egi" s. l. non quemadmodum s. de iudiciis (I 185) und § Ac satisdationis s. C. uti possidetis (IV 337).

3) Besonders zu vergleichen die Eingangsworte der l. emptorem s. de locato et conducto (IV 201): colonus habet nullum ius in re, sed habet obligatam personam domini locantis.

dingliches Recht, wenn es sich um eine locatio facta a Republica handelt. In diesen Fällen hat der Mieter (Pächter) sowohl dem während der Mietszeit neu eintretenden Käufer, wie anderen Personen gegenüber die a⁰ negatoria utilis. Der Mieter (Pächter) kann aber auch dinglich gesichert sein, ohne daß doch die Miete (Pacht) selbst die Eigenschaft eines dinglichen Rechts hat. Dies ist der Fall, wenn der Vermieter dem Mieter in einer Urkunde eine hypotheca omnium bonorum bestellt hat. Alsdann erlangt dieser hierdurch ein ius reale (vgl. hierzu die gesamte l. emptorem). Absolute Rechte sind ferner die iura incorporalia. Als solche erscheinen:

1) ius ex electione s. § si prius s. de operis novi nunciatione qu. 10 (III 23). Jemand klagt gegen die Stadt auf Duldung der Ausübung derjenigen Tätigkeit, welche den Inhalt des durch die Wahl erlangten städtischen Amtes bildet. Mit welcher Klage? Der Antrag lautet: se admitti in regimine vel rectoria civitatis. Die Klage ist hiernach die a⁰ confessoria utilis. Daß diese auch zum Schutz von iura incorporalia besteht, wird von Bartolus ausdrücklich im § Interdictum s. uti possidetis (III 173) hervorgehoben[1]). Aber auch der Umstand, daß es sich bei diesem Recht um ein nach moderner Lehre als subjektiv öffentliches Recht bezeichnetes handelt, schließt die Anwendbarkeit der a⁰ confessoria, wie auch der negatoria nicht aus. Hierfür ist ein Beweis das

2) civitatis ius iurisdictionis potestariae oder eligendi potestatem in aliqua civitate[2]). Der Ausgangspunkt ist folgender Fall: Eine Gemeinde hat ius eligendi Potestatem in civitate Spoleti. Spoleti turbat istud commune in .... und zwar entweder in bezug auf die iurisdictio durch non admittendo electum per commune illius civitatis et non oboediendo sibi oder in bezug auf ius eligendi, si isti de Spoleto eligerent Potestatem. In beiden Fällen wird die berechtigte Gemeinde gegen solche Rechtsverletzungen durch die a⁰ confessoria utilis oder a⁰ negatoria utilis geschützt.

---

1) in iuribus incorporalibus potest quis possidere et intentare confessoriam seu negatoriam.

2) Siehe § huius autem interdict s. eo. (III 172).

3) Die iurisdictio überhaupt s. § uti videmur s. de itinere actuque privato (III 197)[1]. Der Fall ist folgender: Abbatia habebat omnem iurisdictionem in quodam castro. Sie wird in der Ausübung in irgendwelcher Weise gestört. Dann hat sie die a⁰ confessoria utilis[2].

4) Das Steuererhebungsrecht gemäß der a⁰ confessoria utilis.

5) Das Wappenrecht, s. tractatus de insigniis et armis (VI 161ff.). Nicht in Frage kommt hier, ob jedermann sich selbst ein Wappen beilegen kann oder das Wappenrecht nur auf fürstlicher Verleihung beruht. Beides ist zulässig. Nur diejenigen, denen das Wappen vom Kaiser oder einem König — Bartolus nennt den König von Böhmen, den damaligen römischen König, der ihm und seinem Geschlechte das Wappen (roter Löwe mit Doppelschweif in goldenem Felde) verliehen hat — oder sonst einem Fürsten verliehen worden ist, sind den anderen gegenüber in einem Streite über ein von beiden Parteien in Anspruch genommenes Wappen bevorrechtigt[3]. Die Frage, aus deren Beantwortung sich die Begründung der Konstruktion eines Wappenrechts in subjektivem Sinn ergibt, ist die: unus portat certa arma vel insignia, alius vult portare eadem, an licet vel prohiberi possit? Bartolus bejaht das Recht des ersteren aber nicht ohne Einschränkungen. Sicher kann ein solches Annehmen eines anderen Wappens den, der dasselbe Wappen bereits führt, tatsächlich und rechtlich beeinträchtigen. Aber nicht schlechthin dadurch schon, daß er es überhaupt annimmt oder wenn: tanta est distantia inter utrumque locum sive domicilium, quod ex hoc ille primus laedi non potest, sondern der Berechtigte kann prohibere seu petere, ut prohibeatur, si ex hoc ipso (sc. portare alienum signum) iniurietur, quod forte ille cum vituperio portat seu tractat. Hiernach erlangt man durch die Beilegung eines Wappens, das noch kein anderer führt, anscheinend weder das ausschließliche

---

1) Dieser Fall wird als Beleg angeführt nach den prinzipiellen Worten: per usum fructuarii retinetur nobis servitus.

2) Dies geht aus dem pr. hervor. Ausdrücklich wird hier nur das interdictum utis possidetis gewährt.

3) Siehe in dem genannten tractatus besonders nu. 9 mit weiteren Belegen.

Recht auf Führung dieses Wappens, noch ein örtlich unbeschränktes Recht[1]). Dennoch aber erfüllt diese beschränkte Macht den Begriff eines subjektiven Rechts. Dies geht aus zwei Tatsachen hervor: zunächst aus dem Rechtsschutz, aus dem wir rückschließend das materielle Element ersehen können. Der Verletzte kann sowohl Selbsthilfe üben, wie auch klagen, und zwar kann er mit der Klage verlangen, daß der Beklagte verhindert werde, daß ihm also untersagt werde, das Wappen zu führen. Die Grundlage dieses Rechtsschutzmittels bildet ein der eigenen Interessensphäre des Rechtsuchenden entnommenes Prinzip. Denn, falls in erster Linie für die Gesamtheit durch die unberechtigte Wappenführung ein Schade entstehen könnte, so ist Pflicht und Macht des Richters: prohibere sc. ne populus decipiatur. Andererseits kann aber auch ein Dritter, der verletzt wird — in anderem Interesse als einem Wappenrecht — prohibere ne portet. Hiernach erhellt, daß es sich in den genannten Rechtsmitteln des in seinem Wappenrecht Verletzten um Ausflüsse eines besonderen eigenen Interesses handelt. Ferner kann das petere nur den gleichen Inhalt haben, wie die a⁰ negatoria utilis. Aus dem zuvor Erörterten geht sowohl die Zulässigkeit dieser Klage überhaupt hervor, wie auch die Tatsache, daß das geschilderte Rechtsverhältnis durch die a⁰ negatoria utilis geschützt wird. Grund dieser Klage ist, wie wir oben gesehen haben, stets ein absolutes Recht. Für eine Ausnahme sprechen hier keine Gründe. Hieraus ist zu entnehmen, daß das Wappenrecht den Charakter eines subjektiven Rechts hat.

Keine subjektiven Rechte sind:

1) das Zeichenrecht[2]). Unter Zeichen verstehen wir gemäß der Erklärung des Bartolus solche Darstellungen von Tieren, Farbengruppen, Zahlenbrüchen, einzelnen Buchstaben — senkrecht oder wagrecht gestellt — oder eine Verbindung einer dieser Formen

1) Bartolus will ex magna causa diesen Grundsatz verlassen. Beispiel: ein Vielgehaßter nimmt, um sich vor seinen Feinden zu schützen, die Zeichen eines friedfertigen Mannes an. Letzterer kann ersterem das in jedem Falle untersagen. Ist das ein Ausfluß des Wappenrechts? Wohl nicht.

2) Siehe hierzu Dietzel, Das Handelszeichen und die Firma, in Bekker und Muther, Jahrbücher des gemeinen deutschen Rechts 4, 227 ff., besonders 239 ff. Dieser nimmt an, daß nach dem Recht des Bartolus ein Recht am Zeichen besteht; Kohler, LZ. 1, 186 ff., besonders § 4.

mit einer oder mehreren anderen, welche den Zweck haben, die Erzeugnisse der eigenen Tätigkeit eines Gewerbetreibenden von denen anderer zu unterscheiden. Beispiel: Ein berühmter Schmied macht seine Schwerter oder andere Schmiedearbeiten vor denen anderer durch Zeichen genannter Art kenntlich, wodurch sie besser als gleiche Waren verkauft werden, weil starke Nachfrage nach ihnen besteht[1]). Besteht an solchen Zeichen ein subjektives Recht? Bartolus sagt in dem genannten tractat nu. 7: puto quod si alius faceret tale signum posset prohiberi, quia ex hoc populus laederetur, acciperetur enim opus unius pro opere alterius. Manches scheint hiernach für, manches gegen die Annahme eines subjektiven Rechts zu sprechen. Dafür spricht diejenige Gleichheit mit dem Wappen, daß beide zur Kenntlichmachung dienen, und zwar eines Menschen, das Wappen unmittelbar, das Zeichen mittelbar. Auch daß Bartolus sagt, prohiberi, quia ...... scheint sich nicht dafür verwerten lassen zu können, daß einzig öffentliches Interesse Grund des Rechtsschutzes ist. Denn hiermit gibt Bartolus nur ein Motiv, nicht den Zweck des Schutzes an. Indes sind diese Gründe nicht durchschlagend. Den Ausschlag, und zwar gegen die Konstruktion eines Zeichenrechtes im subjektiven Sinn, gibt die Heranziehung und Gleichstellung mit dem Notariatsrecht. Bezüglich dieses wird in l. Boetos s. C. de tabulariis scribis usw. (IV 398) ausdrücklich betont, daß notariatus officium non est dignitas nec honor. Der Notar hat demnach nur ein öffentliches Amt (servus publicus), aber keine Berechtigung. Dies ergibt im Zusammenhang mit der Tatsache, daß in dem tractatus bezüglich des Zeichens nur das richterliche Verbot „expeditur iudicis officio" also das beim Wappenrecht von uns als dritte Art erwähnte Schutzmittel genannt wird: daß der Schutz des Zeichens nur in dem ex officio eintretenden, Bestrafung des Täters[2]) fordernden staatlichen Recht, mithin richterlicher Pflicht besteht. Hiernach geht die Rechtsidee des Bar-

---

1) Weitere Beispiele aus der Papierindustrie und das Amtszeichen der Notare.

2) Poena falsi s. dazu l. reddatur s. C. de professoribus et medicis (IV 395).

tolus nicht dahin, daß sie die Beziehung des Meisters zu seinem Werke als das Primäre in den Vordergrund stellt, sondern das Interesse der Gesamtheit an einem aufrichtigen und ehrlichen Verkehr geht vor und gibt jenem nur als Reflex zugleich rechtlichen Schutz. Mithin läßt sich aber von einem subjektiven Recht des Meisters an dem Schutzzeichen seiner Werke nicht sprechen, und ist also das Zeichenrecht kein subjektives Recht.

2) Die Handelshauszeichen. Von solchen behandelt Bartolus in dem tractatus nur die einer Handelsgesellschaft, die nicht juristische Person ist. Für diese gilt dasselbe, wie für das Zeichen überhaupt.

3) Das Namenrecht. Für dessen Rechtsnatur findet sich in dem Traktat selbst kein Beweis. Der Name wird als Rechtsgegenstand nur vergleichsweise herangezogen, um die Berechtigung der eigenmächtigen Wappen- und Zeichenbeilegung zu erklären. Nun werden zwar in dem Traktat Stellen genannt, an denen offenbar eine genauere Erörterung der rechtlichen Behandlung des Mannes erfolgt sein muß; so die l. ad recognoscendos C. de ing. ma. Ferner erklärt Bartolus in der l. falsi nominis — in der die genannte Stelle ebenfalls als sedes materiae zitiert wird — s. ad legem Corn. de falsis (III 405) jede Namensänderung für zulässig, durch die nicht ein Betrug verübt werden soll (sonst poena falsi). Hiernach würde nur eine strafrechtliche Folge erscheinen, die nicht auf ein subjektives Recht bezogen werden muß. Auch deutet die Behauptung, daß die Namen nur beständen ad cognoscendum homines nicht darauf hin, daß eine intensivere privatrechtliche Beziehung zwischen dem Namensträger und dem Namen besteht. Ein Namenrecht im subjektiven Sinn ist daher nicht als wahrscheinlich anzunehmen. Die Entscheidung hat aber keine feste Grundlage. Ebendasselbe gilt vom Firmenrecht. Der Name war hier noch nicht von der Zugehörigkeit zu der Geschäftsart oder den Handwerkserzeugnissen gelöst, also Sachname, nicht Personenname.

An letzter Stelle ist nunmehr eine Rechtsbeziehung zu erörtern, die nach Bartolus jedem rechtlichen Dürfen eigen ist, die nach seiner Rechtsanschauung noch eine besondere eng persönliche Beziehung zwischen dem Rechtsträger und dem ihn mit Rechtsgenossen verbindenden Rechtsverhältnis, das in der Regel einseitig als subjektives Recht bezeichnet wird, bildet: die possessio und quasi possessio gemäß dem interdictum uti possidetis[1]). Wann es sich um Zivil- oder Naturalbesitz handelt, ist hier nicht zu erörtern, da dieses sowohl für unsere Frage, wie überhaupt für die Anwendung des Interdikts ohne Belang ist (D. Ait praetor qu. 1). Ebensowenig, wann das Interdikt als directum oder utile gewährt wird (qu. 2 eod.). Hier sind nur zwei Fragen zu betrachten: Ist der Besitz und der Quasibesitz Grundlage für eine Unterlassungsklage und dann, wann besteht possessio und quasipossessio? Was die erste und Grundfrage betrifft, so ist diese zu bejahen. Hierfür sind Beweis: qu. ult (nu. 5) § Interdictum D. § debet concludere tria: ut reus a molestatione desistat, et ut de cetero in futurum eum non molestet et ut condemnetur ad interesse molestationis praeteritae. Ferner § in hoc s. de itinere actuque privato (III 179); nu. 1 § ac satisdationis C. u. e. An diesen Stellen wird ausdrücklich betont, daß der Kläger auf Grund der possessio, wie auch der quasipossessio verlangen kann, daß der Beklagte dauernd unterlasse, die possessio bzw. quasipossessio zu stören.

Bezüglich des Begriffs der possessio und quasipossessio kann allgemein gesagt werden, daß alle die Rechte an Sachen, die als solche die materiellrechtliche Voraussetzung der Unterlassungsklage bedeuten können, auch die Körperlichkeit der possessio in sich tragen, daß ferner an allen Rechten an unkörperlichen Gegenständen (iuribus incorporalibus) die quasipossessio besteht. Der Begriff der quasipossessio bedeutet die potentielle Ausübung eines Rechts. Eine Anschauung von der Umfänglichkeit dieses Begriffes erlangt man aus der Nennung einzelner Fälle, die beliebig herausgegriffen sind. So gibt es u. a. quasipossessio bei den Servituten, wie bei der väterlichen oder eheherrlichen Gewalt und umgekehrt bei dem Recht der Frau gegen den Mann und des Kindes gegen den Vater; s. § item acquirimus

1) Ausgangspunkt: interdictum uti possidetis D. (III 172 ff.) und C. (IV 337 und 338).

(nu. 5) s. de acquirenda possessione (III 92). Ferner besteht quasipossessio officii iuris eligendi vel praesentandi. Der Kläger befindet sich im Quasibesitz des eingeklagten Rechts, auch erlangt quasipossessorischen Schutz das ius recipiendi servitia in aliquem (sozialrechtlicher Dienstvertrag)[1]. Die Mannigfaltigkeit gibt auch der Satz des Bartolus zu erkennen: quando aliquis turbatur in iuribus et iuris dictionibus suis, competit sibi interdictum uti possidetis (§ si quis me s. de iniuriis et famosis libellis [III 359]).

Die Erörterung der materiellrechtlichen Grundlage der Unterlassungsklage im Gebiet der absoluten Rechte hat eine reiche Zahl von subjektiven absoluten Rechten ergeben. Sie läßt aber neben oder gerade in dem Gewordenen erkennen, wieviel im Werden war und in welchem Maße die Form des Corpus iuris den Inhalt beeinflußte. Manche Ungleichheiten bestehen, die sich nicht dogmatisch unzweifelhaft, sondern nur historisch rechtfertigen lassen. Vor allem im Zeichenrecht eine eigentümliche Materialisierung, die in dem geistig Erschafften, also einem Gegenstand, bei dem Ursprung und Wirkung auseinanderfallen, nur die Wirkung und Folge, nicht aber den Ursprung, das ideell persönliche Moment berücksichtigt. Aber da, wo einzig und allein des Individuums rechtliche Interessen in Frage stehen, wird ihm im Wappenrecht ein subjektives Recht. Wo der einzelne gar nicht persönlich sich darstellen kann, da erkennt das Recht seine Persönlichkeit unmittelbar an, wo die eigenste Persönlichkeit auftritt, da gewährt das Recht einzig unpersönlichen, rückschlagend nur persönlich wirkenden Rechtsschutz, also nur mittelbare Anerkennung.

IV. Die Unterlassung, zu welcher der Beklagte durch Richterspruch verstärkt angehalten werden soll, muß zukünftig erfüllt werden. Mit einem solchen Ziel scheint die Anschauung des Bartolus in der l. in lege Aquilia si deletum s. ad legem Aquiliam (I 229): de futuro non potest esse iudicium zu disharmonieren. Dies bedeutet aber zufolge der Verweisung auf § non quemamodum s. de iudiciis (I 185) und der an ersterer Stelle sofort erfolgenden Einschränkung nur, daß das eingeklagte

1) Die Mannigfaltigkeit dieser Rechte zeigt, in welchem Maße das Gericht damals Träger aller Hoheits-, Kultur- und polizeilichen Rechte war.

Recht „de praesenti“ sein muß, dagegen nicht die Vollstreckbarkeit. Um ein künftiges Recht handelt es sich aber nicht bei dem Anspruch auf dauernde Unterlassung. Wird nun der Tatsache, nämlich der Verpflichtung, dauernd etwas zu unterlassen, die Bestimmung des Zieles der Unterlassungsklage nach Bartolus gerecht? Es muß geschieden werden zwischen dem Ziel der Unterlassungsklage, die im Schuldrecht begründet ist, und dem Ziel der Unterlassungsklage, die zum Schutz der absoluten Rechte besteht. Allerdings scheint, wenn wir die Bestimmung des Zieles einer Klage ganz äußerlich fassen, daß es nur eine Art der Unterlassungsklage nach dem Rechte des Bartolus gibt. Denn die Klage kann gleichmäßig die Unterlassung als Klaggegenstand haben. Die Dauerunterlassung ist in obligatione und daher auch in actione s. l. vinum nu. 14 ff. s. si certum petatur (I 260). Aber allein hieraus läßt sich die prozessuale Gestaltung irgendeines Rechtsgedankens, einer Rechtsordnung nicht erkennen. Die Gestaltung im Prozesse besteht vielmehr aus der Zusammenwirkung der Prinzipien, die für die Bestimmung des Verhältnisses von Berechtigung zur Klage einerseits und zur staatlichen Vollstreckungstätigkeit andererseits maßgebend sind. Hiernach ist der Ausgangspunkt für die hier in Betracht kommende Feststellung das Verhältnis von Klage zur Vollstreckung. Da die Formulierung des Klageantrages und der Urteilsformel davon abhängt, ob überhaupt und welcher Art die Vollstreckung ist, so werden wir zunächst zu untersuchen haben, ob Bartolus überhaupt und wenn ja, was für eine Vollstreckungsfähigkeit er den Rechtsverhältnissen, die eine Unterlassung zum Gegenstand haben, zuerkennt. Daß nun eine Vollstreckung eines facere zulässig ist, ist mit Sicherheit aus 1 par. 4, 10 opp. l. si prius s. de operis novi nunciatione (III 21) zu entnehmen (oportet reum sc. contumacem cogi cavere). Zwar ist hier, wie auch an anderen einzelnen Stellen, nur von der Vollstreckung eines facere die Rede. Dies gilt jedoch gleichmäßig auch für das non facere. Wenn Bartolus nu. 44 § si prius sagt, „ubicumque quis est obligatus ad non faciendum, tunc stipulatio est commissa ad interesse, quum facit quod non debuit“, so bezieht sich dies nur auf die vergangene Zeit, was klar auch daraus hervorgeht, daß er diesen Satz durch eine die Zurückbeziehung und Gleichstellung mit dem vorigen enthaltene Formel (idem est videre) verbindet, in dem von usus fructus elapsi temporis gehandelt wird. Im übrigen aber wird das Unterlassen keiner besonderen Behandlung unterzogen. Aus der genannten Stelle, in der die aus der Natur der Unterlassung hervorgehende Abweichung von der positiven Handlung als Ausnahme von den das facere betreffenden Vollstreckungsbestimmungen genannt wird, ist der Schluß berechtigt, daß sonst in bezug auf die Vollstreckung facere und non facere vollständig gleich stehen. Mithin sind alle die Erklärungen des Bartolus, die er nur für die Vollstreckung des facere gibt, auch für das non facere gültig und könnte hier als Regelung der Vollstreckung eines non facere behandelt werden. Was nun die Vollstreckung einer Unterlassung im einzelnen betrifft, so läßt sich diese auf ein Prinzip zurückführen. Dies ist die durch die individualistische Auffassung des Rechts bewirkte Scheidung in: obligatio hominis und obligatio legis[1]). Bartolus nennt dieses Prinzip zwar nur „multum proxima veritati" und findet es nicht durchgängig vom Rechte anerkannt. Dennoch scheint mir, daß auch in dieser kasuistischen Lehre (nu. 37 l. stipulationes non dividuntur s. de verborum obligationibus III 229 ff.) dieses Prinzip an erster Stelle steht. Im einzelnen scheidet Bartolus so[2]): die Klage geht entweder gegen einen durch obligatio Verpflichteten oder gegen einen, der es nicht ist. Im ersten Fall, der obligatio facti, trennt er wieder unter den Entstehungsgründen: Gesetz, Testament, Vertrag. In den aus den ersten beiden Gründen entstandenen Obligationen „potest quis compelli precise ad factum", bei der auf Vertrag beruhenden Obligation wird wiederum geschieden: aut talis obligatio est subrogata in locum obligationis legalis aut non. Im ersten Fall precise compellitur, im zweiten Fall non compellitur precise ad factum, sed liberatur solvendo interesse[3]). Wenn aber die

1) Man vergleiche hierzu Code civil Artikel 1101 s. und 1370 s.

2) Die Frage ist aber sehr streitig, Bartolus nennt außer der eigenen Theorie sechs mehr oder weniger abweichende Lehren.

3) Bartolus trennt auch hier factum explicandum in iudicio und extra

Klage gegen jemanden gerichtet ist, welcher nicht durch obligatio verpflichtet ist, dann, falls agitur ad factum propter interesse principaliter, liberatur prestando interesse, aut ad factum principaliter, et tunc compellitur precise. Soweit die Einzelregelung des Bartolus im Verlauf seiner Erörterungen, in denen er die Verschiedenheit und die Gleichheit mancher Regelungen erklärt, faßt er manches noch theoretisch einheitlicher. So faßt er unter den Begriff der obligatio legis die obligatio ex testamento (voluntas testatoris est lex). Er versteht nun allerdings unter obligatio hier immer nur eine Tatsache, die die unmittelbare und persönliche Rechtsverbindung bezeichnet. In der Bezeichnung des Iac. de Are bedeutet aber obligatio offenbar jede Tatsache, auf Grund deren für jemand eine Verpflichtung besteht. In diesem übertragenen Sinn läßt sich die Theorie des Bartolus auf das eingangs genannte Prinzip zurückführen[1]). Denn der Unterschied, den Bartolus bei der obligatio hominis macht, scheint mir, wie erwähnt, materiell nicht zutreffend, da eine obligatio subrogata in locum obligationis legalis materiell keine obligatio hominis ist. Nach unseren Erörterungen der materiellrechtlichen Grundlagen der Unterlassungsklage sind solche nur im Recht der Schuldverhältnisse und im Gebiet der absoluten Rechte vorhanden. Hiernach formulieren wir das Ergebnis der Untersuchung der Zulässigkeit der Vollstreckung eines non facere dahin: Im Schuldrecht gibt es kein, dagegen im Gebiet der absoluten Rechte gibt es ein — precise compelli posse. Was heißt das? Precise compelli posse bedeutet die Tatsache, daß jemand durch direkten, auch die Personalvollstreckung einschließenden Zwang[2]) zu einer Handlung oder Unterlassung angehalten werden kann[3]). Was

iudicium. Ersteres Zwang zu Prozeßhandlungen, siehe § praeter s. de procuratoribus (I 126) kann hier außer Betracht bleiben.

1) Siehe auch § sed et si quis s. de eo. quod metus causa gestum erit (I 150).

2) Z. B. missio in possessionem oder pignoribus captis, die aber wohl nur auf dem Papier existierten (siehe C. IV 337).

3) Als Belege: § Procuratorem s. de procuratoribus (I 122); und § praeter s. eod. (I 126); § sed et si quis siehe oben Anm. 22; qu. 10 l. si prius s. de operis novi nunciatione und opp. 8 s. eod.; l. stipulationes non dividuntur siehe oben S. 85; § sive autem res s. de operis novi nunciatione (III 27) auch be-

wird vollstreckt? Nicht dadurch, daß der Zwang unmittelbar auf die Unterlassung in Bewegung gesetzt wird. Dies ist auch nicht allein Gegenstand des Urteils, sondern im Verurteilungsfall wird der Beklagte zum non facere und zur Leistung einer cautio verurteilt, die bald cautio de non amplius turbando, bald de non impediendo in futurum, bald de non molestando genannt wird. Diese cautio, welche die Leistung eines Versprechens bedeutet, im Fall einer Zuwiderhandlung eine abgeschätzte Geldsumme zu zahlen, kann durch Vollstreckung herbeigeführt werden. Hieraus darf nicht gefolgert werden, daß die Unterlassung gar nicht vollstreckt werden kann, sondern nur die cautio, vielmehr wird die Unterlassung durch die cautio vollstreckt. Dadurch, daß im Urteil ausgesprochen werden kann, daß der Beklagte etwas unterlassen, aber außerdem versprechen muß: erscheint die Hineinziehung der cautio in das Urteil nur als eine durch materiellrechtliche und vollstreckungsrechtliche Grundsätze bedingte Ausnahme von dem sonstigen Verhältnis von Vollstreckung zum Vollstreckungsmittel. Nämlich eine dauernde Unterlassung mechanisch und direkt zu vollstrecken, erscheint, da die einzige Art die dauernde Inhaftierung wäre, als ganz außer Verhältnis zu jedem rechtlich zulässigen Eingriff in die individuelle Freiheit. Die Unterlassung kann daher nur direkt durch psychischen Zwang vollstreckt werden. Ein solcher wird ausgeübt in der Hauptsache durch Geldvollstreckung. Diese Art der Vollstreckung war zur Zeit des Bartolus aber nicht bekannt als strafende Einwirkung, sondern nur als Ersatzleistung (Interesse). Damit wäre aber eine Vollstreckung der Unterlassung überhaupt nicht möglich gewesen, da das Recht auf die Unterlassung und das auf die Interesseleistung nicht im kumulativen, sondern alternativen Verhältnis stehen[1]). Es kann sich daher nicht darum handeln, daß der Beklagte für jeden Fall des Zuwiderhandelns zur Zahlung einer nicht durch ein spezielles Interesse bedingten Geldsumme verurteilt wird, sondern nur darum, daß er eine

---

züglich des incarcerari; l. si dupla s. de evictionibus (II 421); nu. 14 l. sive apud acta s. de transactionibus (IV 74). Hier wird unterschieden zwischen coaetio praecisa und causativa.

1) qu. 7 l. stipulationes non dividuntur s. de verborum obligationibus, siehe oben S. 85.

derartige Leistung verspricht. Da dieses Versprechen aber nicht nur ein vollstreckungsrechtliches Institut ist, sondern eine materiellrechtliche Bedeutung hat und eine Vorstufe zur Vollstreckung bildet, so mußte es bereits im Urteil ausgesprochen sein. Da diese cautio ex dispositione legali stammt, so besteht zu ihrer Herbeiführung der oben genannte Zwangsapparat. Hieraus erklärt sich sowohl, daß die cautio im Urteil erkannt wird, als auch daß sie die Vollstreckung des non facere genannt werden kann. Diese cautio bildet die Vollstreckung jeglicher vollstreckungsfähigen Dauerunterlassung[1]). Auch da, wo für die einzelnen Unterlassungsklagen eine solche cautio nicht genannt ist, ergibt sich, sofern eine Vollstreckungsfähigkeit diesem non facere überhaupt innewohnt, aus der materiellrechtlichen Grundlage das Vorhandensein der cautio. Denn dieses ist eine cautio implicita und universalis, d. h. eine solche, die nicht aus dem Einzelfall erst begründet wird, sondern in dem abstrakten materiellen Tatbestand ihre Grundlage hat (s. hierzu l. si prius s. de operis nunciatione III 23).

Die Folge der Unterlassungsklage ist mithin im Schuldrecht ein Urteil, das die Dauerunterlassungspflicht aussprechen kann, aber nicht vollstreckbar ist. Zwecklos ist dieses Urteil insofern nicht, da, wenn der Kläger das Interesse verlangt, er kein Recht mehr hat, die Unterlassung verlangen zu können. Er kann aber beim Beginn des Rechtsstreits den Beklagten fragen, ob er die Dauerunterlassungspflicht erfüllen will, und kann, wenn dieser verneint, das Interesse verlangen (9 qu. l. stipulationes non dividuntur s. oben S. 85[2]). Im Gebiet der absoluten Rechte

1) Als Belege: für a° a° negatoria und confessoria, sowie deren a° utilis l. harum und § Egi s. si servitus vendicetur (I 225); § actionum und § eque Institutionen de actionibus (V 110); 2. par. 2. opp. si prius s. de operis novi nunciatione nu. 10 § interdictum s. interdictum uti possidetis (III 173) mit der interessanten Behauptung, daß die Frage: an debeatur petere de hoc sibi satisdari beim interdictum uti possidetis von den Ultramontani bejaht wurde. Ebenso interdictum uti possidetis im Codex, wo Bartolus anerkennt, daß die dortige cautio nur der veränderten Praxis und der dahin abgeänderten Lesart ihre Eigenschaft als cautio de non amplius turbando zu verdanken hat. Ursprünglich dort cautio iudicatum solvi. § in hoc s. de itinere actuque privato (III 179).

2) Die Theorie, welche eine alternative Fassung behauptet: peto factum non fieri et, si fecerit, peto interesse wird von Bartolus abgelehnt.

ist die Folge ein Urteil, in dem neben der Dauerunterlassungspflicht die cautio de non amplius turbando ausgesprochen wird, welche letztere unmittelbar vollstreckbar ist.

V. Als Klagvoraussetzung erscheinen neben der erörterten materiellrechtlichen Grundlage die Tatsache, daß eine Störung [1]) irgendwelcher Art bereits stattgefunden hat [2]) und ferner, daß eine weitere Beeinträchtigung zu besorgen ist. Dies geht hervor sowohl aus den einzelnen Erläuterungen des Bartolus, die er bezüglich der Bestimmung des Zieles der Unterlassungsklage gibt, wie besonders aus den Worten des Bartolus (§ ac satisdationis s. C. interdictum uti possidetis): ille adversarius meus est ita maledictus homo, quod etiam post sententiam me turbavit, quod ergo erit officium iudicis in hoc interdicto, ut non me turbet de cetero? Respondet Imperator: rector faciet de hoc praestari satisdationem, sc. de non turbando in futuro. Hierin liegen beide Tatsachen als Voraussetzungen klar ausgedrückt, und zwar galten sie, wie mit Sicherheit angenommen werden kann, für alle Unterlassungsklagen.

VI. Eine wirkliche Unterlassungsklage bestand nach den Rechtsideen des Bartolus nur zum Schutz von absoluten Rechten. Daß die nominell vorhandene Unterlassungsklage im Schuldrecht sowohl quantitativ irgendwelche Bedeutung besessen hat, wie auch qualitativ überhaupt als Unterlassungsklage bezeichnet werden kann, scheint mir eher zu verneinen. Im Gebiet der absoluten Rechte dagegen haben wir eine Vermehrung der subjektiven Rechte überhaupt feststellen können. Wichtiger aber ist, daß diese Vermehrung gegenüber dem römischen Recht stattgefunden hat nicht durch eine schärfere Spezialisierung der in den bestehenden subjektiven Rechten enthaltenen Befugnisse, sondern daß aus neuen Rechtsfeldern, aus dem Gebiete der Persönlichkeits- und Immaterialgüter, diese Vermehrung sich herschreibt. Was wir hier den Worten des Bartolus entnehmen kannten, zeigte, daß es sich um im

---

1) Auch turbatio verbis, ausdrücklich für interdictum uti possidetis s. nu. 2 § huius interdicti s. interdictum uti possidetis und cons. 112 (VI 40).

2) Für die a° negatoria s. l. Egi l. c.; § actionum Institutionen de actionibus (V 110); siehe dagegen l. si quando s. si servitus vendicetur.

Fluß befindliche Rechtsgedanken handelte, die erst zum Teil wohl in die Praxis eingedrungen waren und selbst, soweit dies geschehen war, zu den streitigen Rechtsmaterien gehörten. Prozeßrechtlich zeigt sich ebenfalls eine bedeutsame Verschiedenheit zum römischen Recht, die aber nicht von der Tragweite ist, wie der materiellrechtliche Unterschied. Denn wenn auch die Unterlassungspflicht im Urteil ausgesprochen und mithin dem Beklagten die Unterlassung befohlen wird, so ist doch noch der Gedanke der rein individualistischen Grundlage des Privatrechts zu stark, als daß die Konsequenzen, wie sie später das 18. Jahrhundert entwickelte, zu Ende geführt werden konnten. Im ganzen aber lehren uns die Schriften des Bartolus erkennen, daß die Abhängigkeit vom römischen Recht mehr eine formale und in den formalrechtlichen Materien vorherrschende war und daß Rechtsideen, die noch im modernen Recht Gegenstand theoretischen Streites sind, im besten Sinn des Wortes als mittelalterlich bezeichnet werden können.

§ 13.

Das Gemeine Recht.

I. Das Gemeine Recht ist das Denkprodukt einer Juristenwelt, die in dem durch das Gesetzeswerk Justinians überlieferten römischen Recht die unversiegbare Quelle der Erkenntnis sowohl des praktischen Rechtslebens, wie des juristischen begrifflichen Denkens sah. Dennoch sind aber die Gedanken, die durch die geschichtliche Fortbildung in das Recht hineingetragen worden sind, nicht wieder eliminiert worden. Neue Gesichtspunkte werden wir aber nur im beschränkten Maße wahrnehmen, vor allem in solchen Gebieten, deren Bestimmung unmittelbar nur von praktischen Gesichtspunkten ausgeht, das ist also in der prozeßrechtlichen Verwirklichung. Andererseits haben die Einflüsse fremder Rechte oder eine Wandlung wirtschaftlicher und sozialer Anschauungen das Anwendungsgebiet zur Unterlassungsklage erweitert. Auf dieser Tatsache beruht die Erweiterung durch das Hinzukommen von Tatbeständen, die die materiellrechtlichen Grundlagen von Unterlassungsklagen bilden können.

Die durch das römische Recht ausgebildeten Berechtigungen,

in denen wir eine Grundlage der Unterlassungsklage erblickten, treffen wir im Gemeinen Recht[1]) ebenso und in derselben Art an, wie die Theorie und Praxis der Zeit des Bartolus sie übernommen und weitergebildet hat. Neu hinzugetreten ist unter den Forderungsrechten dasjenige, welches dem Berechtigten die Befugnis gewährt, von dem Vertragsgegner die Unterlassung einer bestimmten gewerblichen Tätigkeit verlangen zu können[2]).

II. Auf dem Gebiet der absoluten Rechte tritt eine Veränderung stärker hervor, und zwar in zwiefach negierender Hinsicht, die sich auf das Gebiet des öffentlichen Rechts erstreckt. Dies ist die Beziehung der Unterlassungsklage zum sogenannten Recht auf den Gebrauch öffentlicher Sachen und zu den wirklichen subjektiven öffentlichen Rechten. Was erstere anbetrifft, so ist verschiedentlich anerkannt worden[3]), daß die Befugnis, öffentliche Wege zu benutzen, Schiffahrt auf öffentlichen Flüssen zu treiben, das Wasser der öffentlichen Flüsse zu nutzen, ein wirkliches „Recht" aller bildet. Ein Recht aller ist noch nicht ein subjektives Recht des einzelnen. Ein solches ist für die Anwendung der römischen Popularinterdikte im Gemeinen Recht nicht erfordert worden, wohl aber ein eigenes Interesse des Klägers[4]). Die römischen Popularinterdikte, die somit hier ihres eigenen Charakters entkleidet wurden[5]), waren keine Unterlassungsklagen, wie wir im Abschnitt 2 § 11 erörtert haben. Wenn nun ein eigenes Interesse im Gemeinen Recht als Grund mit einem solchen Interdikt klagen zu können, erforderlich ist, so ist damit nicht eine Veränderung der im römischen Recht erforderten Grundlagen, die für die Unterlassungsklage in Betracht kämen, entstanden. Es kann eben jetzt nur der unmittelbar Verletzte, nicht jeder mittelbar Betroffene klagen. Hieraus folgt noch nichts über die Beschaffenheit des ge-

1) Auch bezüglich der Stellung des redlichen Erwerbers gemäß der a° Publiciana siehe SeuffA. 14, 209 und Sintenis, Zivilrecht 1 § 52 S. 538, 539.

2) SeuffA. 2, 272; 32, 310. Dieses Recht kann, wenn mit ihm eine Eigentumsbeschränkung verbunden ist, z. B. keine Spezereihandlung auf einem Grundstück zu errichten, dinglichen Charakter haben, siehe SeuffA. 45, 168.

3) SeuffA. 5, 3; 9, 35 u. 293; 17, 99; 27, 133.

4) SeuffA. 16, 31; 18, 53; 29, S. 139, 141; 45, 183.

5) SeuffA. 29, 140.

nannten eigenen Interesses dafür, daß es als Grundlage einer Unterlassungsklage geeignet wäre. Die Negation dieser Tatsache folgt daraus, daß das „eigene Interesse" vom „wohlerworbenen Privatrecht" unterschieden wird[1]), ein solches aber möglicherweise das Wassernutzungsrecht an öffentlichen Flüssen, wie das Recht zur Schiffahrt auf ihnen sein kann[2]). Nur in diesem Fall sind die genannten Befugnisse materiellrechtliche Grundlagen von Unterlassungsklagen und werden dann auch durch die a⁰ a⁰ negatoria und confessoria geschützt[3]). Ausgeschlossen ist es daher nach Gemeinem Recht, daß subjektive öffentliche Rechte, die im Recht des Bartolus vielfach gerichtlichen Schutz genossen, durch Klagen im Wege des Prozesses geltend gemacht werden. Allerdings können durch die Verletzung öffentlicher Rechte privatrechtliche Ansprüche entstehen, die aber nur Schadenersatzansprüche sind. Solche Ansprüche sind aber niemals Unterlassungsansprüche, folglich kann auch nie ein subjektives öffentliches Recht Grundlage einer Unterlassungsklage sein. Durch diese Scheidung war der Begriff der quasi-possessio seiner mittelalterlichen Bedeutung ledig geworden und rein auf das Privatrecht beschränkt. Ferner aber kommen durch die Erweckung deutschrechtlicher Gedanken als Grundlagen von Unterlassungsklagen in Betracht: Forstnutzungsrechte[4]), die Vorflut[5]), Jagd- und Fischereirecht[6]) und das Fideikommißrecht, soweit die Freiheit des Fideikommisses von Befugnissen einzelner Anwärter in Frage steht[7]). Auch die Reallast bildet gemäß dem ihr von der Praxis gewährten Schutz durch eine utilis a⁰ confessoria[8]) die Grundlage einer Unterlassungsklage. Erweitert wurde das Anwendungsgebiet ferner durch die Anerkennung sogenannter Persönlichkeits- oder Immaterialgüterrechte als subjektive absolute Rechte. So besonders das Namens-

1) SeuffA. 29, 141.
2) SeuffA. 9, 293; 17, 99.
3) SeuffA. 17, 216; 27, 133.
4) RG. 31 Nr. 37.
5) Durch a⁰ negatoria SeuffA. 10, 259; 46, 18.
6) SeuffA. 42, 32.
7) SeuffA. 41, 118.
8) SeuffA. 20, 109; 24, 160.

recht[1]) und das Markenrecht[2]). Der unlautere Wettbewerb war nach Gemeinem Recht noch nicht geschützt[3]). Auch das Urheberrecht war ebenso wie das Verlagsrecht (Buchhändlerrecht, Druckerrecht) nicht zivilrechtlich geschützt. Es bestanden bereits seit dem 15. Jahrhundert Autorprivilegien, aber diese genossen immer nur Strafschutz, und als später förmliche Buchdruckermonopole auftraten, galten sie so wie die Privilegien als geminderte Gewerbemonopole. Wahlkapitulationen (seit 1690) verboten sogar, einen einzelnen durch Aburteilung und Exekution zu favorisieren, also der Gedanke, daß in diesen Instituten nur die Allgemeinheit in Betracht zu ziehen ist, war noch, wie zur Zeit des Bartolus, lebendig. Erst im 19. Jahrhundert schuf die Idee des geistigen Eigentums hierin einen Wandel[4]). Auch im Gemeinen Recht herrscht hiernach implicite der Satz: Jedes absolute Recht ist Grundlage einer Unterlassungsklage[5]).

III. Die Ausbildung des Zieles der Unterlassungsklage ist, wenn man von dem heutigen Stande rückwärts blickt, im Gemeinen Recht die folgerichtigste Ergänzung des Erreichten und gleichmäßigste Fortbildung gewesen, die sich denken läßt. Das Ziel der Unterlassungsklage nach der Rechtsanschauung des Bartolus haben wir dahin zusammengefaßt: Die im Urteil anbefohlene Verpflichtung, etwas zu unterlassen, wurde vollstreckt durch eine ebenfalls im Urteil auszusprechende cautio de non amplius turbando, ein Versprechen, dessen Leistung unmittelbar erzwingbar war. Diese Verwirklichungsart einer Unterlassungspflicht hat noch im Gemeinen Recht längere Zeit bestanden. So bringt der Hallenser Advokat Seyfart (Teutscher Reichs-Prozeß 1738) in seinem „nach dem neuesten Reichs- und Sächsischen stilo curiae ausgearbeiteten" Formularbuch Kap. 1 Nr. 7 S. 11 noch folgenden Antrag in der a⁰ negatoria: Daß Beklagter sich der Huth und Trifft auf der

1) SeuffA. 6, 6; 48, 3; RG. 29, 126.

2) SeuffA. 45, 264.

3) SeuffA. 48, 263.

4) Siehe hierzu Kohler, Urheberrecht an Schriftwerken und Verlagsrecht S. 32 ff., 37 ff., 56 ff., 60 und Oscar Wächter (1875), Autorrecht nach Gemeinem deutschen Recht 19—23 und unten Reichsrecht.

5) RG. 25 Nr. 85; SeuffA. 9, 267.

Teicher=Marcke zu gebrauchen nicht befugt, diesem nach dieselbe davon abzustehen, cautionem de non amplitus turbando zu bestellen, auch denen Klägern alle verursachte Schäden und Kosten zu erstatten schuldig. Derselbe Verfasser stellt aber in der dem Formularbuch vorausgehenden Darstellung des Prozesses im Kap. 32 (von der Exekution) § 23 (von der Exekution ad faciendum vel omittendum) Seite 611, 612 die Vollstreckung einer urteilsmäßig ausgesprochenen Unterlassungspflicht so dar, daß dem Beklagten eine Zuwiderhandlung „bey einer gewissen Geld=Straffe verboten und er zur cautione de non turbando angehalten und, wenn er nicht pariret, die comminirte Straffe durch die Exekution beygetrieben" wird. Hiernach scheint das Urteil nicht die cautio, sondern die Strafandrohung als Vollstreckung der Unterlassungspflicht und außerdem die cautio[1]) zu enthalten, folglich ein Widerspruch zwischen der Rechtslehre und Praxis desselben Verfassers zu bestehen. Dieser Widerspruch ist aber nur scheinbar. Er findet in folgendem seine Lösung: Die Prozeßvorschriften der einzelnen Reichsteile waren nicht gleichmäßig. Auch nach dem JRA. von 1654 waren die Kurfürsten und Stände nur berechtigt, Verordnungen zur Vereinheitlichung des Rechtsganges mit dem reichskammergerichtlichen Prozeß zu erlassen[2]). Eine solche Verordnung war nun die Magdeburgische verbesserte Prozeßordnung vom 16. Mai 1696. In dieser wurde angeordnet, daß an Stelle der Kaution dem Verurteilten eine bestimmte Strafe angedroht werden sollte, die von dem Ungehorsamen nicht nur einmal, sondern erhöht und verdoppelt beigetrieben werden konnte[3]). Im Gemeinen Recht (in foro communi) bestand aber

1) Diese Strafandrohung ist nicht identisch mit der in den Inhibitionen, die vielfach der ordentlichen Klage vorhergingen; siehe hierfür das zitierte Formular des Seyfart und auch schon Class. VI Vot. I de officio iudicis im thesaurus iuris executivi (1606) in den mandatum ecclesiae Verdunens. contra civitatem Verdunensem: sub poena viginti marcharum auri puri ...... firmiter praecipiendo mandamus, ut ab huiusmodi praetacto allegato vestro proposito desistatis et cessetis ...... (Erlassen im November 1551.)

2) Die Vorschrift des § 162 dieses Reichsabschieds, nach der statt der Kaution eine Strafandrohung im Urteil auszusprechen war, bezog sich daher unmittelbar nur auf den Prozeß beim Reichskammergericht.

3) Siehe cap. 46 § 16 l. c. So auch die kurfürstlich sächsische Prozeßordnung von 1724 tit. 39 § 3.

die frühere Art der Vollstreckung mittels der cautio de non turbando weiter fort[1]). Hiernach erklärt sich die Verschiedenheit so: In der Lehre von der Exekution stellt Seyfart, der im Magdeburgischen, in Halle Advokat war, das durch die genannte Prozeßordnung bestimmte Recht dar. Dies geht besonders auch daraus hervor, daß er bezüglich Erhöhung und mehrfacher Eintreibung der Strafe genau den Inhalt des § 15 Kap. 46 der zitierten Gerichtsordnung wiedergibt. Das Formular dagegen, welches als möglichst generell gefaßt, die typische Regelung über den vereinzelten Fall stellen muß, gibt den Rechtsgedanken des Gemeinen Rechtes wieder. Nur letzterer kommt zunächst hier in Betracht. Somit bestand also in der ersten Hälfte des 18. Jahrhunderts im Gemeinen Recht die Vollstreckung der urteilsmäßigen Unterlassung durch die cautio[2]). Aber eine scheinbar geringfügige Veränderung bestand zu dem früheren Recht: Der Kläger konnte verlangen cautionem de non amplius turbando auf 50 fl. hoch gebührend zu bestellen[3]). Mit der Zulassung dieses Antrages aber war zum großen Teil die scharfe Scheidung, die innerlich die Unterlassungsklage von der Schadensersatzklage trennt, auch äußerlich und prozessual kenntlich gemacht. Dieser Antrag muß im Jahre 1737 noch ziemlich neu gewesen sein[4]), denn Berger erwähnt ihn als aus einem Rechtsstreit von 1706, und der Verfasser der genannten Dissertation erzählt bei Erörterung der Frage, ob wie die cautio überhaupt nach Verkündung des Urteils nachträglich erbeten, auch, falls auf eine cautio schlechthin erkannt war, eine certa summa nachträglich beantragt werden konnte, daß ihm der Vorsitzende des Helmstedter Spruchkollegiums versichert habe: dies sei ihm ein- oder zweimal bisher vor-

1) Siehe Cautio de non amplius turbando in iudiciis possessoriis usu fori recepta von A. D. Wagner (F. C. Conradi, Helmstedt 1737) § 22.

2) Diese konnte sowohl in der Klageschrift, wie nachträglich nach Verkündung des Urteils verlangt, ja sogar vom Richter ohne Antrag erkannt werden. Sie bestand nach herrschender Praxis, die in der Theorie nicht unbestritten war, in einer nuda promissio; siehe die Diss. von Wagner-Conradi, §§ 12—16.

3) Siehe Berger, Oec. Iur. Lib. II tit. 3 thes. 22 n. 10.

4) Siehe dagegen ein Urteil aus dem Haag vom 1. Februar 1667, das genau unserer heutigen Regelung entspricht, bei Kohler, LZ. 1, 193.

gekommen. Diese Art der Vollstreckung der Unterlassung hat bis Ende des 18., Anfang des 19. Jahrhunderts bestanden; aber immer mehr trat hervor, daß einerseits die Form des Versprechens der Sicherstellung mit der Zulässigkeit, dieses Versprechen zwangsweise herbeiführen zu dürfen, nachdem noch die Summe, welche versprochen werden sollte, bestimmt werden konnte, nicht zusammenpaßte, daß andererseits die Gründe, welche beim Reichskammergericht, in Kursachsen, im Magdeburgischen zu einer anderen Regelung geführt hatten, auch in den anderen Reichs- und Rechtsgebieten sich Eingang verschaffen mußten[1]). Um 1800 trat allgemein an die Stelle der Kaution die Strafandrohung, wie sie schon vordem vereinzelt bestanden hatte[2]). Dem Beklagten wurde nunmehr befohlen, etwas zu unterlassen und ihm für jeden Fall der Zuwiderhandlung eine Strafe angedroht[3]). Bestand diese nur in Geld oder auch in Haftstrafe? Sie konnte in beiden bestehen. Hierfür spricht, daß das precise compellere posse des Bartolus, in welchem die Grundlagen der Entwicklung der Zwangsvollstreckung enthalten waren, dies beides als selbstverständlich umfaßt. Genaue Beweise haben wir aus dem Gemeinen Recht hierfür nicht. Die Strafandrohung ist als Vollstreckung der Unterlassung (SeuffA. 44, 70) oder genauer als das Mittel, die Vollstreckung der Unterlassung zu erlangen, an die Stelle der cautio de non amplius turbando getreten. Diese letztere kann daher, wo sie auch nunmehr neben der Strafandrohung auftreten mag, kein notwendiger Teil des Unterlassungsgebotes mehr sein.

IV. Die Voraussetzungen der Unterlassungsklage fallen unter keinen der Gesichtspunkte, die wir am Eingang der gemeinrechtlichen Erörterungen als von Bedeutung für Änderungen eines

1) Siehe auch die zitierte Diss. § 17 (an haec solennitas magis continebit illum, quam rei iudicatae metus?).

2) Siehe Bayer, Vorträge über den gemeinen ordentlichen Zivilprozeß (1830) 543; C. G. Wächter, Erörterungen Heft 2, S. 27 (1845); Ziebarth, Realexekution und die Obligationen (1866) § 15, S. 172; Menger, ArchCivPrax. 55, S. 391, 392 (zur Lehre von der Exekution).

3) Auf bestimmte Eingriffe braucht sich die Strafandrohung nicht zu beziehen. SeuffA. 40, 279.

dem römischen Recht entstammenden Rechtsinstitutes nannten. Sie haben auch keine Änderung erfahren. Wie bisher, sind es außer der materiellrechtlichen Grundlage

1) die Tatsache, daß eine irgendwie geartete Verletzung bereits stattgefunden hat[1]), mag diese auch nur eine wörtliche gewesen sein[2]),

2) die Tatsache, daß weitere Beeinträchtigungen zu besorgen sind.

V. Die Entwicklung, die wir im Gemeinen Recht verfolgen konnten, hat Neues nur ergeben in der prozeßrechtlichen Gestaltung des Zieles der Unterlassungsklage. Hier sind wirkliche, vordem unbekannte Werte neu geschaffen worden. Dagegen bedeutet der Zuwachs der materiellrechtlichen Grundlagen nur eine Rezeption insofern, als Fertiges dem Rechtssystem einverleibt oder in der Bildung Begriffenes zu Ende gedacht worden ist. Neue Rechtsgebiete sind im Gegensatz zur Zeit des Bartolus nicht in Angriff genommen werden. Technisch dagegen wertvoll war und ist die scharfe Scheidung, die zwischen den öffentlichrechtlichen Rechtsgütern und denen, die durch ihre Beziehung zu einer Einzelperson erst ihre Bestimmung empfangen, gemacht worden ist.

§ 14.

Preußisches Recht.

I. Das Preußische Recht stand zwar gemäß dem ALR. dem Gemeinen Recht als ein in sich geschlossenes Ganzes gegenüber (Patent I). Dennoch ist es in der Mehrzahl seiner Bestimmungen in der Praxis in Anlehnung an das Gemeine Recht entwickelt worden. Um so merkwürdiger ist es, daß unter den verschiedenen materiellrechtlichen Grundlagen, die dem Preußischen Recht, wie jedem anderen damaligen Rechte, mit dem Gemeinen Recht gleich

1) Bei der a° negatoria keine Rechtsanmaßung, SeuffA. 44, 87 und die zitierte Diss. § 1. Dafür, daß die Verletzung nicht mehr Klagvoraussetzung gewesen ist, bieten die angestellten Klagen weder Beweis noch Gegenbeweis.

2) SeuffA. 11, 126. Aus dieser Tatsache erklärt sich jedenfalls schon die Verflüchtigung der Annahme, daß eine gewesene Verletzung Voraussetzung der Klage ist.

waren, nur eine einzige ausdrücklich als Grundlage einer Unterlassungsklage genannt ist. Dies ist der Besitz: „Der Richter muß den Gestörten durch Androhung verhältnismäßiger Strafe gegen den Störer und nötigenfalls durch die wirkliche Vollstreckung gegen fernere Beeinträchtigungen schützen" (ALR. I 7 § 151). Und auch diese Bestimmung ist erst auf Grund einiger Monita zu dem „gedruckten Entwurf" von 1784, die bei der Erörterung des § 105 des Titel „Vom Gewahrsam und Besitz" auf Zusätze über die Lehre von der Turbation usw. antrugen[1]), in dem umgearbeiteten Entwurf als § 150 und später als § 151 in das Gesetz aufgenommen worden. Im übrigen enthält das ALR. noch eine Bestimmung, die unsere Frage zu betreffen scheint. Dies ist § 675 II 1. Auf Grund des § 674: Bloßer Verdacht ist zur Trennung der Ehe nicht hinreichend, bestimmt § 675: Ist jedoch scheinbarer Anlaß zu einem solchen Argwohn vorhanden, so muß dem beschuldigten Ehegatten auf Anrufen des anderen der fernere Umgang mit der verdächtigen Person gerichtlich untersagt werden. Eine Zuwiderhandlung kann einen Grund zur Ehescheidung bilden (§ 676). Dieses sogenannte Verkehrsuntersagungsmandat ist wahrscheinlich eine Nachwirkung der mittelalterlichen Anschauung vom Ehebesitz[2]). Dieses Mandat bestimmte nur eine einstweilige und Uebergangsregelung, keinen wirklichen Besitzschutz[3]). Hierdurch sollte nur Klarheit über einen aus tatsächlichen Gründen Zweifel weckenden Zustand geschaffen werden. Denn „scheinbarer Anlaß" zu einem Argwohn genügte zur Begründung. Dies stellt mehr eine Erweiterung der Gründe, die eine Scheidung wegen Ehebruchs rechtfertigen, als einen wirklichen Schutz der Ehe vor. Ein Vergleich mit dem zitierten Besitzstörungsschutz ergibt dies klar. Hiernach kommt das Mandat für unsere Frage nicht in Betracht. Also ist nur der Besitz als Grundlage einer Unterlassungsklage genannt. Durch die Anerkennung des Besitzes an Rechten (ALR. I 7 § 78) hat der Besitzbegriff allerdings eine Ausdehnung nahezu

---

1) Siehe Simon und v. Strampff, Zeitschr. III 2. Abt. 282—285.

2) Siehe bezüglich des kanonischen Rechtes Bruns, Das Recht des Besitzes im Mittelalter und in der Gegenwart 240; bezüglich Bartolus siehe oben S. 82.

3) Dernburg, Preußisches Privatrecht 1 § 160, 389.

wie nach dem Rechte der Postglossatoren erlangt; aber z. B. waren publizistische Rechte nicht durchgängig besitzfähig, sondern nur bestimmte Arten: Laienbesitz an ursprünglichen Pfarr- und Kirchenzehenten (II 11 § 863), die niederen Regalien (II 14 § 26), Abgabenfreiheit (II 14 § 80), das Patronatsrecht (II 11 § 576). Zu den privatrechtlichen Gütern, an denen Besitz bestand, gehörte unter anderem der Gewerbebetrieb, der durch die besitzstörende Klage, z. B. gegen Handlungen gesichert war, durch die der Kredit, den der einzelne Gewerbetreibende genoß, beeinträchtigt werden sollte[1]). Die Praxis ist über den vereinzelten Satz des ALR. hinausgegangen und hat jedes absolute Recht[2]) als Grundlage einer Unterlassungsklage anerkannt, so daß Rehbein[3]) mit Recht behaupten konnte, daß zum Umfange der dinglichen Klage — wohl auszudehnen auf Klage aus jedem absoluten Recht — das Unterlassungsgebot weiterer Zuwiderhandlungen gehöre.

II. Als Ziel gab die allgemeine Gerichtsordnung tit. 24 § 54[4]) für ein Urteil, dessen Inhalt dahin gehe, daß der Beklagte etwas zu unterlassen schuldig sei, an, daß, wenn der unterliegende Teil die ihm verbotene Handlung dennoch vornimmt, ihm solches durch unbedingte Strafbefehle untersagt, und wenn er diesen zuwiderhandelt, die Strafe wirklich beigetrieben werden soll, auch unter verdoppelter Bedrohung wiederholt werden und der Renitent zur Bestellung einer annehmlichen Kaution wegen künftiger Befolgung des Iudicati angehalten werden soll. Auch kann der Richter geeignetenfalls Inhaftierung nach seinem Ermessen anordnen. Hier war das Ziel also ungefähr dasselbe, wie es um dieselbe Zeit im Gemeinen Recht sich endgültig entwickelt hatte. Abweichend scheint aber die Strafandrohung nicht im Urteil ausgesprochen, sonderen durch besondere Strafbefehle, die erst unmittelbar vor oder bei der Ausführung einer Zuwiderhandlung erlassen werden können, verfügt worden zu sein. Die Kaution hat hier, obwohl es heißt, daß der Renitent „wegen künftiger Be-

1) Siehe Entscheidungen des Obertribunals 24, 392.
2) Siehe z. B. für das Namensrecht Entscheidung des Obertribunals 15, 35.
3) Rehbein, Entscheidung des Obertribunals 2, 809 Note.
4) So auch bereis C. i. Fridericianum I 24 § 44.

folgung des Iudicati" zu ihr angehalten werden soll, nicht die Bedeutung der Vollstreckung einer Unterlassungspflicht, sondern einer Sicherung, die allerdings insofern auch eine Zwitterstellung hat, als sie wegen künftiger Befolgung überhaupt der Strafbefehle erst aus Anlaß der einzelnen Zuwiderhandlung verlangt werden kann[1]). Durch das ALR. war aber das Ziel dem Gemeinen Recht vollkommen gleich gestaltet worden[2]). Jetzt tritt der Zweck der Kaution eindeutig als der einer Sicherung hervor, falls der Störer dem Urteil schon einmal zuwidergehandelt hat oder seine Vermögenslage Besorgnis wegen der eventuellen Entschädigung erweckt. Die Strafe kann auch in Haftstrafe bestehen[3]).

III. Auch die Voraussetzungen sind dem Gemeinen Recht gleich:

1) Es muß eine Störung bereits stattgefunden haben (siehe § 151: Der „Gestörte" wird geschützt).
2) Künftige Störungen sind zu befürchten; anderenfalls müßte und könnte der Richter nicht „schützen".

IV. Das Preußische Recht hat besonders bezüglich des Besitzes Einzelheiten aus dem älteren Gemeinen Recht, die sich in diesem selber nicht erhalten haben, übernommen. Eine große Bedeutung ist diesen aber nach der Art der so geschützten Tatbestände nicht eigen. Obwohl das ALR. ein in sich geschlossenes Ganzes mit selbständigen Ideen, ist daher die Rechtslage bezüglich der Unterlassungsklage die gleiche, wie im Gemeinen Recht.

§ 15.

Das Reichsrecht.

I. Die Gesetzgebung des Norddeutschen Bundes und des neuen Deutschen Reiches war auf dem durch Landesrechte, vor allen Dingen das französische Recht, geschaffenen und erweiterten Gebiete der im geltenden Rechte noch immer umstrittenen Persön-

---

1) Dafür, daß keine endgültige Klärung da war, siehe auch ALR. II 7 § 15.

2) Strafandrohung aber nur auf Antrag, siehe Förster-Eccius (7) III S. 96, 97 Anm. 78.

3) Siehe Allgemeine Gerichtsordnung tit. 24 § 54.

lichkeitsrechte und Immaterialgüterrechte schöpferisch tätig. So schuf das alte Handelsgesetzbuch Art. 27 eine Unterlassungsklage, die dem Firmenrecht und anderen von ihm abgeleiteten oder mit ihm verbundenen Rechten diese Art des Rechtsschutzes verlieh. Besonders aber das Gebiet des unlauteren Wettbewerbs, an dessen Ausbau die Praxis, an der Spitze das Reichsgericht, sich nicht gewagt hatte im Gegensatz zu den französischen Gerichten, die aus dem einen Artikel 1382 in rechtsschöpferischer Tätigkeit die ganze an das Recht auf die gewerbliche Tätigkeit anknüpfende Materie ausgebaut hatten, fand jetzt durch das Gesetz vom 27. Mai 1896 selbständige gesetzliche Regelung. Die §§ 1, Abs. 1, 6 Abs. 1, Satz 2, 8 Satz 2 formulierten in kasuistischer Form die Unterlassungsklagen — denn um solche handelt es sich, wie aus dem Begriff des Anspruches[1]) und dem § 13 dieses Gesetzes hervorgeht — die die „Gewerbetreibenden" haben. Das Recht am Gewerbebetrieb wurde als ein „wohlbegründetes Recht" aufgefaßt und dadurch die Betrachtung der Verhältnisse des Gewerbetreibenden zu den durch seine gewerbliche Tätigkeit gewonnenen Absatzbeziehungen ꝛc. in den Kreis der durch Rechtsmittel geschützten Wirtschaftssphäre gehoben[2]). Das Recht auf Gewerbefreiheit und Schutz gegen unlauteren Wettbewerb bilden auch die Interessen, zu deren Schutz das Reichsgericht Band 45, Nr. 13, S. 61 eine Unterlassungsklage gibt. Interessant ist diese Entscheidung, weil hier dieses Urteil aus einer indirekten Verletzung eines Rechts eine Unterlassungsklage gibt, so daß die Klage beinahe die Gestalt einer auf den Stand beschränkten actio popularis annimmt, insofern als jeder Gewerbetreibende, der ein der Art gleiches Gewerbe, wie das des unmittelbar Verletzten ist, betreibt, klagberechtigt ist. Jemand hatte ein Gebrauchsmuster für sich eintragen lassen. Kläger, der, ohne ein Gebrauchsmuster zu haben, dieselben Waren anfertigte, beantragte, weil die Waren nicht die Erfordernisse eines solchen hätten, dem Beklagten zu untersagen, die fraglichen Muster unter der Bezeichnung „gesetzlich geschützt" in den Verkehr zu bringen. Das Recht des Klägers zur erfolgreichen Anstellung dieser Klage

1) Siehe §§ 10 und 11.
2) So z. B. RG. 38 Nr. 43.

wurde aus dem durch § 1 GewO. anerkannten Recht auf freie gewerbliche Betätigung innerhalb der gesetzlichen Schranken hergeleitet. Ohne einen gesetzlichen Anhaltspunkt schuf auch die Praxis weitere Unterlassungsklagen zum Schutz von Persönlichkeitsrechten und Immaterialgüterrechten. Das Warenzeichengesetz vom 24. Mai 1894 erwähnte mit keinem Worte die Unterlassungsklage. Diese „Lücke" füllten die Gerichte analog den übrigen zum Schutz von Immaterialgüter- und Persönlichkeitsrechten gewährten Unterlassungsklagen aus[1]). Ebenso wurde das Rechtsmittel der Unterlassungsklage auf die Rechte am Gebrauchsmuster[2]), Patentrecht[3]), Urheberrecht ausgedehnt, meist mit der einfachen Behauptung, daß die gesetzlichen Unterlassungsklagen analoge Ausdehnung zu erfahren hätten.

II. In der Gestaltung des Zieles übernahm die Reichs-Zivil-Prozeß-Ordnung von 1877 die Regelung, wie sie sich landes- und gemeinrechtlich allgemach entwickelt hatte. Gemäß § 775 war der Schuldner, der urteilsmäßig eine Handlung zu unterlassen oder die Vornahme einer Handlung zu dulden hatte, wegen einer jeden Zuwiderhandlung auf Antrag des Gläubigers zu einer Geldstrafe bis zu 1500 M. oder Haft bis zu 6 Monaten zu verurteilen. Der Verurteilung zu der Strafe mußte eine Strafandrohung im Urteil oder nach diesem eine solche, die auf besondern Antrag erlassen wurde, vorhergehen. Hiermit war auch in der Frage, ob die Haftstrafe Vollstreckung der Unterlassung sein könne, eine gesetzliche Entscheidung getroffen, die mit der hier behaupteten geschichtlichen Entwicklung übereinstimmt.

III. Die Voraussetzungen waren, soweit sie in den einzelnen Gesetzen überhaupt erwähnt worden waren, gleichmäßig denen, wie sie früher übereinstimmend bestanden hatten. Allerdings erwähnte auch das UWG. von 1896 nicht die Besorgnis künftiger Beeinträchtigungen als Klagvoraussetzungen; dennoch ist diese aber beständig als Grundlage des Urteils angenommen worden[4]).

---

1) So RG. in PatMustZeichBl. 5, 154 u. a.

2) Seuffert 53 Nr. 195.

3) BolzePr. 8 Nr. 148.

4) Siehe so auch Art. 27 Altes HGB. und über diese Frage Abschnitt 1 § 9.

§ 16.

Ergebnis.

I. Die Geschichte der Unterlassungsklage ist eine doppelte: eine theoretische und eine praktische. Eine theoretische insofern, als sie gemäß dem Charakter der Unterlassungsklage als Abwehrklage die Auffassung der jeweiligen Rechtsordnung von den Rechten des einzelnen wiedergibt, eine praktische dadurch, daß sie die in höherem oder geringerem Grade vorhandene Technik der einzelnen Rechtsordnung in der Erreichung eines allen erörterten Rechtsordnungen gemeinsamen Zieles erkennen läßt. Was die theoretische betrifft, so muß das formale und materielle Element unterschieden werden. Formal hat die Unterlassungsklage in dieser Hinsicht überhaupt keine Geschichte. Immer war jedes absolute Recht durch eine Unterlassungsklage geschützt, immer nur bei einzelnen Schuldverhältnissen, vor allem denen, die einzig eine Unterlassungspflicht zum Inhalt hatten, eine Unterlassungsklage anerkannt. Materiell zeigt sich dagegen ein ständiges Anwachsen der Tatbestände, die die Grundlagen der Unterlassungsklage bilden. Die Zahl der Forderungsrechte, die anfangs gering war, hat sich durch die Zunahme der Verhältnisse, denen der individuelle, persönliche Gehalt abging, und in denen das typische, formularmäßige Gepräge hervortrat, wenn auch nicht stark, so doch von Epoche zu Epoche vermehrt. Die Steigerung der Zahl der absoluten Rechte, zu deren Schutzmittel die Unterlassungsklage zählte, bedeutet eine Vermehrung dieser Rechte überhaupt. Diese Vermehrung beherrschte der Gedanke der Persönlichkeit im Recht. War ursprünglich nur das, was körperlich dem einzelnen anzugehören schien, ihm auch rechtlich zugesprochen worden, so wurde es immer mehr klar, daß dadurch die Rechtssphäre des einzelnen nicht erschöpft sein konnte. Es kamen nunmehr hinzu als subjektive absolute Rechte diejenigen, welche das Wollen in bezug auf das Subjekt selbst zu einem Dürfen gestalten, die also die eigene Persönlichkeitssphäre betreffen, mag man sie überhaupt als Persönlichkeitsrechte oder nur zum Teil, zum anderen Teil als Immaterialgüterrechte bezeichnen. Die Unterlassungsklage erschien um so naturgemäßer, je eigenpersönlicher das absolute Recht, und um so berechtigter, je unpersönlicher und typischer das Schuldrecht wurde.

II. Auch in der praktischen Entwicklung der Unterlassungsklage haben wir die materielle und formale Seite zu unterscheiden. Materiell läßt sich hier von einer Entwicklung nicht sprechen; immer war implicite Inhalt des Urteils ein Unterlassungsgebot an den Beklagten, das vollstreckbar sein sollte. Hier beruht die Entwicklung in dem Formalen. Die Achtung vor der Freiheit des Willens des einzelnen verbot ursprünglich den unmittelbaren Zwang zu einem Handeln sowohl überhaupt, wie zu einer Unterlassung[1]). Je mehr der soziale Gehalt jeglicher persönlicher Verpflichtung anerkannt wurde, um so mehr verschwand diese Achtung. In immer direkterer, immer mehr der „solennitas" entbehrenden Weise trat der bleibende Gedanke des Zieles der Unterlassungsklage zutage. Charakteristisch ist aber, daß das Bestehen des unmittelbarsten Zwanges, eine Unterlassung herbeizuführen, des physischen Zwanges, der Inhaftierung, vielfach verneint worden und diese Art des Zwanges offenbar auch nur ganz selten wirklich eingetreten ist.

1) Die Entwicklung ist hier nur formal, da das im Text Genannte nur das Motiv bildet.

Abschnitt III.

Die Bedeutung der Unterlassungsklage im geltenden Recht.

§ 17.

Das Problem einer allgemeinen Unterlassungsklage.

I. Die Untersuchungen der ersten beiden Abschnitte haben Ergebnisse gebracht, die nach zwei Richtungen hin von Bedeutung sind. Der Abschnitt 1 hat durch die Erörterung des Begriffs und Wesens[1]) Aufschluß über den Zweck der Unterlassungsklage gegeben. Zweck der Unterlassungsklage ist, rechtlich anerkannte Machtverhältnisse[2]) in ihrem Bestande gegen künftige Eingriffe zu schützen. Aber hierbei haben wir gesehen, daß die einzelnen Unterlassungsklagen, die die Rechtsvorschriften ausdrücklich gewähren, diesem Zwecke in seiner ganzen Ausdehnung nicht entsprechen. Obwohl die Elemente, aus denen sich der Begriff zusammensetzt, der Anwendung weiteren Spielraum lassen. Die geschichtliche Entwicklung (Abschnitt 2) bringt, was den materiellen Gedanken anbelangt, diese Unebenheit unserer Gesetzgebung klar zur Erkenntnis. Der Begriff und damit auch der Zweck der Unterlassungsklage haben im wesentlichen schon durch das römische Recht ihren Charakter erhalten. Der Inhalt, den diese stets gleiche Form umhüllte, wuchs, je zahlreicher die Machtverhältnisse wurden, denen das Recht Anerkennung lieh, in demselben Maße und Umfange wie diese. Die Gesetzgebung des Deutschen Reiches begnügte sich damit, diese Gedanken in ihren einzelnen Anwendungsfällen aufrecht zu erhalten. Nun haben sich in den drei Jahrfünften seit Schaffung des BGB die Lebensverhältnisse zwar nicht verändert; aber die Gerichte haben auf manche Rechtsfrage Antwort geben müssen, an die 1896 niemand gedacht hat. Ich erwähne nur die zahlreichen Entscheidungen über die Kampfmaßregeln der Aussperrung und des Boykotts, die zivilrechtliche Bedeutung der An-

1) Über das Ergebnis siehe Abschnitt 1 § 10.

2) Auch die relativen Rechte sind, wenn auch nur mittelbar und sekundär, Machtverhältnisse.

griffe auf Ehre und Ruf, die unzähligen Erscheinungen des Wettbewerbs und die Auswüchse des unlauteren Wettbewerbs u. a. Hier waren Machtverhältnisse, bei denen das Recht um so nachhaltiger seine vorbeugende Wirkung entfalten mußte, sofern sie geschützt werden sollten, je leichter ihnen Verletzung drohte. Die Vielheit der einzelnen Fälle ergab für die wissenschaftliche Anschauung zum erstenmal das Problem: das Problem einer allgemeinen Unterlassungsklage. Dieses ist zuerst ausführlich behandelt worden von Eltzbacher in seinem zitierten Werke. Er stellt die Frage so: Gibt es eine allgemeine vorbeugende Klage, die Privatrechten aller Art, solchen auf ein Tun, wie auf ein Unterlassen, gegen drohende Verletzung Schutz verleiht, und kraft deren der Berechtigte ein gerichtliches Verbot der Verletzung, vielleicht verstärkt durch eine Strafandrohung, verlangen kann? Antwort: Es gibt eine solche Klage, aber nur zum Schutze der Rechte auf ein Unterlassen[1]). Die Fassung dieses Problems ist rein formal. In dieser Form gibt es keinen Aufschluß über den Umfang dieser Klage. Denn wann besteht ein Privatrecht, wann ein solches auf Unterlassen? Nun aber, wenn hierüber Einverständnis herrscht, läßt sich diese Frage formal aufstellen und ebenso beantworten. Andernfalls können gleiche Antworten ganz verschiedene Bedeutung haben. Die Bedeutung und die praktische Notwendigkeit der Lösung dieses Problems vom Standpunkt des geltenden Rechtes aus ist allgemein anerkannt worden. Indessen infolge der Vorfrage, wo ein subjektives Recht besteht, haben sich die verschiedenen abweichenden Meinungen und die teils Eltzbacher zustimmenden, teils ablehnenden und anders geartete Lösungsversuche ergeben. Eltzbacher nennt ein subjektives Recht die Tatsache, daß eine Rechtsvorschrift um jemandes willen andere einschränkt (Unterlassungsklage S. 104 ff.). Dieser Bestimmung haben sich die Schriftsteller, die sich mit der Frage der Unterlassungsklage beschäftigt haben, nicht angeschlossen[2]). Sie erkennen mit Ausnahme von Lau die Möglichkeit der Lösung dieses Problems vom Standpunkt des geltenden Rechts formal an, legen ihm aber

1) Ebenso auch jetzt Einführung in das Bürgerliche Recht 102.

2) Siehe Lau bei Gruchot, Bd. 47, besonders S. 503 ff.; Lehmann, besonders S. 124 ff.; Örtmann, DJZ. 1904 S. 418 ff.; siehe auch Stephan S. 144 ff., 154.

verschiedene inhaltliche Bedeutungen unter. Lau meint, daß nach dem Willen des Gesetzrechtes die einzelnen Fälle den Inhalt der Unterlassungsklage, soweit sie das heutige Recht anerkennen wollte, auch ausfüllten[1]). Eine Erweiterung des Anwendungsgebietes der Unterlassungsklage sei nur möglich durch Neubildung von subjektiven absoluten Rechten, die durch Anerkennung der Individualrechte zu geschehen hätte.

Eine Zerlegung des Problems in ein solches für die Forderungsrechte und die absoluten Rechte nehmen Lehmann und Örtmann vor[2]). Lehmann hält im Gebiet der Forderungsrechte bei vertraglichen Unterlassungsansprüchen ein Hinausgehen über die gesetzlichen Unterlassungsklagen nur dann für möglich, wenn der Parteiwille eine Abweichung von den gesetzlichen Einzelheiten hat erkennen lassen. Im Gebiet der unerlaubten Handlung ist nach seiner Ansicht eine Unterlassungsklage nur insoweit vorhanden, als sie aus § 249 BGB. begründet werden kann[3]). Ich habe im Abschnitt 1 § 4 S. 21 ff., 34 diese Ansichten erörtert und zu widerlegen versucht. Ich brauche daher auf diese Theorien, die für oder gegen die Unterlassungsklage nicht von Bedeutung sind, hier nicht näher einzugehen. Für die absoluten Rechte nehmen diese Schriftsteller das Bestehen einer allgemeinen Unterlassungsklage an. Sie haben einen engeren Begriff des subjektiven Rechts als Eltzbacher, der nach ihrer Ansicht den Unterschied von subjektivem Recht und Interesse und hierdurch das Verhältnis von § 823 Satz 1 zu seinem 2. Absatz BGB. nicht beachtet, und erklären die Erweiterung des Anwendungsgebietes der Unterlassungsklage ebenso wie Lau nur für möglich durch vermehrte Anerkennung der Persönlichkeitsrechte, die nach Örtmann mit dem geltenden Gesetzesrecht nicht unbedingt vereinbar ist[4]).

Auf eine andere Basis haben das Reichsgericht und hinsichtlich

1) Siehe besonders Lau a. a. O. S. 503, 504, 508.

2) Siehe auch Mannhardt, DJZ. 1903, 417.

3) a. a. O. 223, Örtmann, DJZ. 1904, 622 und Kommentar zum Recht der Schuldverhältnisse 1049; ebenso Lau a. a. O. 505; Stephan 155; dagegen Eltzbacher S. 215, 216; v. Blume in Festgabe für Güterbock, Unterlassungsanspruch und Unterlassungsklage 392—394.

4) Siehe dagegen Lehmann S. 127, 128. Wegen des Begriffs des subjektiven Rechts siehe § 19 dieses Abschnitts.

der prozessualen Bedeutung Hellwig das Problem einer allgemeinen Unterlassungsklage gestellt. Das Reichsgericht hat vielfach den Satz aufgestellt, daß überall, wo ein unerlaubtes Verhalten bereits verwirklicht worden ist und weitere Beeinträchtigungen drohen, auf Unterlassung geklagt werden kann, wo also mit der Klage die Fortsetzung oder Vollendung der verübten, bzw. begonnenen Schädigung verhütet werden soll. Dieser Satz ist ursprünglich auf die §§ 823 ff.[1]), 826[2]) BGB. gestützt worden. Das Reichsgericht hat aber die Erfordernisse der §§ 823 ff., 826: Verschulden des Verletzers, Eintritt eines Schadens, fallen gelassen und hat, wie bei den absoluten Rechten, objektive Widerrechtlichkeit des beeinträchtigenden Verhaltens für ausreichend zur Anstellung der Unterlassungsklage erklärt. Eine derartige Auffassung ließ sich nicht aus den zitierten Paragraphen begründen[3]). Den Grund sah das Reichsgericht in einer Analogie zu §§ 12, 862, 1004 BGB.[4]). Diese Analogie beruht nicht auf der Tatsache, daß eine größere Anzahl von Tatbeständen als subjektive absolute Rechte zu gelten haben, weil ihnen die gleichen tatsächlich bestimmten rechtsschutzwürdigen und irgendwie rechtlich anerkannten Elemente eigen sind, wie den von der Gesetzgebung erkannten subjektiven absoluten Rechten. Vielmehr läßt es die Unterlassungsklage zu, zum Schutz jedes rechtlich geschützten Gutes, dessen rechtliche Anerkennung dadurch erfolgt ist, daß sich an seine Verletzung eine Schadenersatzpflicht knüpft. Sind ihm also die Vorschriften über die „unerlaubten Handlungen" nicht mehr Rechtsgrund, sondern nur ein Symptom, so ist die Unterlassungsklage doch ein Analogon zur Deliktsklage, als Klage aus rechtswidrigem Verhalten. Diesen Grundsatz hat Enneccerus jetzt dahin formuliert: Jeder auch nur objektive rechtswidrige Eingriff in ein vom Gesetz geschütztes Gut berechtigt zu einer Klage auf Unterlassung, wenn weitere Eingriffe zu befürchten sind[5]). Diese

---

1) Grundlegend RG. 48 Nr. 29 III, 118—120; siehe auch Kohler, Bürgerliches Recht 2 S. 484, 533; Fuld, Sächs. Arch. 12, 257 ff. und Arch. für öff. Recht, 22, 369 ff.

2) Wegen § 826 und der hierauf begründeten Unterlassungsklage siehe unten.

3) Siehe RG. 57 S. 241, 242; 67 S. 152, 153.

4) RG. 60, 7; 61, 369.

5) Lehrbuch Bd. 1 Abt. 2 (4./5.) S. 631, 633.

Fassung ist verschieden von der Eltzbachers, weil nach Enneccerus das Prinzip, das aus den einzelnen Vorschriften hervorgeht, sich nicht auf die Verletzung subjektiver Rechte erstreckt. Enneccerus eliminiert also aus der Frage und ihrer Lösung die Vorfrage nach dem Bestehen eines subjektiven Rechtes. Dies meines Erachtens mit Unrecht. Denn die Tatsachen sowohl, die er im einzelnen als Erfordernisse der Unterlassungsklage anführt, wie auch die Analogie zeigen, daß das Problem nur im Sinne Eltzbachers gestellt werden kann. Zunächst das rechtswidrige Verhalten als Entstehungsgrund der Unterlassungsklage. Wenn ein Verhalten rechtswidrig ist, so heißt das: Das Verhalten widerspricht einem Gebote der Rechtsordnung. Daraus kann der Verletzte, sofern ein Schaden eingetreten ist, Ersatz verlangen. Wenn nun Wiederholungen dieses rechtswidrigen Verhaltens drohen, so genügt es doch nicht vorzubringen: Der Beklagte hat den Kläger schon einmal beeinträchtigt. Es muß klargelegt werden, in welchem rechtlichen Dürfen dieser Kläger beeinträchtigt worden ist. Die Schadensersatzpflicht knüpft an daran, daß ein schädigender Zustand eingetreten ist, also an einen reparaturbedürftigen Zustand[1]). An die Folgen des rechtswidrigen Verhaltens, nicht an dieses selbst. Wenn das rechtswidrige Verhalten schon als solches jemanden beeinträchtigt, so muß eine Machtbeziehung, die beeinträchtigt wird, bereits vor dessen Eintritt bestanden haben. Drohen Fortsetzung oder Wiederholungen dieses Verhaltens, so wird weiterhin die Machtbeziehung beeinträchtigt. Reagiert diese auf objektive Widerrechtlichkeit und durch die Unterlassungsklage, so spricht die Rechtslehre seit jeher von einem subjektiven absoluten Recht. Dieser Gedanke durchzieht die gesamte Entwicklung der Unterlassungsklage seit dem römischen Recht her. Das, was durch die Unterlassungsklage geschützt wird, ist also nicht das Gut, sondern die Beziehung zu diesem Gute. Wenn bestimmte Folgen anerkannt werden, so muß auch deren Ursache Anerkennung finden. Die Praxis hat unmittelbar nur mit den Folgen zu tun. Aber dadurch, daß sie die Folgen will, erkennt sie die Ursache an. Die Ansicht des Reichsgerichts führt also, wie gerade die Deduktion von Enneccerus beweist,

---

1) Siehe hierüber auch diesen Abschnitt § 19 S. 137.

auf den Begriff der absoluten Rechte zurück. Die Fassung von Enneccerus weicht nur äußerlich von der Eltzbachers ab. Aber auch die Analogie verbietet den Gedanken, auf den Enneccerus das Problem begründet. Die beiden Einzelfälle, in denen das gemeinsame Prinzip hervortritt, sind:

1) die Gewährung eines absoluten Rechtes enthält das Verbot an alle anderen, den Berechtigten zu stören. Infolge eines Eingriffs, der Wiederholung befürchten läßt, kann auf Unterlassung geklagt werden;

2) eine Vorschrift, welche an eine schuldhafte Handlung eine Schadensersatzpflicht knüpft, spricht zugleich stillschweigend aus, daß diese Handlung verboten sein soll. Nach Analogie der Bestimmungen für die absoluten Rechte kann hier auf Unterlassung geklagt werden.

Ich halte diesen Schluß für unvollkommen und daher unzulässig. Im Abschnitt I S. 6 ist ausgeführt worden, daß nicht jede Handlung, die verboten ist, für den einzelnen eine Rechtspflicht, die Handlung zu unterlassen, für den anderen ein Recht, die Unterlassung der Handlung verlangen zu dürfen, begründet. Dieser Fall tritt für privatrechtlich bedeutsame Pflichten dann ein, wenn es sich um den Schutz einer Macht eines anderen handelt. Aber auch wenn man der hier vertretenen Zuspitzung des Pflichtbegriffes nicht zustimmt, führt folgende Beweisführung zu demselben Ziel: Der Unterlassungsanspruch entsteht n i c h t aus rechtswidrigem Verhalten[1]). Folglich handelt es sich nicht um ein Prinzip, das für zwei Fälle gilt, sondern um e i n e n doppelt ausgedrückten Fall. Hiernach scheidet also die Fassung des Reichsgerichts (trotz der Formulierung und Begründung von Enneccerus) für das Problem einer allgemeinen Unterlassungsklage aus.

Hellwig[2]) befaßt sich nur mit der prozessualen Verwirklichung dieses Problems und läßt im übrigen die materielle Frage unberücksichtigt. Er stützt seine Lehre auf § 259 ZPO. Da Leistung

---

1) Daher kommt auch hinsichtlich der Verjährung nicht die Vorschrift des § 852 BGB. zur Anwendung. Anderer Ansicht RG. in LeipzZ. 2, 599 Nr. 25; Enneccerus, Lehrb. Bd. 1 Abt. 2, 633 II; Örtmann, Kommentar zum Recht der Schuldverhältnisse, S. 1146.

2) Anspruch und Klagrecht 388 ff. und Lehrb. des Civilprozeßrechts 1 § 57, 373—375; System, S. 269 ff.

auch die Unterlassung sein kann, so behauptet er, daß diese Bestimmung über die Einzelbestimmungen des BGB. in dem Erfordernis der vorgängigen Verletzung vor Klagbarkeit hinausgehe und diese Einzelbestimmungen daher überflüssig mache. Ich habe meine Auffassung des § 259 ZPO. bereits im Abschnitt I S. 53 Anm. 1 angegeben, nach welcher dieser Paragraph für die Unterlassungsfrage überhaupt nicht in Frage kommt. Ich brauche daher diese Lehre hier nicht noch einmal zu erörtern[1]).

Die Formulierung und der Lösungsversuch des Problems von Eltzbacher sind daher die einzigen, welche den technisch-juristischen Einwänden gegenüber standhalten.

II. Mein prinzipielles Verhältnis zu diesem Problem lassen die Untersuchungen über den Begriff der Unterlassungsklage bereits erkennen. Ein solches Problem ist in unserer Rechtsordnung nicht möglich. Ich habe im Abschnitt 1 ausgeführt, daß im ganzen Rechtsgebiet, z. B. im Familienrecht, im Erbrecht — ich scheide das innere Verhältnis der Miterben zueinander hier noch aus — eine materielle Grundlage für die Unterlassungsklage nicht besteht, daß besonders aber die eine große Gruppe der Rechtsbeziehungen, zu deren Schutzmitteln die Unterlassungsklage rechnet, nämlich die schuldrechtlichen und Teile der personenrechtlichen Beziehungen nicht gleichmäßig und einheitlich beurteilt werden dürfen. Da hiernach die relativen Rechte einer von den vielgestaltigen Besonderheiten des einzelnen Falles absehenden abstrakten Wertung nicht fähig sind, aber auch die Prüfung des konkreten Verhältnisses beweist, daß das allen diesen Rechtsverhältnissen Gemeine nur die Negierung des „Allgemeinen" ist, so kann füglich von dem Problem einer allgemeinen, also das gesamte Privatrecht erfassenden Unterlassungsklage nicht gesprochen werden. Das Anwendungsgebiet der Unterlassungsklage beschränkt sich also auf die drei Arten der relativen Rechtsbeziehungen und die absoluten Rechte. In diesen

1) Für die Hellwigsche Lehre mit Einschränkungen: Mannhardt (nur für Schuldverhältnisse) a. a. O. 417. Ebenso für Unterlassungsanspruch aus Rechtsgeschäft Enneccerus Bd. 1 Abt. 2, 633 III; dagegen Stein, Voraussetzungen des Rechtsschutzes 119 (§ 259 bezieht sich nur auf positive Leistungen); Eltzbacher 86—90 (§ 259 gewähre nur ausnahmsweise eine Klage vor Eintritt der Fälligkeit des Anspruchs, sei daher nicht vorbeugende Klage); Hölder, Über Ansprüche und Einreden 32—33; v. Blume in Festgabe für Güterbock 397; Stephan 68—71.

Rechtsgebieten ist die Unterlassungsklage nach Zweck und Begriff dieselbe Klage [1]). Einzelheiten wie die, daß den drei wesensgleichen gesetzlichen Fällen der Unterlassungsklage im Schuldrecht eine Abmahnung vorausgeht, und die daraus sich ergebende Frage, ob dies für alle Fälle zu gelten hat, sind bei der Darstellung der Bedeutung der Unterlassungsklage in den relativen Rechten zu prüfen. Für die absoluten Rechte besteht die Darstellung der Bedeutung der Unterlassungsklage in einer Aufzählung der absoluten Rechte. Besonderheiten einzelner Klagen bestehen hierbei nicht.

III. Über die genannten Rechtsgebiete hinaus geht die Bedeutung der Unterlassungsklage, die von der Praxis ganz allgemein zum Schutz vor gegen „die guten Sitten" verstoßende Beeinträchtigungen ausgebildet worden ist [2]). Die Klage geht auf das Prinzip des § 826 BGB. zurück. Die Tatsache, daß wegen eines Verstoßes gegen „die guten Sitten" auf Unterlassung geklagt werden kann, hat Anerkennung gefunden im § 1 UWG. Diese Klage beschränkt sich auf Handlungen, die „im geschäftlichen Verkehr zu Zwecken des Wettbewerbs" vorgenommen werden. Es ist aber zweckmäßig und in der weitgehenden Anerkennung des Prinzips durch § 826 BGB. begründet, die Unterlassungsklage auch in dem Umfange, wie er hier angegeben wurde, zu gewähren. Diese Unterlassungsklage besteht nicht zum Schutz eines absoluten Rechts [3]), entspringt nicht aus rechtswidrigem Verhalten [4]). Denn sie besteht nicht, um einen Angriff auf eine Beziehung zu einem Rechtsgut abzuhalten: sie schützt Kulturgüter [5]). Für den Begriff der guten Sitten gilt das, was im Abschnitt I a. a. O. dazu ausgeführt worden ist [6]). Die Bedeutung dieser Unterlassungsklage

1) Anderer Ansicht Enneccerus Bd. 1 Abt. 2 § 465 III für die auf Rechtsgeschäft beruhende Unterlassungsklage.

2) Hiergegen Örtmann, Kommentar zum Recht der Schuldverhältnisse 1082 Nr. 5 und enger als der Text auch RG. in JW. 1908 38.

3) Siehe Abschnitt 1 S. 40, 41. Dagegen Eltzbacher, Handlungsfähigkeit 333 und Unterlassungsklage 121—145 und Einführung in das Bürgerliche Recht 153; Lehmann 127; v. Blume a. a, O. S. 385, 386; Enneccerus 1 Abt. 2 § 465 Anm. 11.

4) Enneccerus a. a. O. § 465 und § 453 Anm. 9.

5) Kohler, Bürgerliches Recht 2, S. 533, 534.

6) Gegen die guten Sitten verstößt die Handlung, die dem, was im

läßt sich nicht im einzelnen darstellen. Sie kann in jedem Verhältnis bestehen, das überhaupt rechtlicher Regelung fähig ist. Es ist daher nach meinem Dafürhalten unrichtig, Gruppierungen aufzustellen[1]). Dieselbe Handlung, die in diesem Zusammenhang gegen „die guten Sitten" verstößt, braucht es in anderem Zusammenhang nicht zu tun. Denn nur aus dem konkreten Verhältnis läßt sich hier die Entscheidung begründen. Andererseits kommen aber auch nicht nur bestimmte Güter in Frage als Kulturgüter; denn jedes Recht erkennt nur diejenigen Güter als solche an, für die die Notwendigkeit des Rechtsschutzes den wirtschaftlichen sozialen, ethischen und religiösen Anschauungen entspricht. Hiernach ist jedes Rechtsgut zugleich in seiner inneren Notwendigkeit Kulturgut, aber nicht jedes Kulturgut ist Rechtsgut. Gerade in dieser Hinsicht ist die Unterlassungsklage, die dem Prinzip des § 826 BGB. entnommen ist, von besonderer Bedeutung. Sie greift durch gegenüber jedweder Rechtsvorschrift, gegenüber jeder Tatsache, die in dem konkreten Fall nur aus formellen Gründen das „Recht" bildet[2]). In dieser Beziehung bildet sie ein vorzügliches Mittel, das Gesetz fortzuentwickeln und den Einklang von Recht und Kultur zu erhalten und zu erhöhen.

IV. Die Prüfung der Bedeutung der Unterlassungsklage im einzelnen hat sich daher auf die drei Arten der relativen Rechte und die absoluten Rechte zu beschränken. Mithin kann die nachfolgende Untersuchung nur darauf gerichtet sein: Festzustellen, welche Rechte überhaupt durch eine Unterlassungsklage geschützt sein können, und dann zu prüfen, in welchem Umfange die Unterlassungsklage bei diesen Rechten auch tatsächlich zur Anwendung gelangt. Gemäß dem Verfahren des ersten Abschnitts ist auch hier für das Gebiet der relativen und der absoluten Rechte gesondert vorzugehen. Zunächst werden das Recht der Schuldverhältnisse und die aus den beiden Arten der personenrechtlichen Beziehungen sich ergebenden Verhältnisse erörtert werden.

---

gegenwärtigen Falle nach der Überzeugung des Rechtsprechenden Recht ist, widerstreitet.

1) So Enneccerus a. a. O. § 453 III.

2) Grundlegend Dernburg, DJZ. 1905 465 ff.

§ 18.

Die Bedeutung der Unterlassungsklage im Gebiet der relativen Rechte.

I. Zufolge dem im Abschnitt I S. 21ff., 24ff. aufgestellten Prinzip scheiden aus alle einseitigen Verträge, die nicht durch eine Dauerunterlassung erfüllt werden, sowie auch die zweiseitigen Verträge, in denen kein Teil zu einer Dauerunterlassung verpflichtet ist, weil diese entweder nicht den Zweck des Schuldverhältnisses erfüllt, oder weil dem anderen Teil keine Verpflichtung zu einem fortgesetzten Tun obliegt, auf der die Dauerunterlassungspflicht des Gegners beruht. Dennoch ist es aber nicht möglich, alle schuldrechtlichen Rechtsbeziehungen aufzuzählen, in denen die Unterlassungsklage besteht. Aus dem Grunde nicht, weil gemäß dem Prinzip der Vertragsfreiheit soundso viele Rechtsverhältnisse gestaltet werden können, die vom Gesetz nicht einzeln geregelt sind, deren Besonderheit vielmehr nur durch die Zulässigkeit im Rahmen der allgemeinen Vorschriften des Schuldrechts umschrieben ist. Mithin gelangen hier nur zur Erörterung die vom Gesetz genannten oder im Verkehr, insbesondere dem Handelsverkehr ausgebildeten Typen von Schuldverhältnissen. Diese sind:

1) Der Miet- bzw. Pachtvertrag.

Dies ist in einer der wenigen Verträge, für die das Gesetz ausdrücklich eine Unterlassungsklage gewährt, und zwar steht dieses Klagrecht zu: dem Vermieter gegen den Mieter (§ 550 BGB.). Eine weitere Unterlassungsklage besteht auf Grund des § 577 BGB. für den Mieter gegen den ihn im vertragsmäßigen Gebrauch beschränkenden Drittberechtigten. Die erstgenannte Unterlassungsklage beruht auf der Verpflichtung des Mieters zum vertragsmäßigen Gebrauch. Bei der Herausschälung der Bedeutung dieser Mietsklage werden wir zwei Arten der Mietverträge zu unterscheiden haben. Zunächst die kurzfristigen Mietverträge. Beispiel: Miete eines Zimmers im Hotel auf einer Reise. Wenn der Gast, also der Mieter, auf irgendwelche Art von dem Zimmer einen vertragswidrigen Gebrauch macht, so wird ihn der Vermieter bitten, dies künftig zu unterlassen, sofern das Mietsverhältnis überhaupt noch dauert. Nur unter dieser Voraussetzung besteht überhaupt eine Dauerunterlassungspflicht[1]). Handelt der Mieter dann dieser Aufforderung trotzdem zuwider, so wird ihm der Vermieter entweder kündigen oder stillschweigend den vertragswidrigen Gebrauch dulden, je nachdem wie sich der vertragswidrige Gebrauch und das Interesse des Vermieters an dem Bestehen des Mietsverhältnisses zueinander verhalten. Auf keinen Fall aber wird er die Unterlassungsklage anstrengen. Denn es würde dies seinem Ruf mehr schaden, als nützen. Anders ist die Sachlage bei langfristigen Mietverträgen, z. B. Wohnungsmiete auf mehrere Jahre. Wenn der Mieter die Räume vertragswidrig benutzt, z. B. Wohnräume völlig zu Geschäftszwecken benutzt, oder Türen und Seitenwände ausbricht und hiermit gegen den ausdrücklichen Willen des Vermieters handelt, so kann hier die Unterlassungsklage zur Anwendung gelangen. Ob im bürgerlichen Leben diese Unterlassungsklage zwischen Vermieter und Mieter häufig ist, mag dahinstehen. Häufiger jedenfalls wird diese Klage in den Fällen sein, in denen Räume zu gewerblichen Zwecken gemietet werden. Wenn, wie es in den Orten, die nicht besondere Geschäftshäuser oder Geschäftsviertel haben, wahrscheinlich öfters vorkommt, der Vermieter die Räume für das Geschäft des Mieters besonders herrichten läßt, so wird ihm natürlich daran gelegen sein, daß derselbe Mieter diese Räume möglichst lange inne hat. Entstehen hier daher Streitigkeiten in bezug auf den vertragsmäßigen Gebrauch der Mieträume, so ist dies ein Fall, in dem die Unterlassungsklage als gegeben erscheint. Dieser Fall ist nicht vereinzelt; es wird sicherlich eine große Variation solcher Fälle geben. Hiernach kann die Unterlassungsklage im Gewerbsleben mehr als bei den langfristigen Mietsverträgen des bürgerlichen Lebens von Bedeutung sein. Die zweite Unterlassungsklage des Mietrechts, die des Mieters gegen den Drittberechtigten, kann sich entsprechend den Bedingnissen der ihr zugrunde liegenden Tatsachen nicht mit der erstgenannten Unterlassungsklage messen. Die gleichen Unterlassungsklagen bestehen auch bei dem Pachtvertrag. Dagegen kann die Einschränkung, die für die kurzfristigen Mietverträge gemacht wurde, hier nicht gelten. Denn solche Pachtverträge sind (s. auch das Verhältnis von § 595 zu § 565 BGB.) nicht recht denkbar.

---

1) Siehe Abschnitt I S. 33 Anm. 3.

Die Unterlassungsklage des Eigentümers gegen den Nießbrauch auf Grund des § 1053 beruht auf denselben Tatsachen, wie die Klage aus § 550 BGB. Hierfür wird das gleiche gelten, wie für die Pachtverträge[1]).

2) Die Leihe.

Was den Leihvertrag anlangt, so sind bereits im ersten Abschnitt S. 27, S. 30 einzelne Beispiele beigebracht worden, aus denen die Verschiedenheit der rechtlich als Leihverträge charakterisierten Tatbestände hervorgeht. Zufolge dem aufgestellten Prinzip können nur solche Fälle der Leihe in Betracht kommen, in denen die Verpflichtung des Verleihers, dem Entleiher den Gebrauch der Sachen unentgeltlich zu gestatten, eine fortgesetzte Handlung bildet. In diesen Fällen besteht dann eine Unterlassungsklage des Verleihers gegen den Entleiher[2]). In denselben Fällen besteht dann auch, da ebenfalls dem Entleiher eine fortgesetzte Handlung obliegt, eine Unterlassungsklage des Entleihers gegen den Verleiher. Diesen Unterlassungsklagen kann aber ebensowenig eine Bedeutung beigelegt werden, wie der Leihe als Rechtsinstitut überhaupt. Was im Leben als Leihe immer noch bezeichnet wird, untersteht den Bestimmungen des Mietrechtes. Und sofern wirklich ein Tatbestand rechtlich unter den Begriff der Leihe zu bringen ist, mangelt es wiederum daran, daß die Parteien zur Schlichtung ihres Streites das Gericht anrufen werden. Der Leihvertrag trägt, obwohl er nicht stets als Gefälligkeit des Verleihers aufzufassen ist, doch stets den Stempel des persönlichen Vertrauens. Ausgeschlossen ist aber auch hiernach nicht, daß das von Rechts wegen für die Leihe bestehende Schutzmittel tatsächlich als solches vorkommt. Vorstehende Erwägungen können nur ausgehen von dem theoretischen Überdenken des Wahrscheinlichen.

3) Der Dienstvertrag.

Auch im Dienstvertrag bestehen für beide Teile Unterlassungsklagen. An diesen Vertrag knüpft eine Streitfrage an, die theoretisch das Bestehen der Dauerunterlassungspflicht im Schuldrecht überhaupt betrifft, praktisch die Folgen der einen oder

1) Unter gleichen Umständen hat der Verpfänder auf Grund des § 1217 BGB. eine Unterlassungsklage gegen den Pfandgläubiger.

2) Das „Gestatten" des Verleihers wird aber nur in seltenen Fällen so kombiniert sein, daß eine Grundlage für die Unterlassungsklage gegeben ist.

anderen Ansicht an einem Beispiel, das ich sofort nennen werde, erörtert und in dieser letzteren Beziehung hier zu untersuchen ist. Die Frage ist die: Hat der Prinzipal einen Unterlassungsanspruch gegen seinen Angestellten[1]? Das Reichsgericht hat diesen Anspruch auf Grund des § 611 BGB., wonach der Angestellte seine Arbeitskraft zur Verfügung des Prinzipals halten müsse, anfänglich anerkannt. Es hat diesen Anspruch auf das ausschließliche Recht des Prinzipals auf die Arbeitskraft des Angestellten gestützt. Diese Ansicht rief eine Kontroverse hervor[2], in der gegen die Konstruktion des Reichsgerichts u. a. geltend gemacht wurde: § 888 Abs. 2 ZPO. würde bei der Vollstreckung eines solchen Urteils nach § 890 illusorisch werden. Ferner zog Fuchs folgende abschreckende Schlüsse: beide Prinzipale klagen — angenommen also, der Angestellte verläßt während seiner Vertragszeit den einen Prinzipal und tritt in Dienst bei einem anderen — gegen den Angestellten auf Unterlassung, so daß der Unglückliche der Spielball zweier Konkurrenten sei und gar nicht mehr wissen würde, was er tun sollte[3]. Neuerdings haben nun die vereinigten Zivilsenate des Reichsgerichts dem Prinzipal in dem genannten typischen Fall die Unterlassungsklage gegen den Angestellten versagt[4] mit der Erklärung, die Vertragspflichten des Angestellten seien nur ein positives Tun, die als selbstverständlich in sich die Notwendigkeit für den Angestellten trügen, alles mit seiner Verpflichtung Unvereinbare zu unterlassen. Diese Negative sei aber nicht Inhalt der Leistung. Der Prinzipal könne nicht verlangen, daß der Beklagte seine Arbeitskraft brach liegen lasse. Anders sei es aber, wenn auf Grund ausdrücklicher oder aus den Umständen zu entnehmender stillschweigender Vereinbarung ein Unterlassungsanspruch des Prinzipals bestehe[5]. Diese Ansicht entspricht nicht der hier vertretenen Überzeugung hinsichtlich des Zwecks der Dauerunter-

1) RG. 67 S. 4 und 5.

2) Für die Ansicht des Reichsgerichts Böhm, JW. 1909 S. 9; Holländer, JW. 1909 S. 93, 94 und Danziger in Leipz.Z. 2, 204 ff.; dagegen Eugen Fuchs in JW. 1908 S. 700, 701; Baum in JW. 1912 S. 664, 665 jetzt auch bezüglich § 890 ZPO. zu § 888 II.

3) Hiergegen hat bereits Holländer a. a. O. mit Recht den Gedanken des Unvermögens des Angestellten geltend gemacht.

4) RG. 72 S. 393, 394.

5) Dieser Entscheidung folgt RG. in LeipzZ. 4, 626 Nr. 1.

lassungspflicht im Schuldrecht und hinsichtlich der Bedeutung der stillschweigenden Willenserklärung (s. Abschnitt I S. 22ff. und 27). Die positiven Pflichten dessen, welcher die Dienstleistung zu fordern hat — ich nenne ihn hier kurz den Berechtigten — bestehen nicht nur darin, daß er die vereinbarte Vergütung zu leisten hat, er hat besonders gemäß § 618 Abs. 1 BGB. eine große Zahl von regelmäßigen wichtigen Verbindlichkeiten zu erfüllen, die in positiver Leistung bestehen müssen. Wenn nun gar in einem Dienstverhältnis der Verpflichtete in die häusliche Gemeinschaft des Berechtigten aufgenommen ist, so besteht gemäß § 617 und § 618 Abs. 2 BGB. eine noch größere Zahl von Pflichten zu positiven Handlungen. Diese Tatsache zeigt, daß der Dienstvertrag die Erfordernisse, welche in Abschnitt I für die Annahme einer Dauerunterlassungspflicht in Schuldverträgen aufgestellt wurden, auch wirklich enthält. Darüber, daß der zur Dienstleistung Verpflichtete positive Leistungen fortgesetzt schuldet, bedarf es keiner Erörterung. Demnach besteht nach unserer Ansicht im Dienstvertrage für beide Teile die Unterlassungsklage.

Die Entscheidungen des Reichsgerichts in dieser Frage sind an dieser Stelle in zweifacher Beziehung von Interesse. Zunächst durch die Gründe, mit denen das Reichsgericht früher die Unterlassungsklage gewährt und jetzt durch Beschluß der vereinigten Senate verneint hat. Der klar ausgesprochene Grund der früheren Ansicht war die Anerkennung eines ausschließlichen Rechtes des Prinzipals auf die Arbeitskraft des Angestellten, das Unbehagen an einer solchen Konstruktion offenbar der Grund, aus dem das Reichsgericht seine Ansicht geändert hat. Diese Begründung für die Unterlassungsklage ist nun allerdings nicht annehmbar. Die Arbeitskraft ist der Mensch überhaupt. Ein ausschließliches Recht in dieser Art ist für das moderne Erwerbsleben undenkbar[1]), wie auch in der modernen Volkswirtschaftslehre die Scheidung von Arbeitsleistung und Arbeitskraft und hiernach die Ausscheidung der letzteren als Gegenstand des Wirtschaftsverkehrs anerkannt ist[2]). Die Unterlassungsklage hat mit einem solchen Recht gar

1) Ausnahme das Gesinderecht.

2) Eine solche Unterlassungsklage würde auch niemals eine Klage aus Dienstvertrag sein.

nichts zu tun. Sieht nun das Reichsgericht als Folge der Gewährung einer Unterlassungsklage des Prinzipals gegen den Angestellten an, daß die Arbeitskraft des letzteren brach liegen würde, und lehnt es aus diesem Grunde die Unterlassungsklage ab, so ist das sicher nicht zutreffend. Wenn dem Angestellten auch durch die Unterlassungsklage verwehrt werden soll, einem anderen, als dem Kläger, Dienste zu leisten, so wird ihm doch nicht die Möglichkeit abgeschnitten, für den Kläger entsprechend dem Anstellungsvertrage tätig zu sein. Tut er dies nicht, dann kann man nicht sagen, daß das Verhalten des Klägers ihn an der Nutzbarmachung seiner Arbeitskraft verhindere. Nimmt aber der Prinzipal die ihm wieder angebotenen Dienste nicht an, so kann für den Angestellten daraus ein Recht zur Kündigung ohne Kündigungsfrist entstehen. In keinem Fall aber besteht ein Anlaß, die Folgerung des Reichsgerichts zu ziehen. Nicht nur mit der Einschränkung, mit der auch das Reichsgericht dem Prinzipal eine Unterlassungsklage gewähren will, sondern überhaupt kraft gesetzlicher Bestimmungen besteht hiernach diese Klage. Sie ist von sehr großer Bedeutung — dies die zweite Beziehung, in der auch die genannte Kontroverse einen Fingerzeig gewährt. Auch hier ist klar, daß die Bedeutung der Unterlassungsklage nur auf dem Gebiete des Gewerbeverkehrs vorhanden ist. Sehen wir uns die Dienstverträge des allgemeinen Verkehrs an, z. B. einen Vertrag mit einem Hauslehrer (dieser soll keinem anderen Unterricht erteilen) oder Verträge mit der sogenannten Stütze[1]), überhaupt all die Verträge, die aus den kleinen, das persönliche Verhältnis berücksichtigenden Beziehungen hervorgehen können: in diesen werden in der Regel die Leistungen dessen, der Dienste zusagt, also das sachliche Moment das persönliche Moment, d. h. die Ansicht des Berechtigten über die persönlichen Eigenschaften des Verpflichteten nicht zurückdrängen. Beide werden dem Dienstherrn von gleichem Werte sein. Tut daher in einem solchen Verhältnis der zur Dienstleistung verpflichtete Teil etwas dem Vertrag in hohem Maße Zuwiderlaufendes, so wird meist der Dienstherr, wenn eine Änderung des Verhaltens auf

1) Über Dienstbotenverträge siehe unten.

Grund privater Versuche nicht abzusehen ist oder nicht eintritt, dem anderen Teil kündigen. Gleiches darf, wenn auch in geringerem Maße, für den umgekehrten Fall (Vertragsbruch des Berechtigten) gelten, sofern nicht das materielle Interesse des zur Dienstleistung Verpflichteten diesem allein ausschlaggebend ist. Anders liegt die Sache in Verhältnissen, die teilweise in dieser bestimmten Gestalt nur im Handelsverkehr vorkommen, teilweise aber auch nur die Leistung losgelöst von der Persönlichkeit des Leistenden als Vertragsgegenstand berücksichtigen. Der erste Fall liegt vor in dem genannten typischen Beispiel, von dem wir an dieser Stelle ausgegangen sind. Jeder Angestellte kann in dem Betriebe seines Prinzipals, wenn auch nicht gerade Betriebsgeheimnisse, so doch Besonderheiten der Organisation, der Geschäftsprinzipien u. a. kennen lernen, denen das Geschäft seinen Ruf verdankt, und die es sich daher wahren möchte. Aber auch allein die Tatsache, daß der Angestellte seinen Posten sachlich ausfüllt, kann trotz aller Sympathie und Antipathie in einem solchen Dienstverhältnis vollauf genügen. Begeht daher der Angestellte eine Vertragswidrigkeit, so kann das Interesse des Prinzipals weit besser gewahrt und geschützt sein durch die mögliche Nichtwiederholung der vertragswidrigen Handlung infolge des Zwanges der Unterlassungsklage, als durch die Unmöglichkeit der Wiederholung infolge der Kündigung. Zu der zweiten Gattung rechne ich die Verträge, die z. B. mit großen Künstlern, Sängern, Schauspielern oder Sängerinnen und Schauspielerinnen geschlossen werden. Überhaupt die Verträge, in denen Leistungen zugesagt werden, die ihren Wert durch die Persönlichkeit oder im schärferen Gegensatz zu dem Vorangegangenen durch die außergewöhnlichen geistigen Fähigkeiten (gewissermaßen sachliche Persönlichkeit) dessen, der sich zu den Diensten verpflichtet, erhalten. Z. B. ein berühmter Sänger oder Schauspieler oder Dirigent wird kontraktbrüchig. Ist seine Bedeutung so groß, daß der, der die Leistungen zu verlangen berechtigt ist, diese sich auf jeden Fall erhalten will, so scheint mir hier die Unterlassungsklage ein fühlbares Schutzmittel zu sein. Aus der Art der genannten Beispiele, der Verschiedenheit der Gebiete, denen sie angehören, auch aus der

Lebhaftigkeit des Streites um die Unterlassungsklage des Dienstvertrages ist zu ersehen, daß diese Unterlassungsklage wohl von den bisher erwähnten Unterlassungsklagen des Schuldrechts die größte Bedeutung hat, daß sie einen Schutz gewähren kann, für den durch eine andere Klage Ersatz nicht vorhanden ist. Auch aus diesem Grunde ist es zu erhoffen, daß das Reichsgericht zu seiner früheren Ansicht mit einer anderen Begründung zurückkehrt.

4) Der Werkvertrag.

Beim Werkvertrag ist für die Unterlassungsklage nur in beschränktem Umfange Raum vorhanden[1]). Die Struktur dieses Rechtsverhältnisses entspricht nur auf der einen Seite, der des Bestellers als Unterlassungspflichtigen, den Prinzipien, aus denen nach meiner Ansicht in abstracto das Vorhandensein einer Dauerunterlassungspflicht anerkannt werden kann. Was zunächst die Möglichkeit anlangt, daß der Besteller gegen den Unternehmer auf Unterlassung klagen könnte, so scheitert dies daran, daß die positive Pflicht des Bestellers (Entrichtung der vereinbarten Vergütung §§ 631, 641 BGB.) nicht das Korrelat zu einer Dauerunterlassungspflicht des Unternehmers bilden kann. Auch dann nicht, wenn das Werk in Teilen abzunehmen und die Vergütung, als für die einzelnen Teile bestimmt, für jeden Teil bei dessen Abnahme zu entrichten ist. Denn das Verhältnis dieser beiden Pflichten zueinander — gesetzt den Fall, sie beständen — wäre niemals eine innere Zweckbeziehung. Als Hauptpflicht des Unternehmers kann ferner die Unterlassung nicht vorkommen. Gegenstand des Werkvertrages kann die Herstellung eines versprochenen Werkes, Herstellung oder Veränderung einer Sache oder überhaupt ein anderer durch Arbeit oder Dienstleistung herbeizuführender Erfolg sein. In Frage kommen könnte nach dieser Fassung nur: ein anderer durch Arbeit oder Dienstleistung herbeizuführender Erfolg. Auch dies scheidet aus. Diese beiden erfordern positive Handlungen. Der Begriff der Dienstleistung ist derselbe, wie beim Dienstvertrag, und hier kann er nur positive Handlungen umfassen, da sonst allgemeine Vorschriften des Dienst-

1) Anderer Ansicht Eltzbacher 147, Staudinger, Kommentar zum Recht der Schuldverhältnisse § 631 V.

vertragsrechts wie § 615 BGB. nicht allgemein anwendbar wären. Arbeit ist geistig produktive Tätigkeit. Diese kann nie in einer Unterlassung bestehen.

Anders liegt die Sache bezüglich einer Unterlassungsklage des Unternehmers gegen den Besteller. Dieser hat nicht nur die oben erwähnte positive Pflicht, sondern muß auch all das unterlassen, was geeignet ist, die ruhige Entwicklung der Arbeit des Unternehmers zu stören[1]). In dessen Pflicht zur Herstellung des Werkes ruht gegebenenfalls die Dauerunterlassungspflicht des Bestellers. Gegebenenfalls nämlich dann, wenn die Verpflichtung des Unternehmers auf Dauer angelegt ist, z. B. Verpflichtung eines Varietéagenten, während der Dauer der Saison berühmte Kräfte für ein Varieté zu engagieren. In einem solchen Fall darf der Besteller nicht durch störende Maßnahmen, z. B. eigenes Eingreifen in Verhandlungen des Agenten oder besondere Abmachungen, den Unternehmer beeinträchtigen. Tut er dies, so kann der Unternehmer unter den allgemeinen Voraussetzungen gegen ihn auf Unterlassung klagen. Dagegen besteht keine Unterlassungsklage auf Grund des § 642 BGB., obwohl die hier in Frage stehende Handlung des Bestellers auch eine Unterlassung sein kann. Wie der Besteller nicht gegen den Unternehmer auf Vornahme jeder einzelnen zur Herstellung des Werkes erforderlichen Handlung klagen kann, weil diese in Besonderheit nicht Gegenstand eines Anspruches sind, so auch in unserem Fall nicht Unternehmer gegen Besteller. Nimmt dieser die Handlung nicht vor, so entsteht kein Leistungsverzug[1]).

5) Mit den genannten Verträgen ist die Zahl der zweiseitigen rein schuldrechtlichen Verträge, zu deren Rechtsbehelfen die Unterlassungsklage gehört, geschlossen. Es bleibt nur noch übrig, aus dem reinen Schuldrecht die einseitigen Verträge durchzugehen, bei denen die Unterlassungsklage vorkommt. Dies ist der Fall der Konkurrenzklausel im Handelsverkehr. Diese ist eine nahezu ständige Nebenerscheinung und Nachwirkung aller solcher

---

1) RG. in JW. 1910 S. 148 Nr. 10.
2) Siehe hierzu RG. 53, 223.

Dienstverträge. Ueber die Bedeutung der Konkurrenzklausel braucht nichts mehr gesagt zu werden.

6) Weiter kommen in Betracht die Fälle, in denen sich der eine Teil dem anderen zu einer dauernden Unterlassung als einzigen Vertragsinhalt verpflichtet. Als Beispiel diene der schon einmal angeführte Fall: Der A verpflichtet sich dem B, eine geschäftliche Bereisung in dessen Hauptabsatzgebieten zu unterlassen. Diese Verträge gehören zu keiner der Vertragsformen, die unser Recht durch besondere Benennung ausgezeichnet hat. Sie können sowohl einseitige, wie gegenseitige Verträge sein. Von Bedeutung sind sie nur im Handelsverkehr.

II. Wir gehen nunmehr über zu den Rechtsverhältnissen, in denen die schuldrechtlichen Beziehungen sich aufbauen und entfalten auf und aus Rechten, die den Verpflichteten in seiner Persönlichkeitssphäre ergreifen. Dies sind zunächst die Rechte, die aus den personenrechtlichen Gemeinschaften im Verhältnis der Gemeinschafter zueinander entstehen. Hierher gehören: die Erbengemeinschaft und die Gemeinschaft überhaupt, die Gesellschaften des bürgerlichen und Handelsrechtes, soweit die letzteren Gesellschaften im Rechtssinn sind, und letztlich auch das Rechtsverhältnis, das durch die Beziehungen der Herrschaft und des Gesindes zueinander gebildet wird.

1) Die Erbengemeinschaft.

In dem Rechtsverhältnis der Miterben untereinander besteht die Unterlassungsklage für zwei verschiedene Tatsachen, die die Verwaltung des Nachlasses, bzw. von Nachlaßgegenständen, betreffen. Die Grundlage bilden BGB. §§ 2038 mit 2042 ff. und 2047. Die Verwaltung des Nachlasses steht den Erben gemeinschaftlich zu. Jeder muß zu den ordnungsmäßigen Maßregeln mitwirken mit Ausnahme der zur Erhaltung notwendigen Maßregeln, die jeder allein treffen kann. Trifft nun ein Erbe andere, als diese Maßregeln, allein und ist zu befürchten, daß er es weiterhin tun wird, so kann jeder der Miterben auf Unterlassung klagen. Dies ist besonders für die Fälle von Bedeutung, in denen nicht jederzeit die Auseinandersetzung verlangt werden kann, z. B. § 2043 Abs. 1 BGB. Die Bedingungen für eine Unterlassungsklage sind gegeben: Die Miterben haben den Nachlaß gemeinschaftlich zu verwalten. Dies ist eine auf Entwicklung angelegte positive Verpflichtung. Jedem Erben liegt folglich gegen jeden eine Dauerunterlassungspflicht ob des Inhalts, daß er jeden Eingriff in die Verwaltungsbefugnis eines Miterben zu unterlassen hat. Die Bedeutung dieser Unterlassungsklage hängt einerseits davon ab, ob die Fälle, in denen nicht jederzeit die Auseinandersetzung verlangt werden kann, häufig sind, andererseits von der reinen Tatfrage, wie das Verhältnis der Erben zueinander ist. Bei dem Mangel jeglichen Materials kann daher die Frage hier nur gestellt, nicht beantwortet werden. Die andere Unterlassungsklage des Miterbenrechts beruht auf § 2047 Abs. 2 BGB. Sie betrifft die Gegenstände überhaupt, insbesondere die Schriftstücke, die auch nach der Auseinandersetzung gemeinschaftliches Eigentum der Erben bleiben. Für diese Klage gilt das gleiche, wie für die erstgenannte Unterlassungsklage.

2) Die Gemeinschaft.

Die Rechtssätze für die Erbengemeinschaft weisen in mancher Richtung, besonders hinsichtlich der Verwaltung des Nachlasses, auf die Vorschriften für die zufällige Rechtsgemeinschaft hin. Auch für diese kommt bezüglich der Verwaltung des gemeinschaftlichen Gegenstandes die Unterlassungsklage in Betracht (§ 744 ff. BGB.). Eine weitere Unterlassungsklage besteht auf Grund des § 743 Abs. 2 BGB. Sie betrifft den Gebrauch des gemeinschaftlichen Gegenstandes. Jeder Teilhaber ist zum Gebrauch des gemeinschaftlichen Gegenstandes insoweit befugt, als nicht der Mitgebrauch der übrigen Teilhaber beeinträchtigt wird. Diese Befugnis enthält die eventuelle Verpflichtung, den Gegenstand so zu gebrauchen, daß die übrigen Teilhaber in ihrem Gebrauch nicht beeinträchtigt werden. Dieser positiven Verpflichtung steht gegenüber die Dauerunterlassungspflicht der Teilhaber. Die Vorschriften des BGB. geben keinen Aufschluß darüber, welche tatsächlichen Verhältnisse unter der Form der zufälligen Rechtsgemeinschaft bestehen, lassen also die Bedeutung der Gemeinschaft, somit auch die Bedeutung der Unterlassungsklagen nicht erkennen. Dies kommt daher, daß die Gebiete, auf denen diese Rechtsform tatsächlich besteht, dem

Landesrecht vorbehalten sind, z. B. die Agrargemeinschaften, die älteren Gewerkschaften u. a. (EGBGB. Art. 67, 83, 119 Satz 2 u. a.). Die Bestimmungen des Allgemeinen Landrechts über die Agrargenossenschaften sind in den für die Unterlassungsklage grundlegenden Punkten gleichbedeutend mit denen des BGB. Es sind daher hier die glechen Unterlassungsklagen anzunehmen. Nur bei den Agrargemeinschaften wird wohl die Unterlassungsklage vorkommen. Sie kann dem Versuche dienen, die kleinen chronischen Streitereien, die sich aus dem zähen Festhalten an dem Bestehenden auf der einen Seite, der Rechtsausnutzung auf der anderen Seite ergeben, zu beseitigen. Dennoch wird man ihr, da Agrargemeinschaften im bewußten Aufrechterhalten des früheren Rechtszustandes nur vereinzelt bestehen und hiernach eine prinzipielle Begründung in dem historischen Rechtsgrund selten sein wird, eine Bedeutung im eigentlichen Sinne nicht zuschreiben können[1]).

3) Die Gesellschaften.

Eine große Rolle im Wirtschaftsleben spielt die „Gesellschaft". Arten dieser Rechtsform sind: die Gesellschaft nach BGB., die offene Handelsgesellschaft und die Kommanditgesellschaft. Hier ist das interne Verhältnis der Gesellschafter zueinander zu behandeln, und zwar zunächst bei der Gesellschaft des bürgerlichen Rechtes, die auch insofern rechtlich an erster Stelle steht, als die für sie gültigen Vorschriften auf die anderen Gesellschaftsarten Anwendung finden, soweit nicht anderes für diese vorgeschrieben ist (HGB. §§ 105 Abs. 2, 161 Abs. 2). Ausgangspunkte für die Unterlassungsklage bilden §§ 709, 711, 712 BGB. Hiernach haben die Unterlassungsklagen des Gesellschaftsrechts folgenden Inhalt. Der vom Gesetz als Regel hingestellte Fall ist, daß die Führung der Geschäfte der Gesellschaft den Gesellschaftern gemeinschaftlich zusteht und daß infolgedessen für jedes Geschäft die Zustimmung aller Gesellschafter erforderlich ist (§ 709 BGB.). Handelt einer ohne die allseitige Zustimmung, so steht den anderen, sofern die übrigen Voraussetzungen gegeben sind, die Unterlassungsklage zu. Nach § 711 BGB. muß die Ausführung eines Geschäftes unterbleiben, wenn ein Gesellschafter widerspricht. Wird

1) Derartige Unterlassungsklagen kommen vor bei den kleinen ländlichen Amtsgerichten.

dennoch ein Geschäft ausgeführt, so ist unter den gleichen Voraussetzungen die Unterlassungsklage zum Schutze der übrigen da. Neben dem Rechtsbehelf, den § 712 BGB. den Gesellschaftern gegenüber einem ungetreuen Gesellschafter gibt, kann auch auf Grund dieses Tatbestandes das weniger schroffe und dennoch wirksame Mittel, die Klage auf Unterlassung der betreffenden Handlungen erhoben werden [1]). Wer ist berechtigt, diese Klage anzustrengen? Der Gesellschaftsvertrag ist kein Vertrag der Gesellschafter miteinander im Sinne von § 320ff. BGB., so daß Rechte und Pflichten der Gesellschafter einander unmittelbar entsprächen und voneinander abhingen. Daher muß man annehmen, daß Rechte und Pflichten nur des einzelnen Gesellschafters gegenüber der Gesellschaft als gesamthänderischer Gemeinschaft und umgekehrt bestehen. Mithin kann aber nicht der einzelne Gesellschafter in eigenem Namen gegen einen anderen Gesellschafter die Unterlassungsklage erheben. Es können vielmehr in den genannten Fällen nur alle Gesellschafter gemeinsam klagen [2]).

Bei der offenen Handelsgesellschaft und der Kommanditgesellschaft (HGB. § 161 Abs. 2) tritt als besondere und besonders wichtige Unterlassungsklage zunächst die auf Grund des § 112 HGB. hervor. Durch sie wird dem Gesellschafter die Möglichkeit, seiner Gesellschaft Konkurrenz zu machen, unterbunden. Nach § 115

1) Nicht anzunehmen ist, daß § 744 BGB. analog bei der Gesellschaft zu gelten hat, so daß noch diese Unterlassungsklage in Betracht käme. § 709 verlangt ohne Unterscheidung für jedes Geschäft die Zustimmung aller. Ferner existiert in der Gesellschaft der einzelne als Gesamthandsgenosse, bei der Gemeinschaft, trotzdem daß im Zweifel die Größe der Anteile den Ausschlag gibt, jeder seinem Anteilsverhältnis gemäß für sich. Hierfür ist gerade § 744 BGB. ein Zeichen. (Anderer Ansicht Staudinger zu § 709 II 3.)

2) Die Streitfrage, ob und inwieweit der einzelne gemäß § 432 BGB. klagen kann (siehe auch § 2039 BGB.), kommt dann nicht in Betracht, wenn die Unterlassungsklage, wie in der Regel, nicht zum Gesellschaftsvermögen gehört. Ist die dauernde Unterlassung aber ein „Beitrag", so kann in diesem Falle die Frage nicht im Sinne von RG. 70, 32ff. entschieden werden, weil nur infolge besonderer Bestimmungen im Gesellschaftsvertrag (siehe Staudinger zu § 718 III 1 a) schon die Ansprüche auf den Beitrag Gesellschaftsvermögen sind. Der Unterlassungsanspruch ist demnach nicht Vermögensbestandteil. Siehe hierzu RG. 76, 278ff., das die Ansprüche auf die Beiträge immer ex lege als zum Gesellschaftsvermögen gehörig ansieht. Ebenso die Mehrzahl der Schriftsteller.

Abs. 1 HGB. besteht die gleiche Unterlassungsklage, wie auf Grund des § 711 BGB. Nach § 115 Abs. 2 HGB. kann mit der sich aus dem Wortlaut der Gesetzesbestimmung ergebenden Einschränkung (es sei denn . . . .) die Unterlassungsklage wie nach § 709 BGB. bestehen. Eine solche Bestimmung bezüglich der Geschäftsführung wird aber im Gesellschaftsvertrag selten vorkommen, daher das Vorhandensein dieser Unterlassungsklage wohl nur ein papierenes sein. Alle diese Unterlassungsklagen schreiben sich aus der einheitlichen Quelle her, daß jeder Gesellschafter, um die Ausübung der Pflicht aller, gemeinschaftlich den Gesellschaftszweck zu fördern, nicht zu gefährden oder zu beeinträchtigen, alles hierzu Geeignete unterlassen muß. Hieraus ergeben sich auch weiterhin Unterlassungsklagen gemäß den §§ 116—118 HGB. Die Formen, unter denen die Unterlassungsklage angestrengt wird, sind dieselben, wie bei der Gesellschaft des bürgerlichen Rechts.

Was die Bedeutung der Unterlassungsklage im Gesellschaftsrecht betrifft, so verdient sie bei der Gesellschaft des bürgerlichen Rechts im allgemeinen geringe Beachtung. Wenn die Gesellschaft des bürgerlichen Rechts die Form der Vereinigung von Minderkaufleuten ist, so spielt sie als Schutz des Erwerbslebens die gleiche Rolle, wie einzelne der Unterlassungsklagen im Handelsrecht. Die geringe Bedeutung bei der bürgerlichen Gesellschaft im ersteren Fall ergibt sich daraus, daß das Anwendungsgebiet dieser Vorschriften tatsächlich nicht groß ist. Allerdings können wirtschaftlich so bedeutsame Organisationen, wie Kartelle und Trusts, als Gesellschaften des bürgerlichen Rechts erscheinen. Gerade aber diese Vereinigungen werden, der Selbständigkeit ihrer Einrichtungen gemäß, der größeren Sicherheit ihrer Mitglieder wegen, wie auch der Tatsache im höheren Grade entsprechend, daß mit der Größe der Vereinigung die Bindung an die Personen der einzelnen Mitglieder abnimmt, die Form der juristischen Person vorziehen[1].

---

1) Am beliebtesten ist die Form der G. m. b. H. 1907 stellte sich durch die Kartellenquete der Reichsregierung heraus, daß von 385 Kartellen als G. m. b. H. 166 beständen. Hinsichtlich weiterer 186 war es fraglich, ob Vertrag oder Gesellschaft bestand; siehe Wolff, DJZ. 1906 S. 645, 646, und Lusensky, DJZ. 1907 S. 1041—1048.

Es bleiben nun zwar außer den Vereinigungen der Minderkaufleute, außer den nicht-rechtsfähigen Vereinen (§ 54 BGB.), noch manche Tatbestände für die Anwendung des Gesellschaftrechts des BGB. übrig. So z. B. die Vereinigungen inländischer Aktionäre ausländischer Handelsgesellschaften, die Sozietäten von Rechtsanwälten oder Aerzten, sowie die Bodengesellschaften, die aber in der Mehrzahl Aktiengesellschaften sind, und allgemein die Gesellschaften, die nur die Erledigung eines einzelnen Geschäfts bezwecken. Die erstgenannte Art unterliegt den gleichen tatsächlichen Bedingungen, wie die Handelsgesellschaften. Die beiden hiernach genannten Gesellschaften sind vermöge des ihnen eigenen persönlichen und ethischen Momentes so geartet, daß eine Unterlassungsklage normalerweise nicht in Frage kommen kann. Da die Bodengesellschaften als Gesellschaften des bürgerlichen Rechts kaum vorkommen, bleiben nur noch die Gesellschaften, die die Erledigung eines einzelnen Geschäftes bezwecken. Bei diesen hängt es zunächst von der Art des Geschäftes ab, ob die Unterlassungsklage überhaupt möglich ist. Denn das Geschäft muß auf gewisse Dauer, die eine Zerlegung nach Zweckmomenten zuläßt, angelegt sein. Solche Gesellschaften sind z. B. die Gesellschaften zur Begebung und Einführung von bestimmten Börsenwerten, die Vereinigungen zur Vorbereitung einer Wahl, einer politischen oder sonstwelchen[1]), Gesellschaften zur Verwertung eines Patentes, Vereinigungen zur Liquidation einer anderen Gesellschaft u. a. Diese Gruppe und die nichtrechtsfähigen Vereine, sowie die Vereinigungen von Minderkaufleuten bedeuten im Hinblick auf die Unterlassungsklage das Anwendungsgebiet der Vorschriften für die Gesellschaft des bürgerlichen Rechts. Das eigentliche Gebiet der Unterlassungsklage im Gesellschaftsrecht ist infolge ihrer auf Unpersönlichkeit des Verkehrs basierten Idee da am meisten am Platze, wo es sich insbesondere um den Schutz rein sachlicher Interessen handelt. Hier vor allem wird das Prinzip der Aufrechterhaltung des Rechtsverhältnisses notwendig durchgesetzt werden[2]).

---

1) Diese nur, sofern ein vermögensrechtliches Moment besteht, z. B. Leistung von Beiträgen zur Entfaltung einer Agitation.

2) Siehe RG. in HansGZ. Hauptblatt 1911 S. 33 ff.

4) Das Gesinderecht. (Art. 95 EGBGB., Preuß. Gesindeordnung von 1810 und Bayerisches AGBGB. Art 15 bis 31.)

Das Gesinderecht bildet eine Art des Dienstvertrages, in gewisser Beziehung aber eigentlich eine besondere Vertragsart, als durch Eingehung des Gesindedienstvertrages das Gesinde nicht die Arbeitsleistung, sondern in allgemeinen Grenzen, z. B. § 618 BGB., seine Arbeitskraft, d. h. also sich selbst verdingt. Die Dienstherrschaft erlangt hiernach ein, wenn auch beschränktes Herrschaftsrecht[1]). Jeder Vertragsteil ist zu positiver Dauerleistung verpflichtet; jedem Teil liegt mithin eine Daueruntlerlassungspflicht ob. So lassen sich unter anderem nach Bayerischem Recht Unterlassungsklagen des Dienstherrn aus AGBGB. Art. 24 Nr. 2 (letzter Fall), Nr. 5, Nr. 6 u. a., des Dienstboten aus Art. 25 Nr. 3, Nr. 4 u. a. herleiten. Nach Preußischem Recht bestehen Unterlassungsklagen des Dienstherrn auf Grund der Gesindeordnung vom 8. November 1810 § 64 ff., § 54, des Dienstboten auf Grund des § 85 u. a. Im allgemeinen ergibt sich bezüglich der Frage der Unterlassungsklage keine grundsätzliche Verschiedenheit zum Dienstvertragsrecht des BGB., mit einer Ausnahme. Diese betrifft den umstrittenen Fall der mehrfachen Verdingung, der für Bayern nach AG. Art. 17 von allgemeinen Grundsätzen abweichend geregelt ist. Wenn ein Dienstbote sich für dieselbe Zeit an mehrere Dienstherrschaften verdingt, so muß er bei der Herrschaft eintreten, der er sich zuerst verpflichtet hat, sofern diese es verlangt. Den übrigen muß er Schadensersatz leisten. Hieraus folgt, daß eine Unterlassungsklage nur bestehen kann für den jeweiligen Erstberechtigten. Die Möglichkeit dieser Klage muß auch zugegeben werden trotz der ausreichenden Regelung des Art. 17 a. a. O., denn gerade dem hierin zum Ausdruck kommenden Herrschaftsrecht entspricht die Klage auf Unterlassung. Die tatsächliche Bedeutung der Unterlassungsklage ist nach meinem Dafürhalten im Gesinderecht nicht vorhanden. Der fast durchaus altfränkisch anmutenden Ordnung des Gesinderechts liegt ein Ver-

1) Siehe hierzu die Erklärung des bayerischen Reichsratsausschusses Protokoll VI S. 118.

hältnis zugrunde, das durch die Tatsache der Hausgemeinschaft, ferner dadurch, daß das Maß der Leistungen selten durch den Vertrag fest umgrenzt ist, in der Regel eine Menge kleiner und kleinlicher persönlicher Zusammenhänge erfordert, die durch Rechtszwang weder geschaffen, noch erhalten werden können. Die Unterlassungsklage wird in solchen Fällen ohne jede Wirkung sein.

III. 1) Die Aktiengesellschaft.

Die letzte Gruppe der mit schuldrechtlichen Elementen durchsetzten persönlichen Rechte bilden die Rechtsbeziehungen der Körperschaften zu ihren Mitgliedern. Es macht für die Frage der Unterlassungsklage keinen Unterschied, ob es sich um reine Mitgliedschaftsverhältnisse oder um nichtmitgliedschaftliche Sonderrechtsverhältnisse handelt. Dagegen scheiden hier ganz aus diejenigen Rechtsbeziehungen, in denen sich Körperschaft und Einzelperson als unverbundene Rechtssubjekte gegenüberstehen. Diese bilden keine besondere Gattung, sondern können die Konkretisierung jedes beliebigen abstrakten Rechtsverhältnisses bedeuten. Gemeinsam ist den Körperschaften, daß sowohl die Verbandspersonen, als auch die Gliedpersonen durch Unterlassungsklagen gegenseitig geschützt sein können. Nämlich in den Fällen, in denen beiden Teilen auf Dauer angelegte positive Verpflichtungen obliegen. Beispiele sind: Bei der Aktiengesellschaft eine Unterlassungsklage auf Grund des § 236 HGB. oder der Fall, daß Aktionäre von Zuckerfabriken Rüben nur an die Zuckerfabrik, deren Aktionäre sie sind, liefern dürfen. Hier ist bei einem Verstoß die Unterlassungsklage zulässig. Umgekehrt: Eine Aktiengesellschaft darf gemäß der Satzung nur einzelne bestimmte Geschäfte unternehmen u. a. Dann können die Aktionäre mit der Unterlassungsklage vorgehen. Von vornherein sei aber bemerkt, daß der Rechtsweg in der Regel erst beschritten werden darf, wenn die nach dem Statut zu Gebote stehenden internen Mittel der Abhilfe ohne Erfolg geblieben sind.

2) Die Kommanditgesellschaften auf Aktien und G. m. b. H.

Gleiche Sätze in tatsächlicher und rechtlicher Beziehung gelten bei der Kommanditgesellschaft auf Aktien (§ 320 Abs. 3 HGB. und für die G. m. b. H. z. B. Gesetz über die Gesellschaft mit beschränkter Haftung § 37 und allgemeine Grundsätze).

3) Vereine.

Beim Verein kann die Unterlassungsklage in der Regel nicht die gleiche Rolle, wie bei den schon genannten juristischen Personen spielen. Als Vereine, die durch staatliche Verleihung Rechtsfähigkeit erlangen, kommen in Anbetracht der Zahl der durch besondere Gesetze zu juristischen Personen erhobenen, auf wirtschaftlichen Geschäftsbetrieb hinzielenden Vereinigungen, sowie ferner infolge der vielfältigen Anwendung der Form der Aktiengesellschaft nur zwei in Frage: gemäß § 104 GewO. die Innungsverbände und dann die Kolonialgesellschaften. Zahlenmäßig größere Bedeutung haben die eingetragenen Vereine. Jedoch wird bei ihnen die Unterlassungsklage nur nach besonderer Prüfung im Einzelfall anzuerkennen sein, jedenfalls, was die Unterlassungsklage der Glieder gegen den Verein angeht. Denn hier wird nur selten eine dauernde positive Pflicht der Mitglieder vorhanden sein. So beispielsweise nicht bei Studentenverbindungen, sportlichen Verbänden u. a.

4) Die Erwerbs- und Wirtschaftsgenossenschaften.

Die Erwerbs- und Wirtschaftsgenossenschaften dürfen in der Regel wirtschaftliche Tätigkeit nur zugunsten der Genossen entfalten[1]). Möglich ist auch die Beschränkung der Genossen, bestimmte wirtschaftliche Bedürfnisse nur durch Inanspruchnahme der Genossenschaft befriedigen zu dürfen. In diesen Fällen wird immer wenigstens einem Teil eine Dauerunterlassungspflicht auferlegt. Wenn also ein Konsumverein an Nichtgenossen abläßt, ohne daß es sich um eine außergewöhnliche Maßnahme handelt (§ 8 Abs. 4 des Gesetzes), so kann jedes Mitglied auf Unterlassung klagen. Darf andererseits ein Mitglied einer Produktivgenossenschaft Gegenstände, wie sie die Genossenschaft herstellt, nur bei dieser kaufen, so kann die Genossenschaft bei Zuwiderhandlung die Unterlassungsklage erheben. Dagegen wird im ersteren Falle eine Unterlassungsklage des Konsumvereins gegen einen Genossen, im anderen Falle eine solche gegen die Produktivgenossenschaft nur in der Hinsicht vorkommen können, wenn es sich um Verletzung

1) Siehe § 8 des Genossenschaftsgesetzes, der für eine Abweichung besondere Bestimmung im Statut verlangt.

der „gemeinschaftlichen“ (§ 1 Nr. 4 und 5 des Gesetzes) Tätigkeit handelt. Bei den übrigen Genossenschaften ist die Rechtslage die gleiche.

IV. Eine zusammenfassende Betrachtung der erörterten relativen Rechtsbeziehungen in bezug auf die Unterlassungsklage ergibt: Die Unterlassungsklage kann nicht in allen den Rechtsverhältnissen, in denen sie nach der hier vertretenen Konstruktion zulässig ist, in Wirklichkeit Bedeutung haben. Dies beruht zum Teil darauf, daß mit dem Charakter einzelner Rechtsverhältnisse in der Regel überhaupt ein Zustand nicht vereinbar ist, den ein dauerndes Mißtrauen der Parteien gegeneinander begleitet. Dieses enthält und erhält aber die Unterlassungsklage. Dieser Tatsache gemäß beschränkt sich ihr wirkliches Gebiet auf die formularmäßigen relativen Rechtsverhältnisse. Diese bestehen in der Hauptsache im gewerblichen und den Normen des Handelsrechts folgenden Leben. Nur hier können wir daher eine Bedeutung der Unterlassungsklage anerkennen.

V. Im Anschluß an die Darstellung der Bedeutung der Unterlassungsklage im Gebiet der relativen Rechte ist die Frage zu untersuchen, ob den hier vorkommenden Klagen eine Abmahnung vorausgehen muß, wie dies vom Gesetz für das Mietrecht, Pachtrecht und die Forderung des Eigentümers gegen den Nießbraucher bestimmt ist[1]). Dies ist teilweise zu bejahen. Denn die Tatsache, daß der Unterlassungsklage in den drei genannten Fällen eine Abmahnung vorausgehen muß, beruht nicht auf dem Wesen gerade dieser drei Forderungsrechte, sondern auf dem Charakter einer besonderen Art der Forderungsrechte schlechthin, der dieser drei Forderungsrechte angehören. Dies zeigt sich darin, daß auch das Kündigungsrecht des Vermieters wegen vertragswidrigen Gebrauchs durch den Mieter (§ 553 BGB.), die Anordnung einer Verwaltung wegen erheblicher Rechtsverletzung durch den Nießbraucher (§ 1054 BGB.) erst erfolgen darf, wenn eine Abmahnung vorausgegangen ist. Ferner verlangt § 1217 Abs. 1 BGB., daß der Verpfänder jedem Sicherungsanspruch zum Schutz seines

1) Dafür Eltzbacher 158—160; dagegen Enneccerus Bd. 1 Abt. 2 § 465 Anm. 17.

gesetzlichen Forderungsrechts eine Abmahnung vorausschicken muß. Wir ersehen dadurch, daß in den Rechtsverhältnissen, in denen die Parteien zum Objekt des Rechtsverhältnisses, den ein außerhalb der Persönlichkeit der Parteien bestehender Gegenstand bildet, in einer Art tatsächlicher Mitherrschaft stehen, die Ansprüche aus vertragswidrigem Gebrauch an eine vorausgehende Gehorsam fordernde Erklärung, die Abmahnung, geknüpft sind. Hieraus läßt sich der allgemeine Satz ableiten: Im Gebiete der relativen Rechte hat da, wo die Verbindung der Parteien sich auf einen außerhalb ihrer Persönlichkeit bestehenden Gegenstand in tatsächlicher Mitherrschaft bezieht, der Unterlassungsklage eine Abmahnung vorauszugehen. Nur in diesem Umfange läßt sich die Analogie begründen. Und auch nur insoweit läßt sich das Erfordernis einer vorgängigen Abmahnung als zweckmäßig verteidigen. Denn die genannten Schuldverhältnisse sind derart, daß sie dingliche Rechte oder dinglichen Rechten ähnliche Rechte einengen. Hierdurch kann jede geringfügige Vertragswidrigkeit eine scheinbar stärkere und nachhaltigere Beeinträchtigung des gewährenden Teiles der Rechtsverhältnisse bedeuten. Dadurch verursachte kleinliche Klagen auszuschließen, ist der Grund der Abmahnung. Hieraus folgt auch, daß nach der Abmahnung der Abmahnende ein Zeitminimum verstreichen lassen muß, damit der andere Teil den vertragswidrigen Gebrauch abstellen kann. Allerdings kann auch ohne vorherige Abmachung geklagt und der Mieter ꝛc., wenn er den vertragswidrigen Gebrauch fortsetzt, zur Unterlassung verurteilt werden[1]). Wenn dagegen der Mieter den Anspruch des Vermieters sofort anerkennt, so fallen diesem die Prozeßkosten zur Last, wenn nicht zuvor eine Abmahnung erfolgt ist (§ 93 ZPO.)[2]).

Das Erfordernis der Abmahnung ist außer für die drei gesetzlichen Fälle der Unterlassungsklage im Gebiet der relativen Rechte aufzustellen für die Klage des Verpfänders gegen den Pfandgläubiger (§ 1217 Abs. 1 BGB.), für die Unterlassungsklagen

1) So auch Enneccerus Bd. 1 Abt. 2 § 351 Anm. 10.

2) Besteht zur Zeit der dem Urteil vorausgehenden mündlichen Verhandlung die Besorgnis künftiger Beeinträchtigung nicht mehr, so ist die Klage stets abzuweisen. So auch OLG. Dresden in LZ. 2 S. 91 Nr. 12.

aus der Gemeinschaft und dem Miterbenverhältnis und gleichartige Verhältnisse. In den übrigen Fällen kann auf Unterlassung geklagt werden, wenn auf Grund vertragswidrigen Verhaltens eine künftige Beeinträchtigung der Rechte des Klägers zu befürchten ist. Hiernach ist die Frage, ob der Unterlassungsklage zum Schutz relativer Rechte eine Abmahnung vorausgehen muß, nur mit der dargetanen Unterscheidung in bejahendem Sinne zu beantworten.

§ 19.

Die Bedeutung der Unterlassungsklage im Gebiet der absoluten Rechte.

I. Die Erörterungen zur Feststellung des Begriffs der Unterlassungsklage hatten für das Gebiet der absoluten Rechte das Ergebnis gehabt, daß die Unterlassungsklage stets und nur eine Seite des absoluten Rechtes ist. Dennoch kann hier die Untersuchung der Bedeutung der Unterlassungsklage erst in zweiter Linie kommen. Sie hat zur Voraussetzung die Feststellung, wo ein absolutes Recht vorhanden ist. Hiervon hängt zwar zunächst nur die Zahl der Unterlassungsklagen, ihre Bedeutung dagegen von der weiteren Feststellung ab, ob bei allen oder bei welchen absoluten Rechten nur die Unterlassungsklage tatsächlich vorkommt.

II. Es ist gegenwärtig eine Bewegung im Fluß, die das Anwendungsgebiet des Begriffes des absoluten Rechtes erheblich zu erweitern sucht. Diese Bewegung ist hervorgerufen durch das Erwachen des Bedürfnisses, die Rechtssphäre des einzelnen auch in bezug auf die Interessen, welche die Persönlichkeit sowohl in ihrem Sein, wie in ihrer Betätigung bezeichnen, gegen die Gefahren zukünftiger Beeinträchtigungen zu schützen. Dieser Wunsch führt die Praxis andauernd dazu, die Unterlassungsklage überall zu verwenden, wo irgendein Lebensgut, das Beziehung zu einem einzelnen hat, durch einen Rechtssatz in irgendwelcher Weise, vorzüglich durch Feststellung der Ersatzpflicht bei Verletzung, geschützt ist. Dies ist bereits im § 17 dieses Abschnittes bei Erörterung der Ansicht des Reichsgerichts zum Ausdruck gebracht worden. Theoretisch muß dies gemäß den Ausführungen im Abschnitt I § 5 und Abschnitt III § 17 zu folgender Bestimmung des absoluten Rechtes führen: Ein absolutes Recht ist da vorhanden, wo ein objektiver Rechtssatz ein bestimmtes Gut eines einzelnen schützt[1]). Die Bewegung, die zu diesem Begriff führt, ist noch nicht abgeschlossen. Hierin ist bereits die Ansicht ausgesprochen, daß nach meinem Dafürhalten dieser Begriff nicht aus dem BGB. zu entnehmen ist. Hierüber herrscht Streit[2]). Dieser knüpft an die Worte „sonstige Rechte" des § 823 Abs. 1 BGB. an, unter denen eine Meinung auch den Schutz der Persönlichkeitsrechte versteht (so Kohler, Dernburg, Hellwig u. a.). Die Aufnahme dieser Rechte in das System des bürgerlichen Rechtes ist nun zwar schon früher[3]) gefordert worden. Aber dennoch hat das Gesetz ausdrücklich und mit Ausstattung der besonderen Rechtsfolgen nur das Namensrecht (§ 12 BGB.) anerkannt. Und auch dies ist sicher, daß die Auslegung, die das Gesetz in den ersten Jahren in der Praxis erfahren hat, einer so ausdehnenden Auffassung, wie sie die Anerkennung der genannten Rechtsklasse überhaupt und damit die Bestimmung des absoluten Rechtes im obigen Sinne mit sich bringt, nicht entspricht. Die Rechtsfälle, die Grundlagen, die das Leben für die Auslegung liefert, sind vor 10 Jahren genau so vielgestaltig, und da Technik und Industrie in dieser kurzen Zeit ihr Wesen nicht geändert haben, ebenso beziehungsreich gewesen, wie heute. Das Gesetzesrecht ist in hier maßgebenden Beziehungen nicht umgestaltet worden. Hieraus folgt, daß ein Wechsel in der Rechtsauffassung vor sich gegangen ist. Um das Vorhandensein dieses Wechsels zu illustrieren, um die Auffassung zu begründen, daß das BGB. nicht von dem weiten Begriff des absoluten Rechtes ausgegangen ist, der vielmehr das Ergebnis der heutigen Bewegung bilden wird und in einzelnen Fällen bereits gebildet hat, bedarf es keiner sprachlichen und grammatikalischen Untersuchung des § 823 Abs. 1 BGB., keiner Entscheidung für oder wider eine Antithese des Abs. 2 zu Abs. 1[4]). Es ist zwar die Scholastik so weit getrieben worden, bei der Auslegung

1) So auch Kipp, Begriff der Rechtsverletzung 3.

2) Siehe die Darstellung bei Örtmann, Kommentar zum Recht der Schuldverhältnisse 1049, Vorbemerkungen zu § 823 ff.

3) Siehe Gierke, Soziale Aufgabe des Privatrechts, besonders S. 34, 35.

4) Diese ist und bleibt meines Erachtens vorhanden; siehe unten S. 168/169. Hierzu besonders Örtmann, DIZ. 9, 617—623 und Lehmann, besonders S. 125.

eines Gesetzes nur die Zeit der momentanen Auslegung in Betracht zu ziehen, indem man sich also den „normalen Gesetzgeber" in diesen Zeitpunkt hineindenkt[1]). Trotzdem kann die oben festgestellte Bestimmung des absoluten Rechtes nicht aus dem Gesetz heraus begründet oder richtiger in das Gesetz hineinkonstruiert werden. Allerdings gibt es eine Theorie, nach der die Grundlagen der heutigen Praxis bereits im BGB. zu finden sind. Diese Lehre ist zunächst hier darzustellen. Es ist dies die Lehre von der mittelbaren Anerkennung der Privatrechte[2]). Sie gewinnt ihre Ergebnisse aus zweierlei Rechtssätzen:

1) aus den „Sätzen des Privatrechtes, die an ein Unrecht zu jemandes Gunsten eine ausgleichende Rechtsfolge knüpfen" (Eltzbacher 110),
2) den Sätzen des öffentlichen Rechtes, die etwas um eines einzelnen willen vorschreiben.

Beide Sätze sind hier zu erörtern. Was zunächst den ersten Satz betrifft, so liegt in ihm vor allem die Tatsache, daß jemand wegen eines Unrechtes Schadensersatz fordern darf. Eine solche sekundäre Vorschrift beruht nach dieser Lehre auf der primären Vorschrift, die dieses Unrecht zugunsten des Verletzten verboten hat und damit also dessen Recht auf das Nicht-Geschehen ausspricht. Es ist nun zuzugeben, daß, wenn das Gesetz sagt: Jemand kann Schadensersatz beanspruchen, die Prämisse ist: Das Gesetz verbietet hierdurch die Handlung, durch die der Schadensersatzanspruch erwächst. Zu wessen Gunsten? Jede Gesetzesvorschrift ergeht zugunsten aller derjenigen, die dem Gesetz unterworfen sind und in Beziehung zu dem Tatsachenkreis stehen können, der die Voraussetzung und die Grundlage dieser Vorschrift ist. Mit dieser Formulierung ist aber nur dann für unseren Fall etwas gewonnen, wenn die Folgeerscheinung, der Schadensersatzanspruch wegen erlittenen Unrechtes wirklich in dem von Eltzbacher behaupteten zwingenden Verhältnis steht, wenn er notwendig eine Wirkung der Ursache, des Rechtes, darstellt. Dies scheint mir nicht der Fall

1) Siehe Fuld, ArchÖffR. 22 Heft 3 u. 4 S. 380.

2) Eltzbacher 110 ff.; Kohler, Bürgerliches Recht 2 § 192. Dagegen Lobe, Der unlautere Wettbewerb als Rechtsverletzung 1, 241 ff.

zu sein. Denn der Ersatzanspruch knüpft nicht an die Verletzung an, sondern daran, daß ein vermögensrechtlich schädigender Zustand eingetreten ist. Dies ergibt sich vor allem aus § 823 Abs. 1 BGB. Nach § 823 Abs. 1 erstreckt sich das Verschulden auf die Rechtsverletzung, nicht auf den Eintritt des schädigenden Zustandes. Nur aber wenn dieser vorhanden ist, besteht ein Recht, Schadensersatz zu verlangen. Dieses entsteht also aus dem Zustand, welcher das eigentlich „Unerlaubte" ist. Dadurch nun, daß das Bestehen des Rechtes, Schadensersatz zu verlangen, bedingt ist durch eine von dem Willen des als möglich Berechtigten unabhängige Tatsache, mangelt der Zusammenhang mit dem ihm angeblich zugrunde liegenden Rechte, dessen Inhalt nur das Unterbleiben jeglicher Rechtsverletzung sein könnte. Denn dieses kann sich auf den Nichteintritt des tatsächlich schädigenden Zustandes nicht beziehen, weil dieser nicht Willensfolge nach dem gesetzlichen Ausspruch ist. Das Recht ist aber nur Willensherrschaft. Aus dem Grunde ist mithin der Lehre von der mittelbaren Anerkennung eines subjektiven absoluten Rechtes durch Gewährung eines Schadensersatzanspruches nicht zuzustimmen. Ferner soll noch eine mittelbare Anerkennung von subjektiven Privatrechten aus denjenigen Sätzen des Strafrechts und überhaupt des öffentlichen Rechts folgen, die ein Verhalten um eines einzelnen willen vorschreiben. Für das Strafrecht enger ausgedrückt heißt das: Diejenigen Vorschriften lassen auf ein subjektives Privatrecht schließen, die eine Handlung um eines einzelnen willen unter Strafe stellen (Eltzbacher, 113). Was die Beziehung auf das Strafrecht anlangt, so ist dem prinzipiell entgegenzuhalten, daß eine Handlung um eines einzelnen willen niemals unter Strafe gestellt wird. Das Strafrecht schützt gegen unrechtmäßige Angriffe — mögen diese in Verletzung oder Gefährdung bestehen — diejenigen Rechtsgüter, welche einen erhöhten und einen solchen Schutz verdienen, dessen Geltendmachung nicht den utilitaristischen Bedenken des einzelnen überlassen werden kann. Hierin liegt die Anerkennung, daß an dem Schutz dieser Rechtsgüter das öffentliche Interesse überwiegt. Die Beziehung eines einzelnen zu einem Rechtsgut, welche das subjektive Recht ist, bedeutet eine Macht, eine durch besondere Bedingnisse konkretisierte Möglichkeit, auf das Rechtsgut bestimmend einzuwirken. Kommt eine solche Möglichkeit bei den strafrechtlich geschützten Rechtsgütern zum Vorschein? Aus dem materiellstrafrechtlichen Schutze können wir das nicht ersehen, weil der Begriff des Rechtsgutes[1]) als eines stets sozial zu bewertenden niemals allein die rechtlich bedeutsame Beziehung zu einem einzelnen bestimmt. Es kommt also auf das formale Moment der Geltendmachung an[2]). Hiernach ist nur bei den sogenannten Antragsdelikten und denen, die im Privatklageverfahren verfolgt werden, überhaupt daran zu denken. Aber auch hier ist klar, daß nur die verhältnismäßige Geringfügigkeit des Unrechtes, nicht der Grund der Strafe den Unterschied zu den übrigen Strafandrohungen bewirkt[3]). Ein subjektives Privatrecht also, daß eine mit Strafe bedrohte Handlung nicht begangen werde, geht aus den Vorschriften des Strafrechtes nicht hervor, ebensowenig, daß eine Handlung um eines einzelnen willen mit Strafe bedroht ist. Es liegt natürlich im Interesse des einzelnen, daß seine Briefe nicht unbefugt geöffnet werden (§ 299 StGB.), daß seine Güter nicht auf einem Eisenbahntransport durch Verbrechen gefährdet werden (§ 315 StGB.), daß er selbst nicht ermordet wird (§ 211 StGB.). Aber mehr folgt auch nicht aus diesen Vorschriften. Die gleiche Verneinung der hier erörterten Lehre ergibt sich aus den übrigen Vorschriften des öffentlichen Rechtes. Ihre Grundlagen sind die gleichen, wie im Strafrecht, daher sind es auch die Gründe, mit denen der mittelbaren Anerkennung hier widersprochen wird. Ich nehme ein besonders charakteristisches Beispiel, an dem Eltzbacher (118, 119) seine Theorie begründet. Nach § 11 Reichsbeamtengesetz muß ein Reichsbeamter auch nach Beendigung seines Dienstverhältnisses über die vermöge seines Amtes ihm bekannt gewordenen Geheimnisse Verschwiegenheit beobachten. Eltzbacher nimmt an, daß dies zunächst im öffentlichen Interesse, in zweiter

1) Siehe Binding, Normen I S. 329 ff., 340—343.

2) Eltzbacher, Handlungsfähigkeit 311, und Thon, Rechtsnorm und subjektives Recht S. 143 und 156 ff.

3) Siehe StGB. §§ 223, 230; StPO. § 414 zu StGB. § 232; §§ 242, 244 zu 247 u. a. Hinsichtlich des Anklagerechts des Privatklägers (gegen den Staat) und seine prozessuale, abstrakte Natur siehe Goldschmidt, Mater. Justizrecht S. 51/52.

Linie aber auch mit Rücksicht auf die einzelnen, deren Geheimnisse dem Beamten dienstlich bekannt geworden sind, erfolgen soll und folgert hieraus ein Recht des Staates und der einzelnen, deren Geheimnisse der Beamte im Dienst kennen gelernt hat, auf Unterlassung von Mitteilungen. Dieses Recht hängt völlig in der Luft. Das Rechtsgut, welches durch den zitierten § 11 geschützt wird, ist die Amtsverschwiegenheit. Diese ist enthalten in der Pflicht zur Treue, die der Beamte dem Staate gegenüber aus seinem besonderen Anstellungsvertrage hat[1]). In dieser Verpflichtung kommt eine Berücksichtigung eines einzelnen gar nicht in Frage.

Der Begriff des absoluten Rechtes, zu dem nach der hier vertretenen Ansicht die gegenwärtige Rechtsauffassung hinsteuert, läßt sich also nicht in dem BGB. begründen. Dennoch ist der abgeschlossene und sich gegen Neuerungen absperrende Begriff des subjektiven absoluten Rechtes nach BGB. nicht für uns maßgebend. Das Gesetz ist nach Inhalt und Sinn ein Dokument der Zeit, in der es entstanden ist. Als auf ein Glied der jeweiligen Rechtsordnung können rechtserzeugende Einflüsse auf das Gesetz abändernd oder ergänzend einwirken. Dies geschieht durch Gesetz, durch Gewohnheitsrecht und als eine Äußerung und Art desselben durch den Gerichtsgebrauch[2]). Ein Gerichtsgebrauch läßt sich hinsichtlich der Ausdehnung des absoluten Rechtes in der bezeichneten Bedeutung nur mit folgender Einschränkung nachweisen. Gerichtsgebrauch als Rechtsquelle bedeutet die Tatsache, daß die Anwendung eines Gedankens sich durch ständige Rechtssprechung, vor allem der oberen Instanzen und des Reichsgerichts, als Anerkennung eines Rechtssatzes entwickelt hat. Ein Rechtssatz ist nun nicht die Begriffsbestimmung des subjektiven absoluten Rechtes, sondern der Rechtsbefehl, daß dieses oder jenes Gut oder eine ganze Art von Gütern in Beziehung zu einem einzelnen nach Inhalt und Form des subjektiven Rechtes geschützt ist. Im Wesen der Tätigkeit der Praxis liegt es, daß sie nicht Rechtssätze allgemeiner Natur aufstellt, sondern diese aus und an

1) Laband, Reichsstaatsrecht (Das öffentliche Recht der Gegenwart) S. 96, 97.

2) Gierke Bd. 1 § 21 S. 178—180; Kohler, Bürgerliches Recht Bd. 1 § 34 II 2; dagegen Enneccerus Bd. 1 § 39 Anm. 3.

dem Streitgegenstand bildet. Daher besteht ein Gerichtsgebrauch auch hier nicht als folgerichtige Durchführung des behaupteten Prinzips, sondern nur in Schaffung einzelner besonderer Rechte, wie des sogenannten Rechtes am eingerichteten und ausgeübten Gewerbebetriebe oder in bezug auf die Ehre als geschäftlichen Ruf. Hier wird aber eine Inkongruenz zu erwähnen sein, die mit der einen Hand nimmt, was sie mit der anderen Hand gibt. Dies alles ist bei Erörterung der einzelnen Rechtsinstitute darzustellen. Der Gedanke überhaupt, durch den der Gerichtsgebrauch bedingt und eingeleitet worden ist, ist der der Theorie des Reichsgerichts zugrunde liegende über das Anwendungsgebiet der Unterlassungsklage. Nun kann zwar nicht behauptet werden, daß der Fehlschluß auf den Entstehungsgrund der Unterlassungsklage als Klage aus rechtswidrigem Verhalten geeignet ist, einen Gerichtsgebrauch bezüglich des durch diesen Schluß verneinten Grundes zu bewirken. Daher wird auch hier nur behauptet, daß ein Gerichtsgebrauch nur insoweit besteht, als ausdrücklich die Unterlassungsklage oder der sonstige Rechtsschutz auf ein subjektives absolutes Recht gestützt worden ist. Ein Gerichtsgebrauch in der Richtung, wie ihn Enneccerus a. a. O. § 465 formuliert, besteht jedenfalls nicht. Denn hier bestehen zwei noch nicht ausgetragene Meinungen. Teils behauptet das Reichsgericht, die Unterlassungsklage sei infolge der unerlaubten Handlung, daher immer im Anschluß an diese, aber auch nur unter deren Voraussetzungen zu gewähren[1]), teils wird eine Analogie zu §§ 12, 862, 1004 BGB. gezogen und damit die vorhergehende Behauptung der Voraussetzungen und Grundlage geleugnet[2]). Aus der Richtigstellung der theoretischen Unterlage des Prinzips, auf dem die letztgenannten Entscheidungen beruhen, bestimmt sich der Begriff des absoluten Rechtes und schreibt sich die Annahme einer in der Praxis bestehenden Bewegung her, die zu diesem Begriff führen muß. Es ist daher im folgenden zur Kennzeichnung des gegenwärtigen

1) RG. 57 S. 241, 242; 67, S. 152, 153; JW. 1908, S. 38 Nr. 13; Entscheidungen der OLG. 2, 482 (Dresden), 5, S. 239, 240 (Celle).

2) RG. 60, 7; 61, 369; siehe auch 71, 86 ff., wo eine Beschränkung auf unerlaubte Handlungen und das vermögensrechtliche Gebiet überhaupt in Abrede gestellt wird.

Rechtszustandes darzustellen, inwieweit der Kreis der subjektiven absoluten Rechte über das Gesetzbuch hinaus erweitert worden ist, inwieweit sich bereits eine feste Anschauung gebildet hat und in welcher Beziehung noch Streit besteht.

III. Die absoluten Rechte werden hier in drei Gruppen zerlegt, die die Einteilung der subjektiven Rechte überhaupt bezeichnen sollen:

a) Die Rechte aus dem Bestehen der Persönlichkeit[1]) (Rechte an eigener Person, Ehre, geschäftlichen Ruf (?), Geheimhaltung von Äußerungen und Zuständen, sogenanntes Recht am eigenen Bild, Bezeichnungsrechte);
b) die Rechte aus dem Handeln der Persönlichkeit (Betätigungsrechte, Recht an Tätigkeitserfolgen);
c) die Rechte an außerhalb der Persönlichkeit bestehenden Gütern (dingliche Rechte, Forderungsrechte u. a.).

IV. Die Darstellung geht aus von der ersten Rechtsgruppe, über deren Ausgestaltung im einzelnen Zweifel bestehen. Die besonderen Persönlichkeitsrechte sind zu unterscheiden von dem sogenannten allgemeinen Persönlichkeitsrecht[2]). Dieses soll die Grundlage, der Scheitelpunkt aller besonderen Rechte sein. Wo die besonderen Persönlichkeitsrechte den an sich hierfür geeigneten Stoff erschöpfen, da sollen diese Lücken aus dem allgemeinen Persönlichkeitsrecht ausgefüllt werden, bis aus ihm ein neues besonderes Recht herausgeholt worden ist. Der Anerkennung dieses Rechtes vom Standpunkt unserer Rechtsordnung aus stehen zwei Bedenken entgegen. Dies Recht soll den Anspruch bedeuten, als Person zu gelten. Gegenstand dieses Rechtes ist damit das gesamte Sein und Tun des Menschen[3]). Mit diesem so unbestimmten und nicht auf ein in Umfang und Inhalt unterschiedlich ausgebildetes Gut sich beziehendem Rechte tritt diese Theorie aus dem Rahmen der übrigen subjektiven Rechte heraus. Allgemein anerkannt ist, daß dem subjektiven Rechte ein konkretes Rechtsgut eigen sein muß. Dieses fehlt dem allgemeinen Persönlichkeitsrechte. Ein zweites

---

1) Siehe unten S. 154 Anm. 2, 3.
2) Gierke 1, 703 ff.; siehe auch Regelsberger, Pandekten 198.
3) Siehe auch Lobe a. a. O. 157 ff., besonders S. 166.

Bedenken beruht auf dem Mangel jeglicher praktischen Bedeutung dieses Rechtes. Das subjektive Recht erscheint heute nicht mehr als Rechtsform (actio), sondern als Rechtsinhalt. Daher sind die einzelnen Gegenstände, die nach dem Gesetz Gegenstände des positiven Rechtes bilden sollen, teils ausdrücklich genannt, teils im Wege der Analogie aus dem Gesetz zu entwickeln, auch soweit sie dem Gebiet der Persönlichkeitsgüter angehören. Es ist aber unzulässig, jeden irgendwie gearteten, in keiner Weise als positiv nachweisbaren Stoff, nur weil er im allgemeinen Recht der Persönlichkeit enthalten ist, zur Begründung einer als billig betrachteten Anschauung für rechtlich geschützt anzusehen. (So auch Gierke a. a. O. S. 704.) Nur wenn dies angängig wäre, würde das allgemeine Persönlichkeitsrecht praktische Bedeutung haben können. Natürlich erscheint manche Eigentumsverletzung auch als Persönlichkeitsverletzung (Gierke Bd. 1 S. 704 zu Anm. 5). Daraus folgt aber nicht, daß sie auch nach positivem Rechte als solche geahndet wird. Trotz dieser beiden Bedenken möchte ich das allgemeine Persönlichkeitsrecht anerkennen. Dieses Recht fällt nicht mit der Rechtsfähigkeit zusammen. Während diese nur ein Programm bedeutet, nur ein „Können" enthält, so daß ihr der Inhalt jeden subjektiven Rechtes mangelt[1]), besagt das allgemeine Recht der Persönlichkeit, daß das Rechtssubjekt Rechte haben darf, d. h. Rechtsschutz genießt. Die Folge und Anwendung dieses Rechtes bilden sämtliche besonderen subjektiven Rechte. Dieses Recht bildet die Grundlage jedes Rechtes, den Strahlenmittelpunkt. Die Anerkennung dieses Rechtes als eines solchen bildet also trotz des an erster Stelle hervorgehobenen Zweifels ein theoretisches Bedürfnis. Ob man dieser zusammenfassenden Tatsache den Namen eines subjektiven Rechtes verleihen will oder nicht, ist gleichgültig. Man kann es genau so auch als Rechtsmöglichkeit bezeichnen. Festzuhalten ist aber, daß dieses Recht oder diese Möglichkeit verschieden ist von der Rechtsfähigkeit. Erkennt man dies an, so bildet jede Verschiedenheit nur einen Unterschied sprachlicher Formung, nicht substantieller Ausprägung. Für die Unterlassungsklage ist dieses Recht ohne jede Bedeutung. Ich komme nun

1) Jellinek, System der subjektiven öffentlichen Rechte 51.

zu den besonderen Rechten aus dem Bestehen der Persönlichkeit, und zwar zunächst

1) zu den Rechten am Leben, Körper, Gesundheit, Freiheit.

Nach der in der vorstehenden Untersuchung dargestellten Anschauung bestehen an diesen Rechtsgütern nach geltendem Gesetzesrecht keine subjektiven Rechte, weder einzelne besondere Rechte, noch ein diese vier Momente einschließendes Recht[1]). Die Frage ist aber heute streitig[2]). Meines Erachtens ist ein Recht an den Gütern der eigenen Person für das geltende Recht nach obiger Begriffsbestimmung zu bejahen. An der Zulässigkeit solcher Rechte ist heute nicht mehr zu zweifeln[3]). Wohl aber an ihrer privatrechtlichen Bedeutung. Ich nehme einzelne Beispiele: Hinter einem Gartenzaun, an dem ich täglich vorübergehen muß, hantiert jemand täglich auffallend ungeschickt mit einem Browning (Recht am Leben); ein Vorarbeiter schlägt seine Arbeiter häufig (Recht am Körper bzw. Gesundheit); ein Arzt narkotisiert einen Nervenkranken wiederholt, um ihm eine Medizin zu verabreichen, die dieser freiwillig nicht nehmen will (Recht an der Gesundheit); jemand sperrt einen anderen aus irgendwelchen Gründen täglich eine Stunde ein oder hindert einen anderen andauernd, eine Ausstellung zu besuchen (Recht auf Freiheit). Diese Beispiele können möglicherweise vorkommen, aber es wird dann kaum eine zivilrechtliche Folge eintreten. Alle diese Fälle betreffen gerade das Gebiet, in dem die persönliche Tätigkeit und Willensstärke mehr am Platze ist als die bedächtigere moralische Wirkungs-

1) Siehe Eltzbacher, Handlungsfähigkeit 281, Unterlassungsklage 137 ff.

2) Dafür Dernburg 1 S. 51, 52; Finger, Kommentar zum UWG. S. 17, 18, besonders 24; Gierke 1, 708 ff. (aber unter dem einschränkenden Gesichtspunkt S. 703, 704 zu betrachten); Kipp, Begriff der Rechtsverletzung S. 12, 13. Ständig dagegen RG. z. B. 64, 156. Für diese Rechte überhaupt Jhering, Geist des römischen Rechtes 4, Anm. 447 a; Gierke, Soziale Aufgabe des Privatrechtes, S. 34, 35; siehe aber Binding, Normen 295; Bekker, Grundbegriffe des Rechts 105.

3) Kohler, Eigenbild im Recht 6; dagegen v. Tuhr, Allgemeiner Teil 151; Enneccerus Bd. 1 § 65 I 2 S. 158. Diese bestreiten nicht die Zulässigkeit, sondern nur, daß diese Rechte den einzelnen Vorschriften, z. B. hinsichtlich Übertragung, Verzicht 2c. unterstehen. Dies ergreift aber doch nur die privatrechtliche Bedeutung, nicht den Rechtscharakter.

möglichkeit der Gerichte. Sofern aber gerichtliche Hilfe von Wert erscheinen und daher beansprucht würde, so wäre es die Tätigkeit des Strafrichters. Es geht aus der Natur dieser Rechte hervor, daß das Gut, welches eigentlich betroffen wird, das Empfinden der eigenen Person, die Wertung des eigenen Ich ist. Hierin verletzt mehr als die Tatsache des unbewußten Unrechts das vorhandene oder vermutete Moment des auf Verletzung gerichteten Willens des Verletzenden. Privatrechtliche Bedeutung möchte ich daher den in Frage stehenden Rechten auf keinen Fall und in keinem Rechte zuschreiben (so auch Jhering a. a. O.). Nun steht zwar die Entwicklung subjektiver Rechte nicht einzig unter dem Gesichtspunkt der Zweckmäßigkeit. Aber diese Idee übt im kleinen ihre Wirkung dadurch, daß das Recht den Ideen des Gemeinlebens in gesellschaftlicher und wirtschaftlicher Beziehung dient[1]). Auch die künftige Entwicklung unseres Rechtes aus der bestehenden Ordnung und über diese hinaus wird daher nach meinem Dafürhalten keinen Anlaß haben, den subjektiven Rechten an Leben, Körper, Gesundheit, Freiheit, in privatrechtlicher Beziehung Beachtung zuzuwenden.

2) Das Recht der Ehre.

Die Ehre kann zweierlei bedeuten: das eigene Gefühl persönlichen Wertes und die Achtung, die der einzelne bei den Rechtsgenossen genießt. Nur in dieser letzteren Form hat die Ehre in der Rechtsordnung Beachtung zu finden. Ich spreche daher im folgenden nur in diesem Sinn von einem Recht auf Ehre. Ein solches Recht ist heute im allgemeinen nicht anerkannt[2]). Die Stützpunkte für diese Ansicht, die in Äußerungen der Kommission (Protokolle S. 573) gefunden werden, können hier übergangen

---

1) Hierdurch gliedert es sich in eine bestimmte Kulturperiode ein und bildet so einen notwendigen Bestandteil der kulturellen Entwicklung; siehe Kohler, Recht als Kulturerscheinung 5.

2) Siehe RG. 60, S. 4 u. 5 und SeuffA. 58, 121; Enneccerus Bd. 1 Abt. 1 § 65 I 2; Örtmann, Kommentar zu § 823 BGB. Nr. 1 S. 1055. Für das Recht auf Ehre Gierke 1, S. 711, 713; Lobe, Unlauterer Wettbewerb als Rechtsverletzung 268 ff.; Eltzbacher S. 116, 118, 138; Dernburg, Bürgerliches Recht 2 Abt. II, 700. Besondere Heraushebung der Ehre als ideale Grundlage der Persönlichkeit jetzt RG. 68 S. 231, 232; 74, 333.

werden. Auch das arg. e contario aus § 824, 825 BGB. (bes. Örtmann) ist hinfällig. Denn im § 824 BGB. wird gar nicht die Ehre in einem engeren Sinne als geschäftliche Ehre (geschäftlicher Ruf) geschützt[1]). Es ist zwar richtig, daß die Ehre des Kaufmanns sich in dem Ruf seines Geschäfts, somit in seinem Kredit äußert. Aber eine Verletzung oder eine Gefährdung des Kredits ist nicht unmittelbar nur durch herabsetzende Äußerungen über die Person des Inhabers des Erwerbsgeschäfts möglich. Zweifelhaft ist bloß, ob eine rechtserhebliche Verletzung eines Rechtes am Kredit möglich ist durch Behaupten oder Verbreiten von Tatsachen, die nicht zugleich Ehrverletzungen sind. Diese Frage ist unten S. 159 ff. bei der Erörterung der Rechte aus dem Handeln der Persönlichkeit zu untersuchen. Sie wird also hier noch offen gelassen. Aus dem § 824 BGB. sind demnach zwei Folgerungen zulässig: Entweder § 824 hat mit dem Schutze der Ehre nichts zu tun. Dann scheidet er aber auch für oder gegen jede Charakterisierung des Ehrenschutzes aus. Oder § 824 schützt den geschäftlichen Ruf als Ehrverletzung. Dieser ist also eine Art der Ehre, § 824 mithin eine Sonderbestimmung. Dann muß gerade das Gegenteil von dem geschlossen werden, was Örtmann u. a. daraus folgern. Ist der geschäftliche Ruf oder, wie er geradezu genannt wird, die Geschäftsehre nur eine Art der Ehre, dann muß, wenn diese geschützt ist, doch erst recht die Ehre geschützt sein. Die Geschäftsehre ist hiernach doch die Ehre eines Menschen in besonderer Beziehung, des Geschäftsmannes. Ein Rechtsgut ist hier wie dort als konkret vorhanden. Ist es hier die Achtung im wirtschaftlichen, so dort im sozialen Leben überhaupt. Ebensowenig wie ein Recht die Körperverletzung bestrafen kann, ohne den Totschlag zu ahnden, ebensowenig geht es an, die geschäftliche Ehre zu schützen, ohne die Ehre überhaupt anzuerkennen. Es ist heute eine Binsenwahrheit geworden, daß das Privatrecht nicht bloß Vermögensrecht sei, und doch widerstrebt man der Anerkennung der Ehre als eines nicht nur vermögensrechtlich bedeutsamen Rechtes. In keinem Fall also widerspricht die Existenz

1) So mit Recht Lobe a. a. O. 269 und unten 159 ff.

des § 824 BGB. der Annahme, daß die Ehre auch außerhalb dieser Bestimmungen geschützt ist. Die Erwägungen, die hier für das Bestehen des Schutzes der Ehre geltend gemacht wurden, sofern § 824 BGB. den Schutz der geschäftlichen Ehre enthält, beziehen sich ebenso auf § 825 BGB., der (unbestritten) der weiblichen Geschlechtsehre Schutz verleiht. Hiernach kann nicht gesagt werden, daß die Ehre nicht durch die Vorschriften des BGB. als Rechtsgut anerkannt ist. Denn es braucht doch nicht ein Schutz eines Gutes ausdrücklich genannt worden zu sein, wenn eine Vorschrift besteht, deren notwendige Voraussetzung die Anerkennung jenes umfassenderen Gutes ist. Es braucht daher nicht der Bestimmungen der §§ 185 ff. StGB., um den zivilrechtlichen Schutz der Ehre überhaupt zu begründen. Demgegenüber ist hier daran festzuhalten, daß das BGB. ein Recht an der Ehre ebenso anerkennt, wie diese nach unserer Begriffsbestimmung besteht. Das Reichsgericht hat sich bisher ständig gegen ein Recht auf Ehre ausgesprochen (s. oben S. 144 Anm. 2). In diesem Jahre hat dem Reichsgericht ein Fall vorgelegen[1]), in dem das Berufungsgericht ein Recht auf Ehre angenommen hatte. Das Reichsgericht hatte leider die Möglichkeit, hierauf nicht eingehen zu müssen.

Die Unterlassungsklage besteht auch nach dem gegenwärtigen Standpunkte der Praxis zum Schutz der Ehre, wie aus der Theorie des Reichsgerichts (s. oben § 17) hervorgeht. Die Bedeutung der Unterlassungsklage für dieses Recht ist sehr groß. Dies wird ohne besonderen Nachweis daraus klar, daß gerade das Bedürfnis, ein zivilrechtliches Schutzmittel, das rasch und vorbeugend wirkt, zu finden, zur Verwendung der Unterlassungsklage für den Ehrenschutz und erst im Anschluß hieran zu der oben besprochenen theoretischen Gestaltung durch die Praxis geführt hat. Auch sind heute Unterlassungsklagen in Verbindung mit vorausgehenden einstweiligen Verfügungen, durch die die Ehre geschützt werden soll, das tägliche Brot der Gerichte erster Instanz. Ein Beispiel: Jemand hört, daß am folgenden Tage ehrverletzende Behauptungen („Warnungen"), deren Unwahrheit

1) JW. 1911, 586 Nr. 31.

und damit objektive Rechtswidrigkeit klar ist, und die der Betreffende bereits in Umlauf gebracht hat, von diesem in Zeitungen veröffentlicht werden sollen. Unbedenklich ist hier eine einstweilige Verfügung zu erlassen und, sofern sich im Prozeß das Vorbringen als schlüssig und begründet erweist, der Unterlassungsklage stattzugeben. Ein anderer Fall ist durch das Oberlandesgericht Darmstadt (s. Frankfurter Zeitung vom 19. Oktober 1910) entschieden worden. Ein Inkassobureau hatte einem Schuldner mitgeteilt, daß die gerichtlich eingeklagte Forderung des Auftraggebers gegen ihn in verschiedenen Zeitungen ausgeschrieben werden würde, falls der Schuldner nicht zahle. Dieser erhob daraufhin Klage, und das Landgericht und ebenso das Oberlandesgericht verboten dem Inkassobureau, diese Anzeige zu veröffentlichen, bei Meidung einer Strafe von 500 M. für jeden Fall der Zuwiderhandlung. Auch durch dieses Urteil wird die soziale Achtung, d. i. die Ehre, als Beziehungsgegenstand eines Persönlichkeitsrechtes anerkannt. Noch in einer anderen Beziehung erlangt das Recht auf Ehre Bedeutung, und zwar als Vorstufe und Nachwirkung der Rechte, die als Urheberrechte im weiteren Sinne[1]) bezeichnet werden können. Ein Fall dieser Art ist vom Kammergericht[2]) entschieden worden. Hiernach widersprechen das Persönlichkeitsrecht des Malers, seine Künstlerehre, seine idealen persönlichen Interessen an Erhaltung seines Werkes jedweder Veränderung seines Bildes, durch die in der Öffentlichkeit die ihm als Künstler geschuldete Achtung gemindert wird. Diese Entscheidung ist sehr schön. Ihre Begründung nach den Vorschriften unserer Gesetze erscheint mir durchaus zutreffend. Ein anderer Fall dieser Art ist folgender: Ein Schriftsteller überläßt dem Verleger sein Werk zur Vervielfältigung usw. und überträgt ihm zugleich auch das Urheberrecht. Der Verleger bringt zunächst das Werk so, wie vereinbart. Später tritt er seine Rechte an einen Dritten ab, und dieser stattet das Werk mit einem Umschlag aus, der das Buch als ein Sensationsmachwerk niedrigster Sorte erscheinen läßt. Kann der Verfasser dagegen einschreiten? § 14 des Verlagsgesetzes

1) Siehe Riezler, Urheber- und Erfinderrecht, S. 4.
2) DJZ. 1911 S. 1427, 1428.

(in Verbindung mit § 39 desselben Gesetzes) gewährt hier nicht direkte Hilfe, weil eine Unterlassungsklage aus § 14 nicht folgt und ferner es vorkommen kann, daß der Vertrag gar nicht verletzt wird, sondern nur die Persönlichkeit des Verfassers. In solchen Fällen wird eine Unterlassungsklage ebenfalls auf die Künstlerehre zurückzuführen sein. — Der Schutz der Erfinderehre ist anerkannt im § 3 Abs. 2 des Patentgesetzes. Allgemein aber ist der Schutz der Ehre in dieser Beziehung von unserer Rechtsordnung nicht gewährt worden. Aus der geschichtlichen Entwicklung aber ist zu ersehen, daß das eigentliche Gebiet der Unterlassungsklage immer mehr das wurde, in welchem die Eigenpersönlichkeit Rechtsschutz fand. Die Anwendung der Unterlassungsklage für den Schutz der Ehre im besonderen ist zwar neu, aber sie reiht sich als berechtigt in das bezeichnete Gebiet ein. Aus dem praktischen Bedürfnis nach der Unterlassungsklage in den genannten Fällen wird sich daher meines Erachtens allmählich auch das Reichsgericht diesem Standpunkt anschließen.

Im Abschnitt I § 6 ist bereits ausgeführt worden, daß durch den ersten Teil des UWG. die Standesehre in besonderen Beziehungen geschützt ist. Außerhalb dieses Gesetzes ist ein Schutz einer besonderen Berufs- oder Standesehre nicht anerkannt.

3) Das sogenannte Recht am eigenen Bild.

Ueber die Annahme eines subjektiven Rechtes am eigenen Bild bestand und besteht Streit. Von der Mehrheit wird heute ein absolutes Recht am eigenen Bild behauptet[1]). Nach meiner Ansicht kann sowohl nach dem Kunstschutzgesetz, das den Schutz von Bildnissen in den §§ 22—24 des Gesetzes von 1907 regelt, als auch nach unserer obigen Begriffsbestimmung des absoluten Rechtes ein selbständiges ausschließliches Recht am eigenen Bild nicht behauptet werden. Von einer Unterlassungsklage spricht das Gesetz niemals. Es verbietet aber überhaupt nicht allgemein, daß Bildnisse verbreitet oder öffentlich zur Schau gestellt werden. Aller-

1) Keyßner, Recht am eigenen Bild 1896 und Gutachten zum 26. Deutschen Juristentag 72 ff.; Gareis, Gutachten ebenda, besonders S. 9 ff.; Riezler, Urheberrecht S. 24, 404; Kunkel, Z. f. Rechtspflege in Bayern 1907, S. 286 ff., 314 ff.; Finger, Kommentar zum UWG. S. 284, 356 ff.; v. Tuhr 148; RG. 69, 403. Zweifelnd Dernburg 6 § 62, S. 163 ff.; dagegen Kohler, Eigenbild im Recht 7 ff., Kunstwerkrecht 158.

dings wird im § 22 des Gesetzes der Satz aufgestellt, daß eine bestimmte Art der Verwendung nur mit Einwilligung des Abgebildeten erfolgen darf. Diese Schranke wird durch die Ausnahmen der §§ 23 und 24 erheblich durchbrochen. Besonders bedeutsam für oder vielmehr gegen die Konstruktion eines subjektiven Rechtes sprechen die Einschränkungen des § 23 Nr. 4 und vor allem Nr. 1. Hiernach hätte nur die Mittelmäßigkeit ein Recht am eigenen Bild. Die bedeutenden Menschen aber, die sich vielleicht viel weniger gern in die Öffentlichkeit zerren lassen, wären dagegen machtlos. Zwar bietet hier der § 23 Abs. 2 Schutz. Aber gerade dessen Eigenart — nur das Vorhandensein eines berechtigten Interesses gegen Verbreitung usw. begründet einen Schutz — zeigt, daß ein absolutes Recht im Sinne der geltenden Lehre nicht besteht. Denn die Frage, ob ein berechtigtes Interesse gegen das Zurschaustellen spricht, muß entschieden werden auf Grund von Tatsachen, die außerhalb der Sphäre des Bildnisrechtes liegen und damit aus Rechtssätzen, die gerade andere Güter, als das Eigenbild, betreffen. Ferner geht auch aus anderen Bestimmungen des Kunstschutzgesetzes hervor, daß durch das Gesetz selbst jedenfalls kein subjektives Recht am eigenen Bilde geschaffen worden ist, s. § 31 ff. bes. § 33 Nr. 2 und § 48 Abs. 1. Hiernach ist gar nicht daran gedacht worden, die Rechtsfolge der Unterlassungsklage unmittelbar aus den §§ 22 bis 24 herzuleiten und nur der Anwendung der allgemein bürgerlichrechtlichen Rechtssätze eine zivilrechtliche Folge überhaupt überlassen (s. § 35 Abs. 2 des Gesetzes mit §§ 823, 826 BGB.).[1]. Dennoch wird heute zum Schutz der Bildnisse die Unterlassungsklage in einzelnen Fällen Anwendung finden. Dies ist der Fall, wenn durch das Verbreiten oder öffentlich zur Schau stellen ein anderes subjektives Recht des Abgebildeten verletzt wird. So, wenn das Publizieren des Bildes mit Einwilligung des Abgebildeten erfolgt ist, aber die die Veröffentlichung begleitenden Umstände eine Ehrverletzung enthalten, oder z. B. im folgenden Fall:

---

1) § 18 Abs. 2 des Kunstschutzgesetzes gibt dem Besteller von Porträts, Büsten, Statuen 2c. und seinen Rechtsnachfolgern ein Recht, diese Werke zu vervielfältigen; Besteller braucht nicht der Abgebildete zu sein. Dies Recht hängt daher auch, wenn Besteller und Abgebildeter ein und dieselbe Person sind, nicht mit einem Recht am eigenen Bild zusammen.

Ein berühmter Schauspieler wird auf einer an sich künstlerischen Gruppendarstellung der Darsteller eines Kabarets, dem er vorübergehend angehört hat, abgebildet. Zur Zeit der Publikation der Abbildung hat er sich wieder seinem eigentlichen Fach, der Darstellung tragischer Rollen zugewandt. Auch hier wird er verbieten können, daß jene Gruppendarstellung als Reklame für das Kabaret oder vor dem Kabaret verwandt wird. In beiden Fällen halte ich, wenn die übrigen hier nebensächlichen Voraussetzungen bestehen, die Unterlassungsklage für zulässig, und zwar besteht sie hier zum Schutz der Ehre. Das Verbreiten oder öffentlich zur Schau stellen kann daher eine Form der Ehrverletzung sein und als solche die Reaktion durch die Unterlassungsklage hervorrufen. Des weiteren glaube ich aber auch, daß man gegenwärtig schon genügend Fundamente hat, um ein aus dem allgemeinen Persönlichkeitsrecht ausgeschiedenes Recht der Geheimhaltung der Persönlichkeit anzuerkennen [1]). Auf dieses individuell abgestufte Recht, dessen Inhalt sich aus den verschiedenen in rein persönlichen, gesellschaftlichen, wirtschaftlichen, religiösen Beziehungen sich äußernden Tatsachen zusammensetzen kann, ist, soweit der Gesichtspunkt der Ehrverletzung versagt, die Reaktion des Willens in bezug auf die Verwendung des Bildnisses zurückzuführen. Dieses Recht an der Geheimhaltung von Persönlichkeitsgütern ist heute noch nicht anerkannt. Daß es allmählich anerkannt werden wird, scheint mir bei der Vielseitigkeit von dessen Inhalt und dem Spürsinn der heutigen Praxis nicht zweifelhaft. Auch dann wird aber die Unterlassungsklage im Rahmen des Kunstschutzgesetzes nur da eine Rolle spielen, wo es sich um gewerbliche Ausnutzung des Bildnisses handelt. Denn der Wunsch, die Publizierung einer Abbildung zu unterdrücken, wird da auftauchen, wo die Abbildung als unterscheidendes Merkmal für irgendwelche Art der Reklame in niedriger Weise benutzt wird. Hier bestehen tatsächliche Unterschiede, die sich auf § 23 Abs. 2 gründen. Die Fälle der klaren Ehrverletzung oder des Mißbrauchs der gegebenen Einwilligung werden selten oder noch seltener sein. Denn einen Regelfall der Unterlassungsklage wird die zuerst betonte Anwendung auch nie darstellen.

1) Vgl. Kohler an vielen Stellen, u. a. Kunstwerkrecht § 47.

4) Das Recht der Geheimhaltung in bezug auf das Briefgeheimnis, Hausfrieden, religiöse Übung u. a.

Auf dasselbe Recht, auf dem in vielen Fällen der Schutz des Bildnisses beruht, ist der Schutz des Briefgeheimnisses (Postgesetz § 5 und StGB. § 299), des Hausfriedens (StGB. § 123), der religiösen Übung (StGB. §§ 166, 167) zurückzuführen. Von einem zivilrechtlichen Schutz dieser Güter ist nirgends die Rede. Dennoch ist für das Briefgeheimnis bereits frühzeitig erkannt worden, daß Gründe für einen Schutz der Briefe nicht nur dann sprechen, wenn der Verschluß nicht gewahrt bleibt oder wenn Rechte an der körperlichen Seite in Frage stehen (Eigentum, Nutzungsrecht), vielmehr erheischt auch die Äußerung der Person unabhängig vom Urheberrecht Rechtsschutz[1]).

5) Die Rechte, in denen gewissermaßen die äußere Seite der Persönlichkeit die gebende ist, sind in verschiedenen Rechtsnormen anerkannt:

das Recht am Namen § 12 BGB. und dementsprechend das Recht am Wappen (JW. 1909, 411),
das Recht an der Firma §§ 17, 37 HGB.,
das Recht am Warenzeichen § 12 WarenZG.,
das Recht an der gewerblichen Bezeichnung § 16 UWG.[2]).

Subjektive Rechte werden hier in den Vorschriften mit Ausnahme des Namenrechts nicht ausdrücklich gewährt. Dennoch sind an diesen Gütern bestehende subjektive Rechte als anerkannt festzustellen[3]). Die Unterlassungsklage hat ihre besondere Bedeutung bei der Firma, dem Warenzeichen und dem Recht an der gewerblichen Bezeichnung. Das Namenrecht erlangt Bedeutung zwar noch dadurch, daß der § 12 BGB. auch für juristische Personen gilt[4]). Aber viel stärker tritt die Unterlassungsklage bei den übrigen

---

1) Vor allem Kohler, Recht an Briefen, besonders S. 16, 17, 49; siehe auch in der JZ. 1906 S. 51 ff.; RG. 41, S. 49, 50; dagegen RG. 69, 403.

2) Siehe dagegen Pinzger in „Recht" 1912 S. 369 ff. auf Grund von RG. im „Recht" 1912 Nr. 313, 314.

3) Siehe z. B. für das Warenzeichen RG. 64, 398.

4) RG. 74, 115. In Betracht kommen Streitigkeiten wegen Vereinsnamen, Vergnügungsgesellschaften (Alaaf) 2c.

Rechten hervor, weil hier der Wettbewerb im geschäftlichen Verkehr leichter und häufiger Verletzungsgefahren schafft [1]).

6) Verwandt mit dem Warenzeichen ist die Ausstattung § 15 WarenZG. An ihr ist in der Praxis ein subjektives Recht nicht anerkannt [2]). Die Unterlassungsklage wird trotzdem gewährt auf Grund der hier abgelehnten Theorie einer Unterlassungsklage aus rechtswidrigem Verhalten. Die Unterlassungsklage wird aber hier nur gegeben, wenn die Voraussetzungen des § 15 WarenZG. durchgängig bestehen [3]). Ein Recht an der Ausstattung gewährt nun zwar das Gesetz in der Tat nicht, daher spricht es auch von keiner Unterlassungsklage. Das Reichsgericht erblickt auch hier den Rechtsschutzgrund in der besonderen Art der sich gegen den Zustand richtenden Handlung (a. a. O. S. 256). Diese Auffassung entspricht nun zwar dem Gesetz, aber nur für den darin gewährten Schutz [4]). Bei dem Mangel eines entgegenstehenden Gerichtsgebrauchs läßt sich von einem Recht an der Ausstattung daher auch nicht sprechen.

B. V. 1) Das gewerbliche Betätigungsrecht.

Unsere Rechtsordnung beruht auf dem Prinzip der Freiheit jedes einzelnen, jede beliebige Tätigkeit anfangen zu können, sofern die für alle gleichen gesetzlichen Voraussetzungen erfüllt sind. Ein Recht auf Betätigung gibt es daher ebensowenig, wie insbesondere ein Recht auf gewerbliche Betätigung [5]). Zu erörtern dagegen ist die Frage, ob und inwieweit es ein Recht an und zum Schutz der ausgeübten gewerblichen Tätigkeit, der Betätigung, selbst gibt [6]). Dieses Recht bedeutet, daß die gewerbliche Tätigkeit des einzelnen durch eine Rechtsmacht als absolutes Recht geschützt ist. Kurz aus-

1) „Recht" 13 Nr. 2258, DJZ. 13, 482.

2) Vor allem RG. 73, 254 ff.; dagegen überwiegend Literatur bei Seligsohn, Warenzeichengesetz 211; siehe auch Lobe a. a. O. S. 190, 191.

3) Siehe auch LeipzZ. 1, 655 Nr. 18.

4) Siehe aber auch RG. 53, 401.

5) Siehe aber Gierke 1, 713 und RG. 45, 61.

6) Siehe Gierke 1, S. 713, 714; Lobe a. a. O. 1, 145 ff., besonders S. 183, 192 ff. und Gewerblicher Rechtsschutz 1910, 5. Anders Kohler: in IheringsJ. das Autorrecht S. 199, 257; Lehrb. des Bürgerlichen Rechts 2, 520 u. a.; siehe auch die Verhandlungen des 29. Deutschen Juristentages V 1, 172 ff., besonders Rosin 205 und V 2, 777 ff.

gedrückt und so im folgenden genannt: Ein Betätigungsrecht. Dies Recht kann nach geltendem Rechte in dieser Gestalt nicht anerkannt werden. Niemand, der im Wirtschaftsleben steht, hat ein Recht: daß seine Tätigkeit nicht eingeschränkt oder ihr zuwider gearbeitet werde, daß die Beziehungen, die ihn durch die Tätigkeit mit anderen verbinden, nicht zerschnitten werden[1]). Es ist dies die Folge jedes, auch des redlichen Wettbewerbes, ja, er kann geradezu hierin beruhen. Es müssen die beider- oder mehrseitigen Kräfte aneinanderprallen, es muß ein Eifer den anderen zu übertreffen vorhanden sein, dies das Wetten im Gewerbe. Und daher kann das Individuum in keiner Weise um sein Tätigkeitsbereich eine chinesische Mauer ziehen, innerhalb deren Kundschaft und Lieferanten an seinen Willen geschmiedet sind. Es darf nicht Kräfte und Mittel sich beliebig vorbehalten, durch deren Geheimhaltung der wirtschaftliche Fortschritt der Allgemeinheit gegenüber dem unwirtschaftlichen materiellen Triumph des einzelnen erschwert wird. Unter diesen Gesichtspunkten wäre bereits a priori ein Recht an der gewerblichen Betätigung überhaupt, ein Recht, welches das H a n d e l n gewährleistet, abzulehnen. Von derselben Warte aus sind aber auch die einzelnen gesetzlichen Vorschriften, die die gewerbliche Tätigkeit betreffen, zu analysieren. Unsere Gesetze kennen ein Recht an gewerblicher Betätigung nicht. Dies geht hervor dadurch, daß keine Vorschrift besteht, die sich nur durch die Annahme dieses Rechtes erklären ließe. Lobe a. a. O. nimmt an, daß die Vorschriften gegen den unlauteren Wettbewerb hierauf zu begründen seien. Ich habe im Abschnitt I § 6 ausgeführt, daß das UWG. weder eine einheitliche Grundlage hat, noch daß eine der Grundlagen ein Recht der Betätigung allgemeinhin bedeutet. Es ist hierauf nicht mehr näher einzugehen. Das Nichtbestehen dieses Rechtes ergibt sich weiterhin aus der rechtlichen Behandlung des Boykotts, die dieser vor allem als Lieferungsboykott, durch ständige Rechtsprechung[2]) erfahren hat. Es ist heute ein feststehender Satz, daß der Boykott

---

1) Siehe aber RG. 55, 200.

2) RG. 56, 271; 57, 418; 58, 214; 60 S. 103, 104; 64, 155 ff.; 71 S. 172, 173; 76, 35 ff. Zu diesem Urteil Kisch, DJZ. 1911 Sp. 1349—1353.

ein zulässiges wirtschaftliches Kampfmittel ist mit der Begrenzung, daß er nicht dazu führen darf, die Existenz des Boykottierten oder Ausgesperrten völlig oder nahezu völlig zu vernichten oder ihn in beschimpfender Weise anzugreifen oder die Volksleidenschaften, d. i. die Klassenkämpfe, gegeneinander auszuspielen[1]). Dies aber sind nicht Folgen, die aus dem Zwecke des Boykotts hervorgehen, sondern aus besonderen Maßnahmen, deren er sich zur Erreichung des Zweckes bedient. Wie ist diese Schranke und der positive Inhalt, den sie begrenzt, juristisch zu konstruieren? Es wird hierdurch anerkannt, daß der wirtschaftliche Kampf so weit gehen darf, als er nicht die „Persönlichkeit" verletzt (so Kohler a. a. O.). Der Ausdruck „Persönlichkeit" ist nicht etwa eine schöner klingende Umschreibung für das Wort Rechtssubjekt oder Person. Er bezeichnet vielmehr hier[2]) einen das soziale Element im Wesen des Rechtssubjektes betonenden Begriff, andererseits aber verneint er auch die Idee des Gattungsmäßigen in dem Verhältnis des einzelnen zur Allgemeinheit. So bildet jedes „Persönlichkeits"recht ein Betonen des Individuellen in dem sozialen Leben[3]). Der Begriff der „Persönlichkeit", des Persönlichkeitsrechts als sozialer Existenzberechtigung, ist nur im Wesen der Ehre bisher im allgemeinen erkannt und selbst insoweit noch nicht anerkannt worden. Er kann daher hier als positivrechtliche Schranke des Boykotts nicht in Anspruch genommen werden. Gegenwärtig ist sie also, wie dies durchweg geschieht, auf das Prinzip des § 826 BGB. zurückzuführen und aus dem diesem Paragraphen zugrunde liegenden Prinzip die Unterlassungsklage zu gewähren[4]). Wichtig vor allem für unsere Erörterung ist, daß nicht ein Recht an gewerblicher Betätigung, kein

1) So besonders RG. 57, 418; 64, 158; 66, 379; 76, 40.

2) Der Begriff Persönlichkeit hat auch und wohl ursprünglich eine individualistische Bedeutung, so die Rechte am Leben, Körper rc. und zur Geheimhaltung, letzteres allerdings nur zum geringen Teil.

3) Der Begriff der Persönlichkeit ist bisher nicht geklärt; auf die Bedeutung, die wir ihm unterlegen, weist hin die Ehre, Namen und die Bezeichnungsrechte rc. Dafür, daß die Idee des Gattungsmäßigen negiert wird, siehe BGB. § 12 (das Namensrecht erstreckt sich nicht daraufhin, daß jeder gleiche Gebrauch schlechthin unterbleibt, sondern nur ein solcher, der das Interesse des Berechtigten beeinträchtigt.

4) Siehe oben § 17 S. 112, 113.

Recht am Handeln, sondern aus dem Bestehen der Persönlichkeit die Grenze des Boykotts bildet. Dies wird in der Entscheidung des Reichsgericht Bd. 76 S. 35ff bes. S. 46 dadurch anerkannt, daß die verbotenen Mittel, nicht weil sie Boykottmittel sind, sondern weil sie gegen die guten Sitten verstoßen, nur die Unzulässigkeit der besonderen, durch sie veranlaßten Maßregeln, nicht des Boykotts selbst bewirken. Hieraus ergibt sich die Folgerung, daß das Objekt, welches hier in gegen die guten Sitten verstoßender Weise verletzt ist, nicht durch seine Zugehörigkeit zu dem gewerblichen Tätigkeitsbereich des Individuums charakterisiert wird.

VI. Mit dieser Anschauung ist es vereinbar und unterstützt auch in gewissem Grade ihre Berechtigung, wenn einzelne Mittel als Erfolge wirtschaftlicher Tätigkeit den Rang selbständiger Rechtsgüter in unserer Rechtsordnung einnehmen. Denn hinsichtlich der gewerblichen Betätigung als solcher fehlt es an einem außerhalb des Bestehens der Persönlichkeit vorhandenen rechtsschutzwürdigen Gegenstand, da das Tätigsein infolge des zulässigen freien Strebens, Gegeneinanderwirkens und Übertreffens im Erwerbsleben nicht ein solches Gut ist. Anders ist die Rechtslage, wenn der gewerblich Tätige besondere Verwertungsmöglichkeiten geschaffen hat (geistige Schöpfung), oder wenn seine Tätigkeit auf Umständen beruht, die die Mittel und damit zugleich die Unterlage dieser bestimmten gewerblichen Tätigkeit bilden. Was die geistigen Schöpfungen betrifft, so sind als solche in Bedeutung für das gewerbliche Leben anerkannt:

1) Die neuen Erfindungen, die eine gewerbliche Verwertung gestatten, die Erfindung technischer Neuerungen, die durch eine neue Gestaltung, Anordnung oder Vorrichtung dem Arbeits- oder Gebrauchszweck von Modellen usw. dienen sollen, oder Erfindung von ästhetischen Neuerungen, die in gewerblichen Mustern oder Modellen neue eigentümliche Erzeugnisse schaffen. Diese Erfindungen werden durch Patent, Gebrauchsmuster, Geschmacksmuster geschützt (s. §§ 1 der einschlägigen Gesetze). Ihre Beziehung auf das gewerbliche Leben liegt bereits in ihrem Begriffe. Daß sie Mittel und Unterlagen zur Ausübung einer gewerblichen Tätigkeit darstellen, bedarf keiner Ausführung. An diesen geistigen Schöpfungen

bestehen subjektive absolute Rechte. Dies geht hervor aus Patentgesetz §§ 4, 6, 12; Gebrauchsmustergesetz §§ 4, 7; Geschmacksmustergesetz §§ 1, 3 und ist allgemein anerkannt. Obwohl eine Unterlassungsklage zum Schutz dieser Rechte in den sie betreffenden Gesetzen nicht erwähnt ist, ist sie doch stets allgemein gewährt worden, und zwar unter den gleichen Voraussetzungen und nach Analogie der a⁰ negatoria (§ 1004 BGB.)[1]. Die Bedeutung der Unterlassungsklage für diese Rechte ist sehr groß. Gerade hier begründet eine Verletzung oder das Drohen mit einer solchen oder eine Vorbereitung hierzu ebenso, wie im unlauteren Wettbewerb, allein schon häufig genug die Wahrscheinlichkeit, daß Verletzungen künftig erfolgen, fortgesetzt oder wiederholt werden sollen. Wenn nun auch diese Wahrscheinlichkeit nicht genügt, sondern eine begründete Besorgnis bestehen muß, so ist hier dadurch, daß ein strikter mathematischer Beweis nicht geführt werden kann, und andererseits die Tätigkeit, die die Ausübung der durch Patent oder Musterschutz geschützten Ideen bildet, an sich in der Regel auf Wiederholung angelegt ist, die Rechtsprechung häufig in der Lage, aus allgemeinen Umständen in dem besonderen Fall die Unterlassungsklage als berechtigt und so die Wahrscheinlichkeit für diesen Fall als konkrete Besorgnis anzusehen.

Zu den Rechtsgütern, die die Unterlage bestimmter gewerblicher Tätigkeit bilden, gehören:

2) Geschäfts- und Betriebsgeheimnisse,
3) der geschäftliche Ruf,
4) der eingerichtete und ausgeübte selbständige Gewerbebetrieb.

2) Die Geschäfts- und Betriebsgeheimnisse.

Die Bestimmungen über den Schutz des Geschäfts- und Betriebsgeheimnisses (UWG. §§ 17—20) gewähren eine Unterlassungsklage nicht. Zweifellos besteht die Unterlassungsklage aus § 1 UWG. Es ist aber zu untersuchen, ob und inwiefern die objektiv rechtswidrige Verletzung eines Geschäfts- oder Betriebsgeheimnisses den Schutz durch Unterlassungsklage herbeiführen kann. Es wird also im folgenden nur das zivilrechtlich Bedeutsame er-

1) RG. 24, 394; 45, 61.

örtert, und zwar ist die Frage unabhängig davon zu untersuchen, in welcher Weise der Inhalt des Geheimnisses noch selbständig, gleichgültig ob geheim oder nicht, Schutz genießt. Denn sofern es sich um eine Schöpfung handelt, die durch Patent oder Musterschutz ausgezeichnet ist, besteht allein schon aus diesem Grunde die Unterlassungsklage. Diese Frage ist hier nur für die Bedeutung der Unterlassungsklage in bezug auf das Geschäfts- und Betriebsgeheimnis von Wert. Das Gesetz bestimmt als Folgen der Verletzung dieser Geheimnisse Strafen und Schadensersatzpflichten. Dennoch besteht aber für alle Fälle der §§ 17—20 die Unterlassungsklage; aber nicht aus einem und demselben Rechtsschutzgrunde[1]). Im Gesetz selbst ist der Charakter des Geschäfts- und Betriebsgeheimnisses nicht ausschließlich festgelegt. Das Bestehen der sogenannten Generalklausel des § 1, die ja auch zum Teil noch ausdrücklich in die hier behandelten Vorschriften aufgenommen worden ist (s. § 17 Abs. 2), machte eine besondere Regelung in dieser Hinsicht anscheinend überflüssig[2]). Im Sinne unserer obigen Bestimmung des absoluten Rechtes ergibt sich, daß ein absolutes Recht am Geschäfts- oder Betriebsgeheimnis besteht[3]). Dieses Recht beruht nicht auf §§ 17 Abs. 1 und 18, sondern darauf, daß an die Tatsache, daß jemand durch eine „gegen das Gesetz" verstoßende eigne Handlung Kenntnis erlangt und diese dann unbefugt verwertet . . . . ., sich Straf- und Ersatzfolgen anschließen. Hiernach erscheint ein Gut eines einzelnen durch eine objektive Rechtsnorm geschützt und folgt ein subjektives absolutes Recht. Ein Geheimnis bedeutet eine inhaltliche Tatsache, deren rechtliche Bedeutung darin besteht, daß sie nicht allgemein zugänglich ist. Die Rechtsverletzung ist also hier darin zu erblicken, daß jemand die Hülle, in welcher die Tatsache geborgen ist, sprengt; aber nicht darin z. B., daß er die rechtsmäßig erworbene Kenntnis verwertet. Es steht also jedem frei, den Inhalt des Geheimnisses, soweit er ihn rechtsmäßig kennen lernt, oder soweit er selbständig die Tatsache, welche den Inhalt des Geheimnisses bildet, entdeckt, zu

1) Dies übersieht Finger zu § 19 S. 417 und die dort Zit.

2) Finger a. a. O. 417, 418.

3) Siehe auch Lobe, Unlauterer Wettbewerb als Rechtsverletzung 324.

verwerten. Beispiele: Es handelt sich um eine geheime Methode. Jemand erfindet auf Grund eigener Ideen dieselbe Methode und verwertet sie. Hierin liegt keine Verletzung des Geheimnisses. Oder der Inhaber des Geheimnisses erzählt jemandem dessen Inhalt. Auch hier liegt keine Verletzung in der Verwertung oder weiteren Mitteilung. Auf derselben Grundlage beruht auch die Unterlassungsklage auf Grund des ersten Falles des § 17 Abs. 2 und des § 20 UWG. Die Unterlassungsklage ist in diesen Fällen die zum Schutz jeden absoluten Rechtes bestehende. Sie hat also die Voraussetzungen, wie sie im Abschnitt I § 9 für die absoluten Rechte angegeben wurden. Die Tatsache, daß die Verwertung „unbefugt" sein muß, ist dahin zu verstehen, daß zwar für die Bestrafung und die Ersatzpflicht das Bewußtsein, daß die Verwertung unbefugt ist, bestehen muß. Für die Unterlassungsklage bedeutet es aber nur, daß das Erlangen der Kenntnis und ebenso auch die Verwertung oder Mitteilung objektiv unberechtigt, dem Charakter eines Geheimnisses widersprechend ist; also hier ist nur objektive Rechtswidrigkeit erforderlich. Auf anderer Grundlage beruht die Unterlassungsklage, die gemäß §§ 17 Abs. 1, 18 UWG. besteht. Hier handelt es sich nicht um Verletzung des Geheimnisses unmittelbar, sondern darum, daß der Verletzer eine *vertragliche* Verpflichtung nicht erfüllt. Denn die Gegenspieler des Inhabers des Geheimnisses haben hier rechtmäßig von dem Geheimnis Kenntnis erlangt. Ihnen gegenüber besteht kein Geheimnis mehr, und sie haben die in diesem Paragraphen bestimmte Verpflichtung nur, wenn ihnen besondere Schweigepflicht auferlegt worden ist. Hierdurch haben sie eine Dauerunterlassungspflicht zu erfüllen, folglich besteht hier eine Unterlassungsklage. Sie besteht als Klage aus relativem Rechtsverhältnis, daher unter den hierfür erforderlichen Voraussetzungen[1]).

Die Bedeutung der Unterlassungsklage ist hier eine natürliche und sehr große. Geschäfts- und Betriebsgeheimnisse gibt es überall im gewerblichen Leben[2]). Wo ein besonderer Schutzcharakter auch

1) Siehe Abschnitt 1 § 9 a. E. Abmahnung ist nicht erforderlich; siehe § 18 V.

2) Über den Umfang dieses Begriffes siehe Finger zu § 17 S. 372 ff.

für den Inhalt des Geheimnisses selbständig besteht, da ist der Geheimcharakter nicht von so großem Wert. Aber gerade da, wo die tatsächliche Unbekanntheit die einzige rechtliche Unterlage ist, wird die Unterlassungsklage von Bedeutung sein, selbst dann, wenn das Geheimnis schon einmal ausgeplaudert worden ist. Denn falls die Enthüllung durch öffentliche Blätter oder Darstellungen erfolgt, kann dann, da alle in §§ 17—20 verbotenen Handlungen strafbar sind, nach § 41 StGB. auf Unbrauchbarmachung erkannt werden und dadurch ein Weitergehen der Verletzung des Geheimcharakters ohne die Gefahr einer noch erheblicher wirkenden Veröffentlichung durch das Strafverfahren vermieden werden.

3) Der geschäftliche Ruf (der Kredit).

Ein weiteres Mittel, das zugleich einen Erfolg gewerblicher Betätigung darstellt, ist der geschäftliche Ruf, den sich jemand errungen hat und der sich vor allem in der Tatsache des Kredits äußert[1]). Dieser ist nicht gleichbedeutend oder gleichartig mit der Achtung, die ein Mensch als einer mit seinem Wesen verbundenen Tatsache genießt. Der geschäftliche Ruf kann in drei Formen auftreten:

1) als solcher einer Person, gleichgültig welche Betätigung;
2) eines Geschäftes, gleichgültig welcher Inhaber;
3) eines Geschäftes, unter einem bestimmten Inhaber.

Hiernach ist der geschäftliche Ruf immer mit den Leistungen einer Person verbunden[2]). Vorschriften über den Schutz des geschäftlichen Rufs enthalten § 824[3]) BGB., §§ 14 und 15 UWG., § 187 StGB. Aus diesen Vorschriften geht hervor, daß ein Recht am geschäftlichen Ruf in demselben Maße, wie das Recht an der Ehre, nicht besteht. Verboten sind nur unwahre schädigende Behauptungen ꝛc., niemals schädigende Behauptungen schlechthin[4]). Aus der Tatsache, daß der geschäftliche Ruf nicht eine

---

1) Siehe oben A. IV. 2.

2) So hierfür richtig Lobe a. a. O. 162.

3) Hier werden Kredit, Erwerb, Fortkommen nebeneinander genannt. Doch sind dies nicht 3 Rechtsgüter, sondern Teile eines Rechtsgutes, dessen bemerkenswertester Teil der Kredit ist. Siehe auch StGB. § 188.

4) Weitergehend Lobe 267; siehe auch Ausschlußrecht und Persönlichkeitsrecht in Studien zur Förderung des gewerblichen Rechtsschutzes (Festgabe für

Wirkung des Bestehens der Persönlichkeit, sondern immer nur eine solche aus dem Handeln der Persönlichkeit ist, wie die drei genannten Formen[1]) zeigen, geht aber auch hervor, daß ein derartiges Recht überhaupt nicht bestehen kann. Es wäre dies mit dem Charakter des Gewerbslebens unvereinbar. Wenn man den geschäftlichen Ruf, so wie es hier geschieht, nur als Mittel der gewerblichen Betätigung auffaßt, so unterliegt er zunächst den gleichen Schranken wie diese. Da er aber ein besonderes verselbständigtes Gut bildet, wie aus den zitierten Vorschriften hervorgeht, so kann er auch nur in diesen Grenzen Gegenstand eines subjektiven Rechtes sein. Es hat daher niemand ein Recht, daß sein geschäftlicher Ruf nicht beeinträchtigt werde, sowie jedermann ein Recht hat, daß seine Ehre nicht verletzt werde. Sondern jeder gewerblich Tätige kann nur verlangen, daß den geschäftlichen Ruf schädigende Angaben, die der Wahrheit zuwiderlaufen, unterlassen werden. Ist dies ein subjektives absolutes Recht? Dies ist anzunehmen. Denn das, was hier besonders ist, ist der nachbarrechtliche Charakter, der sich aus dem Gebiet der gewerblichen Betätigung ergibt und daher den Inhalt und Umfang des subjektiven Rechtes einschränkt. Der rechtliche Vorgang ist so zu denken: Jemand klagt auf Unterlassung kreditschädigender Angaben. Der andere wendet ein, entweder die Angaben sind wahr, dies hat er zu beweisen, oder er wendet ein, es sind vertrauliche Mitteilungen, und er, bzw. der Empfänger der Mitteilungen, hat an ihnen ein berechtigtes Interesse. Dann muß er dies ebenfalls beweisen, und der Kläger, daß die behaupteten oder verbreiteten Angaben der Wahrheit zuwiderlaufen. Hieraus folgt, daß nur ein Recht besteht, daß keine Angaben, die geeignet sind, den Begriff des Geschäfts oder den Kredit des Inhabers[2]) zu schädigen, der Wahrheit zuwider behauptet oder verbreitet werden. Verschieden ist nur die Beweislast für die Fälle des § 14, der in dieser Hinsicht im Abs. 1

Kohler), besonders S. 12 u. 13; RG. 60, S. 4 u. 5; dagegen Örtmann zu § 824 S. 1072.

1) Dadurch, daß die Form Nr. 2 ebenfalls von dem Inhaber des Geschäfts geltend gemacht werden muß, läßt sich auch hier der Ruf als aus dem Handeln einer Persönlichkeit hervorgehend auffassen.

2) Diese verhalten sich nicht alternativ, sondern kumulativ.

von § 824 BGB. abweicht. Die Verletzung ist objektiv rechtswidrig möglich. Die Unterlassungsklage hat hier die gleichen Voraussetzungen wie sämtliche Unterlassungsklagen aus absoluten Rechten.

Diese Klage besteht unmittelbar auf Grund der §§ 14, 15 UWG. Nach der Bestimmung des absoluten Rechtes, die hier zugrunde gelegt ist, besteht sie auch auf Grund der Tatsache, deren eine Folge der § 824 BGB. darstellt. § 824 geht nur insoweit über §§ 14 und 15 hinaus, als die Behauptung hier nicht zu Zwecken des Wettbewerbes gemacht sein muß. Im Fall des § 824 ist nur der Fall des geschäftlichen Rufes einer Person unabhängig von einer bestimmten Tätigkeit behandelt. Hier ist die Beweislast so, daß immer der Kläger die Wahrheitswidrigkeit der Angaben beweisen muß.

4) Einzig durch die Praxis des Reichsgerichts geschaffen worden ist das Recht am eingerichteten und ausgeübten Gewerbebetrieb[1]). Über den Charakter und Umfang dieses Rechtes ist so viel zu ersehen, daß ein solcher Gewerbebetrieb als verkörperter Wille im Gegensatz zu der bloßen Betätigungsfreiheit geschützt sein soll, und zwar aus demselben Grunde, aus dem ein durch die Übergabe der Mietsache und den ausgeübten Besitz des Mieters verkörpertes und durch den Besitzstand erkennbares Mietsrecht absolut geschützt ist (RG. Bd. 73 S. 111). Hiernach ist der Gewerbebetrieb nicht als Betätigungsform, sondern als Betätigungsmittel geschützt. Daher wird dieses Recht nur dadurch verletzt, daß eine tatsächliche Behinderung in der Verwertung dieses Bebetriebes stattfindet oder daß die rechtliche Zulässigkeit verneint wird[2]). Dieses Recht ist durch den Gerichtsgebrauch geschaffen worden. Die Literatur hat sich dieser Anerkennung überwiegend angeschlossen[3]). Das Reichsgericht erblickt die Grundlage dieses

1) RG. 51, 374; 56, 275; 58, 29; JW. 1907, 505 Nr. 1; RG. 64 S. 55, 56; 65 S. 211, 212; LeipzZ. 2, 453 Nr. 2; RG. 73, 111; Örtmann, Kommentar zu § 823, 1057. Speziell R. Isay, Recht am Unternehmen, besonders S. 7, 14, 17, 18, 23 ff.; Lobe, Unlauterer Wettbewerb als Rechtsverletzung S. 30, 176, 264, 265.

2) Z. B. durch Patentanmaßung, RG. 58, 24 ff.

3) Siehe Örtmann a. a. O. und die dort Zit.; außerdem Enneccerus Bd. 1

Rechtes in den Vorschriften des UWG. Nach der hier vertretenen Anschauung kann dieses jedenfalls für die dem § 13 vorhergehenden Bestimmungen nicht der Fall sein; es kann nur für §§ 14—16 UWG. zugegeben werden. Drei Tatsachen sind hier besonders festzustellen:

1) Durch dieses Recht wird das sachenrechtliche Verhältnis des Inhabers zu den in dem Gewerbebetrieb vorhandenen Gegenständen nicht berührt. Es wird nicht ein Recht an einem Sachinbegriff geschaffen.

2) Dieses Recht erstreckt sich auf das durch die Organisation geschaffene unkörperliche Gut, welches der Gewerbebetrieb als Betätigungsmittel bildet. Es besteht daher eine Beziehung des Inhabers zu diesem Gute. Nur insoweit dieses unmittelbar verletzt wird, tritt Rechtsschutz auf Grund der Verletzung dieses Rechtes ein. Wenn z. B. Brunnen vergiftet werden, aus denen der Inhaber den Betrieb unterhält, so wird das Recht verletzt; nicht dagegen, wenn die Kundschaft abspenstig gemacht wird [1]).

3) Dieses Recht enthält keine Unterscheidung von mehr oder minder konkreter sinnfälliger Tätigkeit [2]). Denn es betrifft nicht die Tätigkeit als solche, den Willen, der sich in der Betätigung immerfort äußert, sondern den Erfolg eines Willens, der sich in der Einrichtung des Gewerbebetriebes, d. i. in dem durch Organisierung geschaffenen Gute dargestellt hat. Dieses Gut ist als außerhalb der Persönlichkeit wirkend von ihr lösbar. Hinsichtlich dieses Rechtes ist daher kein Schwanken zwischen einem Recht an gewerblicher Betätigung und Recht an der Verkörperung einer Idee möglich.

Über diesen Gedanken, der dieses unkörperliche Gut nur in seiner Beziehung zum Inhaber betrachtet, geht die Anschauung hinaus, die ein Recht am Unternehmen anerkennt (Isay) [3]). Denn

Abt. 1 § 71 I 3 S. 174 und Bd. 1 Abt. 2 § 451 Anm. 6 S. 594. Dagegen Planck, Kommentar zum Recht der Schuldverhältnisse 972 ff.

1) RG. 68, 52. Das Prinzip des § 826 BGB. findet hier aber ebenfalls Anwendung. Gewerblicher Rechtsschutz RG. 1911 30.

2) So aber Isay a. a. O. S. 19, 20; Lobe, Markenschutz und Wettbewerb 6, 167 und Gewerblicher Rechtsschutz 1910 I 2 S. 4 u. 5.

3) Über Vorgänger von Isay und einzelne Folgerungen siehe M. Wolff, Über einige Grundbegriffe des Handelsrechts, S. 4 ff.

obwohl das Unternehmen nur einen treffenderen Ausdruck an Stelle des Namens des soeben behandelten Rechtes bilden soll, so ist doch, wie aus der folgenden Erörterung hervorgehen wird, dieses Recht in Ursprung und Folge anderer Art, als der schwerfälligere, aber dem Gedanken des Reichsgerichts mehr entsprechende Ausdruck bezeichnet. Dieses Recht ist ein Immaterialgüterrecht. Es ist die Verkörperung der schöpferischen Idee, die dem Unternehmen innewohnt, gleich den Werken der bildenden Kunst. In dieser Auffassung wird also zunächst und vor allem das geistige Band betont, das die Fäden des Betriebes eint, erhält und weiterspinnt. Die Teile des Rechtsgutes, welches die Idee verkörpert, sind: die Organisation, die Kundschaft, die Geschäftserfahrung. Dieses Recht ist nicht, wie die übrigen Immaterialgüterrechte geschützt gegen Nachahmung und Störung, sondern nur gegen Störung. Weil das Unternehmen kein „Gut" durch sich selbst ist, sondern durch die schöpferische Tätigkeit aller Angehörigen und Organe erst ein Gut wird, darum gehören als Rechtsobjekte hierher auch all die äußeren Beziehungen, so z. B. die Verbindung mit den Kunden, durch die das Unternehmen erst schätzbar wird. Gegenstand des Rechtes ist ein dem Gelderwerbe dienender Organismus von Produktionsmitteln. Inhalt des Rechts am Unternehmen ist die ungestörte Ausnutzung. Rechtswidrig und daher störend ist die Tätigkeit, die in einer gegen die guten Sitten verstoßenden Weise erfolgt. Daher wird das Recht am Unternehmen verletzt, z. B. durch besonders geartete Mittel einem anderen Kundschaft abspenstig zu machen, durch Boykott u. a. Isay führt im einzelnen auch diese Theorie durch Erklärung des Klägers des Rechtes (Inhaber des Unternehmens), der zusammengesetzten Unternehmung usw. fort. Dies kommt hier, wo es sich nur um die Feststellung der Rechtsnatur dieser wirtschaftlichen Zusammenhänge handelt, nicht mehr in Frage. Meines Erachtens ist dieses Recht, welches ein Recht aus dem Handeln der Persönlichkeit darstellt, nicht anzuerkennen. Ich habe gegen diese Konstruktion Bedenken, die herrühren:

1) aus der Gestaltung dieses Rechtes als Immaterialgüterrechts,
2) aus dem Inhalt dieses Rechtes und seiner Begrenzung.

1) Auch das Recht am Unternehmen wird, wie die hier zuvor behandelten Rechte, als Mittel der Erwerbstätigkeit aufgefaßt. Dieses Recht wird angereiht denjenigen, welche geistige originale Schöpfungen dem ersten, der diese Ideen in ihrer Verwertbarkeit rechtsschutzfähig gemacht hat, vorbehalten. Dieses Moment fehlt dem Recht am Unternehmen. Es soll hier nicht einer geschützt werden, sondern jedes Unternehmen. Es soll jeder geschützt werden, nicht obwohl so ein rechtliches minus entsteht (nur Schutz gegen Störung), sondern weil dem Unternehmen vor jenen Schöpfungen ein tasächliches plus innewohnt, das eine Nachahmung, eine Vervielfältigung derselben Ideengestaltung nicht gestattet. Diesem Gedanken kann ich nicht zustimmen. Gewiß ist richtig, daß jeder Unternehmer mit Faktoren rechnen muß, die individuell sind, schon allein darum, weil er nicht mit Naturgesetzen arbeitet, sondern mit Menschen und deren Launen, Neigungen und Bedürfnissen. Läßt sich aber das Verhalten zu diesen Faktoren überhaupt schützen? Es ist allerdings möglich, daß ein einzelner Moden beeinflußt, daß eine Gruppe Spekulanten die Preisbildung in bestimmte Richtung treibt, aber die Idee der Bedürfnisbefriedigung kann nur generalisierend aufkommen und erfüllt werden. Die individuellen Faktoren, mit denen der einzelne verschieden rechnet und rechnen muß, sind gerade nur dann von Bedeutung, wenn sie eine Vervielfältigung, eine Nachahmung vertragen. Es ist gänzlich ausgeschlossen, daß ein Unternehmen sich durch seine Singularität in dieser Hinsicht auszeichnet; das aber, was singulär ist, und hierdurch den Erfolg des einen Unternehmens vor vielen äußerlich anscheinend ganz gleichen und innerlich gleichmäßig ausgebauten Unternehmungen ausmacht, das ist eine Folge von Empfindungen und Gefühlen, die erst die nachträgliche Prognose in der Regel herausliest. Daher ist die Idee des Unternehmens als causa der Chancen derselben nicht anzunehmen, und daher auch das Unternehmen kein Recht an geistiger Schöpfung in Hinsicht auf die von Isay behaupteten Beziehungen.

2) Was nun den Inhalt dieses Rechtes anlangt, so ist er insofern, als er die ungestörte Ausnutzung betrifft, identisch mit dem jedes absoluten Rechtes; dagegen kann ich nicht der Ansicht

Isays zustimmen in bezug darauf, wie er den Umfang dieses Rechtes begrenzt. Hierin liegt das zweite Bedenken. Rechtswidrig soll hier das sein, was den Normen der Sitte und des Anstandes zuwiderläuft. Ich habe mehrfach in dieser Arbeit ausgeführt, daß diese Begriffe mit dem der Rechtswidrigkeit weder harmonieren, noch einander kreuzen (s. im Abschnitt I § 6 und Abschnitt III § 17). Es würde zu einer Zersplitterung der Rechtssprechung führen, wenn im Gewerbsleben die Normen der Sitte und des Anstandes das Maß des Rechtmäßigen bestimmen würden. Isay kommt auch dadurch zu Entscheidungen, die an sich den Inhalt eines Rechtes nicht ausfüllen können. So ist ihm der Kundenboykott eine Verletzung des Unternehmens dann, wenn er dem § 826 BGB. widerstreitet. Denn darauf läuft es hinaus, wenn der Boykott an sich zulässig sein soll, sofern er nicht aus ungehörigen Motiven erfolgt, wirklich ein begründeter Anlaß dafür gegeben ist, und Anlaß und Ziel nicht außer Verhältnis zu dem angerichteten Schaden stehen. Hiernach kommt die Begrenzung auf die Konstruktion hinaus, welche wir oben scharf von den Betätigungsrechten und den Rechten an Betätigungsmitteln getrennt haben, auf die soziale Persönlichkeit. Wenn aber nur solche Grenzfälle den Inhalt des Rechtes an den erworbenen Beziehungen zur Kundschaft bedeuten sollen, dann ist die Frage, ob nicht vielmehr ein Recht an der Kundschaft als Eigenschaft des Unternehmens hierdurch ausgeschlossen erscheint, entschieden zu bejahen. Die Vermengung der Begriffe dessen, was positiv rechtswidrig ist, mit dem im Einzelfall als ungehörig zu Bewertenden ergibt, daß diese Konstruktion für das heutige Recht abzulehnen ist.

VII. Es waren bisher nur die Rechte, die sich aus der gewerblichen Tätigkeit herschreiben, dargestellt worden. Es sind nunmehr noch zu erwähnen die Frage, ob es ein Recht an der allgemeinen Arbeitskraft gibt, und die Rechte an geistigen Schöpfungen.

1) Ein Recht an der Arbeitskraft behauptet Riezler[1]). Beispiele der Verletzung dieses Rechtes sind: Hinderungen der Koalitionsfreiheit, Verhinderungen Arbeitswilliger durch Streikposten,

---

1) Riezler, Arbeitskraft und Arbeitsfreiheit in ihrer privatrechtlichen Bedeutung; ArchBürgR. 27, 219 ff., besonders 243—251.

ungerechtfertigte Verrufserklärungen. Meines Erachtens fällt dieses Recht zusammen mit der allgemeinen Freiheit eines jeden, seine Arbeitskraft zu verwerten. Dem BGB. ist diese als subjektives Recht unbekannt und auch aus dem allgemeinen Persönlichkeitsrecht ist diese Tatsache als besonderes Recht noch nicht ausgeschieden[1]).

2) Besondere subjektive Rechte bestehen an den Werken der Literatur, der Tonkunst und der bildenden Künste. Dieses geht hervor aus dem Gesetz vom 19. Juni 1901 §§ 8, 11, Gesetz vom 9. Januar 1907 §§ 1, 15. Diese Rechte sind durchweg als absolute Rechte anerkannt. Streitig ist, ob sie als reine Persönlichkeitsrechte (Gierke) zu bezeichnen sind oder in ihnen der Gegenstand des Persönlichkeitsrechts und des Immaterialgüterrechts getrennt werden muß (Kohler). Diese Frage ist hier nicht zu untersuchen, da sie in jedem Fall absolute Rechte sind. Obwohl die Unterlassungsklage in diesen Gesetzen nirgends erwähnt ist, so bildet sie eine ständige Begleiterscheinung dieser Rechte aus den gleichen Gründen, wie sie oben für die gewerblichen Urheberrechte angegeben worden sind.

3) Eine Abtrennung dieser Rechte bildet das Verlagsrecht (siehe Gesetz über das Verlagsrecht § 8). Auch für dieses Recht besteht als absolutes Recht die Unterlassungsklage. Für die Bedeutung der Unterlassungsklage bei diesen Rechten gilt das gleiche, was für das Patentrecht oben ausgeführt worden ist.

C. VIII. 1) Das dingliche Recht.

Der Kreis der dinglichen Rechte steht fest. Es bedarf weder einer Erörterung über die Rechtsnatur in einzelnen Fällen, noch einer besonderen Darlegung, ob und warum eine Unterlassungsklage gegeben ist. Die Unterlassungsklage ist hier ausdrücklich anerkannt, teils durch besondere Bestimmung, teils durch Verweisung auf entsprechende Vorschriften: Eigentum BGB. § 1004; Erbbaurecht § 1017; Grunddienstbarkeit § 1027; Nießbrauch § 1065, 1068; beschränkte persönliche Dienstbarkeiten § 1090 Abs. 2 mit § 1027; Reallast § 1107 mit § 1134; Hypotheken § 1134[2]),

1) So auch Örtmann zu § 823 S. 1058 und RG. 64, 156.

2) Hier besteht eine Unterlassungsklage gegen eine Unterlassung, siehe oben Abschnitt 1 § 9 S. 52.

§ 1135; Grundschuld § 1192 mit § 1134 und 1135, ebenso Rentenschuld § 1199, § 1200; Pfandrecht § 1227, § 1273 Abs. 2. Ferner ist eine Unterlassungsklage gegeben für den Besitz schlechthin BGB. § 862, den Besitz einer Grundienstbarkeit § 1029 und einer beschränkten persönlichen Dienstbarkeit § 1090.

Die praktische Bedeutung der Unterlassungsklage läßt sich hier nicht in der Weise feststellen, wie bei den zuvor behandelten Rechten. Die Entscheidungssammlungen ergeben keine Übersicht, weil der Grund der Unterlassungsklage hier klar liegt und daher keine Notwendigkeit bestand und besteht, die Zulässigkeit der Unterlassungsklage zunächst auf das Vorliegen des Rechtsbegriffes hin zu prüfen. Aus allgemeinen Gründen ist hier keine große Bedeutung anzunehmen. Dies beruht, soweit es sich um Liegenschaftsrechte handelt, auf der Bedeutung des Grundbuchs, die dieses zur Verhütung des Unrechtsverkehrs sowohl durch seinen öffentlichen Glauben, wie vor allem durch den Berichtigungsanspruch besitzt. In der Konkurrenz mit diesen positiv wirkenden grundbuchrechtlichen Hilfsmitteln erscheint die Unterlassungsklage mit ihrem reinen Verbotsinhalt weniger geeignet zur Herbeiführung der wirklichen Rechtslage. Soweit aber Rechte an beweglichen Sachen in Frage kommen, muß zunächst die Unterlassungsklage zum Schutz des Mobiliarbesitzes ausscheiden. Denn diese besteht nur auf dem Papier[1]). Es bleiben also nur Eigentum an beweglichen Sachen, Nießbrauch und Pfandrecht — ein geringes Gebiet für die Unterlassungsklage gegenüber dem umfänglichen Kreise der Persönlichkeits- und Immaterialgüterrechte.

2) Die Rechte an öffentlichen Sachen.

An öffentlichen Sachen können Privatrechte bestehen[2]). In Betracht kommen vor allem die staatlichen öffentlichen Flüsse und öffentlichen Wege, daneben die Sachen, die im Gemeinbrauch einer Gemeinde oder einer Kirche stehen. Diese Privatrechte sind

1) Siehe auch Martin Wolff, Sachenrecht § 16 zu Anm. 3.

2) Gierke 2 S. 102, 22 ff. Das Recht auf den Gemeingebrauch an öffentlichen Sachen ist kein Privatrecht, siehe Gierke a. a. O. 25; Martin Wolff a. a. O. § 100, 301. Gierke nimmt hier ein publizistisches Persönlichkeitsrecht an; dagegen Jellinek, System der subjektiven öffentlichen Rechte 74 ff.

zu unterscheiden von den durch obrigkeitliche Verleihung begründeten Vorzugsrechten, welche subjektive öffentliche Rechte bilden, und bloßer Gebrauchserlaubnis. Solche Privatrechte sind z. B. Rechte an Baumpflanzungen an öffentlichen Wegen, Eigentum am Bett öffentlicher Flüsse, Kirchstuhlrechte und Erbbegräbnisse. In solchen Fällen besteht die Unterlassungsklage. Diese Gebiete sind landesrechtlich geordnet, und daher bleibt die Praxis des Rechtes vor 1900 bestehen. Diese hatte die Interdikte zum Schutze des Gemeinbrauchs aus dem römischen Recht übernommen, ihre Funktion aber dahin eingeengt, daß sie nicht mehr als Popularklagen, sondern demjenigen zu Gebote stehen sollten, der ein Privatinteresse an den dem Gemeingebrauch unterstehenden Sachen geltend machen konnte. Diese Praxis geht also über die Voraussetzung eines subjektiven Privatrechtes als Rechtsschutzgrund der Unterlassungsklage hinaus. Nun hatten wir gesehen, daß die gegenwärtig fortschreitende Lehre ein durch einen objektiven Rechtssatz geschütztes Interesse als subjektives Recht behandeln will. Diese Erweiterung muß aber nach meiner Ansicht vor den an öffentlichen Sachen bestehenden Privatrechten und davon verschiedenen Privatinteressen Halt machen. Und zwar deshalb, weil für die Begründung dieser Berechtigungen verschiedene Vorschriften galten, z. B. über Ersitzung, andererseits die Rückwirkung von Veränderungen und Aufhebungen der Gesetze auf beide Berechtigungen verschieden ist. Praktisch bedeutet dies für die Anwendung der Unterlassungsklage keinen Unterschied. Denn die Interdikte sind, soweit sie das Gemeine Recht übernommen hat, ohne Rücksicht, ob sie dem Schutz eines Privatrechtes oder Privatinteresses galten, als Unterlassungsklagen ausgebildet worden. Und diese Bedeutung haben sie heute noch auch in dem Fall, daß nur die Beeinträchtigung eines Privatinteresses in Frage steht[1]).

IX. Der Schutz dieser Privatinteressen durch Landesrecht gewinnt reichsrechtlich unter dem Gesichtspunkt Bedeutung, daß diese Interessen auf Gesetzen beruhen, die „den Schutz eines anderen" bezwecken (BGB. § 823 Abs. 2). Je mehr die Bildung

---

1) Siehe RG. 64, 252.

der absoluten Rechte erweitert wird, um so kleiner wird das Gebiet der sogenannten Schutzgesetze. Wenn nun aber auch nach der herrschenden Lehre[1]) der Begriff der Schutzgesetze sich auf solche Rechtsnormen erstreckt, die die Sicherung der Allgemeinheit und dadurch auch den Schutz des einzelnen bezwecken, so kann dieser Gedankengang doch nur allmählich und in besonderen Fällen dahin führen, daß hier der Schutz der einzelnen als primär der Entwicklung eines neuen absoluten Rechtes dient[2]). Daher wird durch die Neubildung der absoluten Rechte der Begriff der Schutzgesetze zwar eingeengt, aber er bleibt doch da von Wert, wo das Gesetz nur ausdrücklich die Allgemeinheit schützt[3]).

X. Die Bedeutung der Unterlassungsklage ist nicht bei allen absoluten Rechten gleich. Es gibt Rechte, bei denen die Unterlassungsklage im Verhältnis zu anderen Schutzmitteln von geringem Werte ist. Dies beruht teilweise auf der Tatsache, die gerade die Unterlassungsklage vor anderen Rechtsbehelfen auszeichnet, nämlich auf dem Erfordernis einer nur objektiv-rechtswidrigen Beeinträchtigung. Daher ist die Unterlassungsklage da von geringer Bedeutung, wo die Staatshilfe mehr der Befriedigung des eigenen Empfindens, des sittlichen oder Ehrgefühles dienen soll, als der Verhinderung äußerer Nachteile. Nun ist allerdings die Unterlassungsklage nicht auf das vermögensrechtliche Gebiet beschränkt (Ehre, Name, Recht an der Geheimhaltung von Äußerungen und Zuständen u. a.). Es läßt sich sogar behaupten, daß ihre Verwendung zunächst gerade da hervorgetreten ist, wo die sinnfällige Verletzung eine Beeinträchtigung der Persönlichkeit mitergreift, nämlich auf dem Gebiet der Immaterialgüterrechte.

1) Siehe RG. 59, 237; 63, 327; Örtmann zu § 823 S. 1062.

2) Eine Bestätigung dieses Satzes bildet die Entscheidung des RG. in JW. 1911 S. 981 u. 982 Nr. 15. Das RG. weicht hier trotz seiner Beziehung auf gleichlautende frühere Entscheidungen von der bisherigen Rechtsprechung ab; allerdings engt es die bisherige Lehre nur ein, denn in den zitierten Entscheidungen finde ich diese Beschränkung nicht. RG. 71, 85 ff. verneint die Unterlassungsklage aus ethischen Gründen; es zeigt sich, wohin der Schluß dieser Klage aus unerlaubter Handlung führen muß.

3) GO. § 153; siehe RG. 64, 57; StrGB. § 368 Nr. 4; siehe RG. 67, 339; StrGB. § 367 Nr. 14; siehe RG. 70 S. 206, 207; siehe aber hinsichtlich StrGB. § 367 Nr. 3, RG. in JW. 1911 S. 981 Nr. 15.

Aber die Unterlassungsklage erlangt vor allem Bedeutung, wenn infolge der Art des Gutes, in welchem die Beziehung zur Person verletzt ist, die leicht eintretende Möglichkeit der Verletzbarkeit mit einer schwer zu reparierenden eingetretenen Verletzung kontrastiert, wo also das Gut keine abgeschlossene fertige Erscheinung darstellt, sondern ein Mittel ständig sich erneuernden Werdens. Aus diesen divergierenden Momenten folgt, daß die Unterlassungsklage im Gebiet der absoluten Rechte da von Bedeutung ist, wo die Persönlichkeit sich in dem anscheinend selbständig verletzbaren Gute äußert. Hiernach beschränkt sich die Bedeutung der Unterlassungsklage auf die Rechte, die im Gebiet des Erwerbslebens liegen, und diejenigen Persönlichkeitsrechte, die die Grundlage jedes Tätigwerdens bilden: die Rechte, die unmittelbar oder mittelbar die Ehre schützen.

Sachregister.

1) Die Erörterung aller nachfolgend genannten Rechtsinstitute und Rechtsverhältnisse betrifft nur ihre Beziehung zur Unterlassungsklage.

Frommannsche Buchdruckerei (Hermann Pohle) in Jena. — 4126

FSC
www.fsc.org
MIX
Papier | Fördert gute Waldnutzung
FSC® C083411

Kolibri 360 GmbH
Ferdinand-Jühlke-Straße 7
99095 Erfurt, Deutschland
produktsicherheit@kolibri360.de